결심중독

결심중독

최창호 지음

스노우폭스북스

꿈이 없으면 죽은 새와 같다

젊은 심리학자 최창호!

이런 타이틀로 강의며, 출판이며, 방송 등 종횡무진 날아다니던 나는 중년이 되어 어느 날 한 통의 낯선 편지를 받았다. 출판 계약을 맺은 뒤 원고를 완성하지 못하자 출판사 측에서 보내온 계약금 반환 청구 증명서였다.

지금은 출판계가 전반적으로 불황이지만, 몇 해 전만 해도 호황이던 때가 있었다. 그 무렵 심리학 관련 책을 열심히 펴내던 나는 한 출판사와 출판 계약을 했는데 5년여 동안 원고를 완성하지 못하자 계약금을 반환하라고 통고해온 것이다. 결국 집필을 결심했지만 급기야 통장이 압류되고, 계약금을 돌려주고 나서야 내 삶이 일엽편주처럼 정처 없이 떠돌고 있음을 퍼뜩 깨달았다.

'내가 지금 뭘 하고 있는 거지?'

'내 삶은 어디로 가고 있는 거야?'

'지금 내가 하고 있는 건 뭐야?'

'방송과 강의 하느라 얕은 지식은 다 팔아먹고!'

그 순간 등골이 오싹해지고, 머리끝이 쭈뼛 서는 것을 느꼈다.

뚜렷한 삶의 목표를 세워놓지 않은 채 날개가 부러진 새처럼 굶어 죽어가는 새와 같은 신세였다.

대학원을 다니면서부터 대학과 기업체에서 수없이 강의를 하고, 한 달에 수십 번씩 TV와 라디오 방송에 출연하고, 10여 편의 책을 내면서 오히려 나는 잠시 죽은 새가 되었던 것이다. 강의 의뢰는 쏟아지고, 방송에 쫓겨 다니고, 좋은 사람들 속에 묻혀 살고, 책을 쓰면서 자신이 높이 나는 새가 되어버린 듯한 착각에 빠져버렸던 것이다. 그렇게 바쁘게 살다 보니 에너지가 소진되어버린 것일지도 모른다.

집중력도 떨어지고, 한 줄의 글도 쓰지 못한 채 10여 년의 시간이 흘렀다. 그 와중에 많은 사람들을 만나고, 운동에도 심취해보고, 사업에도 손을 댔지만, 허공을 향해 내젓는 공허한 날갯짓에 불과했다. 꿈이 없었고, 꿈이 없었기에 이루려는 노력조차 없었다.

하늘 높이 나는 새는 자신이 모든 사람의 사랑과 관심을 받는 줄로 착각한다. 그러나 세간의 관심과 시선은 서서히 나를 죽이고 있었다.

나는 방송을 하고, 강의를 하고, 운동에 심취하고, 사교의 마당에 있다가도 언제든지 일상으로 돌아가 책을 쓰고, 새로운 아이디어로 놀라운 결과물들을 펑펑 쏟아낼 줄 알았다. 그러나 막상 책상에 앉아도 단 한 줄의 글조차 쓸 수 없는 자신을 보며 한숨짓고 말았다.

결국 최근 1년 남짓 책상머리에 앉는 연습을 했다. 그러나 오랫동안 얇디얇은 지식을 파먹기만 하던 내 머릿속 공허함은 쉽게 채워지지 않았고, 정돈되지 않은 아이디어들은 제각각 춤추며 한 줄의 글로도 옮겨지지 않았다. 그렇게 시간이 흐르자 점점 초조해졌다.

결심하고 결심할수록 무엇인가 만들어져야 하는데 간밤에 불끈 솟은 결심은 아침이 되면 사그라지고, 연초에 세웠던 결심은 작심삼일이 되기 일쑤였다.

'왜 나는 결심을 실천하지 못하는 것일까?'

'왜 나라는 존재는 결심만 하고 미루고 또 미루기만 하는가?'

'이것도 병 아닐까?'

이런 두려움이 들수록 결심을 반복하며 나를 둘러싸고 있던 많은 욕심과 번뇌, 그리고 부질없는 관계들을 정리하기 시작했다.

급한 일보다는 중·장기적으로 나에게 소중한 일들이 무엇인지를, 내가 소중히 생각해야 하는 사람들이 누군지를 곰곰이 따져보는 시간이 생기자 젊은 날의 꿈들이 하나둘 기억 속에 떠오르기 시작했다.

그리고 그 작은 꿈 가운데 하나, 즉 '결심'이라는 심리학 화두를 책으로 펴내는 것이 지금 나에게 가장 소중한 일이란 사실을 깨닫게 되었다.

그리고 결심했다.

이 일에 내 삶의 70% 이상의 에너지를 집중하기로!

'그래 결심했어! 가는 거야!'

한동안 잊고 지내던 이문세의 「야생마」라는 노래를 들으며 결심과 좌절, 결심과 절망에 허덕이던 결심중독에서 벗어나기로 말이다.

갈문 최창호

1장

·

결심중독

결심중독도 병이다

결정을 내려야 할 때,

가장 좋은 선택은 옳은 일을 하는 것이고,

그다음으로 좋은 선택은 잘못된 일을 하는 것이며,

가장 안 좋은 선택은 아무것도 하지 않는 것이다.

― 프랭클린 루스벨트(미국 32대 대통령)

심리중독 중
가장 무서운 병

결심(決心)은 결심할 결(決), 마음 심(心) 자로 '할 일을 어떻게 하기로 마음을 굳게 정하다, 단단히 마음을 먹다.'라는 의미다. 비슷한 뜻을 가진 말들로 결단, 작정, 용단 역시 '어떤 일을 하겠다고 마음먹음'이라는 뜻이다.

우리 대부분은 결심하고 실패한 경험을 가지고 있다. 그런데 정말 결심중독도 도박중독, 게임중독, 마약중독, 알코올중독처럼 중독일까? 듣기만 해도 걱정되는, 이런 중독들과 달리 우리는 결심에 실패하고 결심하기를 반복하는 것을 그다지 위험하게 느끼지 않는다. 치료해야 할 필요성 역시 느끼지 못한다.

하지만 결심과 실패도 자주 반복하다 보면 중독이 된다. 심리중독 중에 가장 무서운 병이 바로 '결심중독(resolution addiction syndrome : RAS)'

이다.

　많은 사람이 자신도 모르는 사이 결심중독에 빠진다. 하루에도 수없이 결심하고, 작심하고, 작정하지만, 결심중독에 걸린 사람은 자신이 중독에 걸린지도 모른 채 지금 이 순간에도 결심을 반복한다.

　결심이라도 하지 않으면 불안하고 초조해지는 강박적 결심중독증 (obsessive resolution addiction syndrome : ORAS)에 시달리며 말이다.

　중독의 분류
　물질중독 – 알코올, 마약, 카페인 등의 중독
　행위중독 – 도박, 쇼핑, 섹스, 인터넷, 게임 등의 중독
　심리중독 – 결심, 애정, 열정, 성취 등의 중독

　중독은 대부분 유형이 비슷하다.

　쇼핑중독, 도박중독, 알코올중독, 마약중독 등에서 헤어나오지 못하는 이유는 현실에서 만족을 얻지 못하고 뭔가 불안하기 때문이다. 결심도 마찬가지다. 현실이 불안하기 때문이다. 그런데 결심한 대로 실천하지 못하고 자꾸 실패하다 보면 세 가지 심리, 즉 갈망, 내성, 그리고 금단증상이 나타난다.

　약물중독에 빠진 사람이 더 많은 약을 투약해야 이전과 같은 수준의 만족감과 흥분을 얻는 것과 마찬가지다.

　그래서 마약을 판매하는 사람들은 처음에 공짜 또는 싼값으로 약물을 제공한다. 일단 중독에 빠지고 나면 금단증상 때문에 아무리

비싼 값을 불러도 구매할 것을 알기 때문이다. 다이어트도 마찬가지다. 처음 다이어트에 실패하고 나면 다음 다이어트 감량목표치는 늘어난다.

'내일부터 다이어트할 거니까 오늘까지 맘껏 먹겠어!'라며 피자에 치킨, 족발에 맥주까지 거하게 먹는 사람이 있는가 하면, '내일부터 술 끊어야지'라며 고주망태가 되도록 술을 마시고, '내일부터 금연할 건데…!, 아까우니까 오늘 다 태워버리겠어!'라며 줄담배를 피워대는 사람들까지 있다.

그러나 무슨 계획이든 '내일부터'라고 생각하는 사람은 대부분 실패한다. 결심중독에 걸리는 이유도 '내일이라는 마귀'로부터 벗어나지 못하는 까닭인 것이다.

결심도 비슷하다. 실패를 거듭할수록 일상생활이나 정신이 점점 망가지기 시작한다. 이뤄놓은 일 없이 세월만 가고, 남들은 발전해가는데 나만 정체돼 있는 것 같고, 그러다 스스로 주눅이 들곤 하니 무기력해지는 것이다. 게다가 무언가 결심하지 않거나 아무 목표가 없으면 불안해지는 금단증상이 나타난다.

서두에 밝혔다시피 나 역시 책을 쓰려고 마음먹다가도 방송 출연과 강의가 많아지면서 글 쓰는 게 힘들어졌다. 그러다 「TV 책을 보다」 같은 프로그램에서 남들이 쓴 책 얘기를 하다 보면 불끈 '나도 글을 써야지.' 결심하고서도 돌아서면 일상생활에 파묻혀, 출판사로부터 내용증명이라는 최후통첩까지 받는 쓸쓸한 상황을 맞이했다.

사실 대부분의 사람들 일상도 별반 다르지 않다.

운동하겠다는 결심, 다음에는 열심히 연습한 후에 골프를 치겠다는 결심, 앞으로는 후회할 일 없이 가족들과 화목하게 살겠다는 결심, 가족들을 위해서라도 반드시 금연하겠다는 결심, 화를 내지 않겠다는 결심.

그러나 모든 결심은 돌아서서 새로운 상황에 맞닥뜨리면 여지없이 무너지고 만다. 어떤 이들은 참회를 하기도 한다. 지금까지 살아온 것을 반성하는 '참(慙)', 앞으로는 허물을 만들지 않겠다는 '회(悔)'. 그렇게 우리는 참회를 반복하며 살고 있다.

우리는 왜 이렇게 결심과 실패를 반복하며 결심중독에 빠지는 걸까? 여러 원인이 있겠지만 아마도 결심이 주는 희열도 이유 중 하나일 것이다. 결심하는 순간 뇌에서 뿜어내는 각종 호르몬과 뭔가 야릇한 희열과 갈망이 쾌감을 주기 때문일 것이다.

죽은 새 증후군!

'죽은 새 증후군'은 후쿠오카 신이치가 『생물과 무생물 사이에서』라는 책에서 한 말이다.

"우리는 빛나는 희망과 넘칠 듯한 자신감을 가지고 출발선에 선다. 보는 것, 듣는 것마다 날카롭게 흥미를 불러일으키고, 하나의 결과는 또 다른 의문을 낳는다. 우리는 세상 누구보다도 실험 결과를 빨리 알고 싶어 하므로 기꺼이 몇 날 며칠 밤을 지새우기도 한다. 경험을 많이 쌓으면 쌓을수록 업무에 능숙해진다.

　무엇을 어떻게 하면 일이 더 잘 진행되는지를 알기 때문에 어디에 주력하면 되는지, 어떻게 우선순위를 매기면 되는지 눈에 보인다. 그러면서 점점 더 능률적으로 일할 수 있게 된다. 무슨 일을 하든 실수 없이 해낼 수 있다. 여기까지는 좋다.

　그렇지만 가장 노련해진 부분은, 내가 얼마나 일을 정력적으로 해내고 있는지를 세상에 알리는 기술이다. 일은 원숙기를 맞이한다. 모두가 칭찬을 아끼지 않는다. 새는 참으로 우아하게 날개를 펴고 창공을 나는 듯이 보인다. 그러나 그때 새는 이미 죽은 것이다. 이제 그의 정열은 모두 다 타버리고 남아 있는 것은 아무것도 없다."

나 역시 죽은 새 증후군에 걸려 있었던 모양이다.

언젠가 방송 출연을 꽤나 싫어하는 아내가 모처럼 「내조의 여왕」이라는 프로그램에 함께 출연하게 되었을 때 일이다. 녹화 도중 돌연 아내가 둘째 아들을 낳을 무렵 산후우울증에 걸려 굉장히 힘들게 지낸 적이 있다고 말하는 게 아닌가?

"나름 잘나가는 심리학자의 아내가 산후우울증에 걸렸었다고?"

"그걸 심리학자인 남편이 몰랐다고?"

"당신! 심리학자 맞아?"

순간 녹화장 분위기는 무능한 남편을 탓하는 눈총들로 살벌해졌다. 어떻게 그럴 수 있느냐는 것이다.

매일매일 반복되는 일상 속에서 매너리즘에 빠져 살던 내 삶에 대한 경고등이 켜진 순간이었다. 맨날 책 쓴다고, 사업하지 않겠다고, 술자리를 줄인다고, 운동을 다시 시작한다고 해놓고 실천하지 못하는 결심중독에 빠져 있었던 탓이다.

동서고금을 막론하고 '작심삼일'은 공통 고민

작심삼일! 그런데 이런 문제는 비단 나만 안고 있는 증상이 아니었다. 사람들이라면 누구나 겪는, 겪을 수 있는 아픔인 것이다.

영국의 심리학자인 하트퍼드셔 대학교의 리처드 와이즈먼(Richard Wiseman) 교수는 2007년 영국인 3000명을 대상으로 새해 결심을 얼마나 지키는지 실험했다.

실험에 참여한 사람 중 실험 전 조사에서 새해 결심을 반드시 지킬 것이라고 확신한 사람은 52%였다. 와이즈먼은 이들을 몇 그룹으로 나눈 뒤 그룹별로 일정한 조건에 따라 새해 결심을 지킬 것을 요청했다. 1년 뒤 확인해보니 그중 12%만이 자신의 새해 결심을 지켰다. 와이즈먼 교수의 실험에 의하면 남자의 경우, 결심을 이루기 위해 세부 목표를 정하라는 조언을 따른 사람의 성공 확률이 더 높았다. 여성의 경우에는, 친구나 가족들에게 자신의 결심을 공표한 경우 성공 확률이 더 높았다고 한다. 그래 봤자 성공률이 12%였으니, 결심이 작심삼일로 끝나는 것은 동서양에 차이가 없는 셈이다.

심리학자들의 연구에 의하면 작심삼일은 뇌생리학적으로 볼 때 근거가 있다. 결심을 하고 행동에 옮길 때 뇌는 익숙했던 패턴에서 벗어나기 때문에 스트레스를 받는데, 이 스트레스를 극복하고 변화된 행동을 계속할 수 있게 해주는 호르몬이 아드레날린과 코티졸이다. 그런데 이 효과가 3일 정도 지속된다는 것이다. 결국 결심에 성공하는 유형은 이 작심삼일이라는 호르몬의 굴레에서 벗어난 사람들에게 해당되는 결과다.

미국 만화 『피너츠(Peanuts)』에 등장하는 강아지 캐릭터 '스누피'가 할리우드 명예의 전당에 입성했다. '피너츠'는 만화가 찰스 슐츠가 1950년부터 신문에 연재한 4컷짜리 만화로서, 어리숙하고 착한 소년 찰리 브라운, 괴짜 친구 라이너스와 루시, 강아지 스누피와 작은 새 우드스톡 등의 인기 캐릭터를 탄생시켰다.

할리우드 상공회의소에 따르면 만화 『피너츠』는 약 75개국 2600개 신문에 실렸으며, 3억 5000만 명 이상이 읽었다고 한다. 스누피라는 강아지 캐릭터는 2015년 11월 2일, 2563번째로 명예의 전당에 이름을 올렸다. 개 캐릭터로서는 영화 「래시」의 주인공 래시와 제1차 세계대전 중 버려진 독일군 참호에서 발견돼 할리우드 스타가 된 독일산 셰퍼드 린틴틴에 이어 세 번째다.

많은 사람들이 '스누피'로 알고 있는 이 만화의 원래 제목은 『피너츠(별 볼일 없는)』다.

이 만화의 작가 찰스 슐츠는 '찰리 브라운'이 어릴 적 자기 자신의 모습이라고 말한다. 무려 75개 나라 2600개의 신문에 매일 자신의 만화가 실리는 파괴력 있는 예술가이자 인기가 좋아 애니메이션 영화로도 만들어진 만화의 작가인 찰스 슐츠가 실패의 아이콘 찰리 브라운이라니 정말 믿기 어렵다.

사실 어린 시절 찰스 슐츠는 유명작가가 된 성인 찰스 슐츠와는 전혀 달랐다. 작고 왜소한 몸집을 가진 수줍음 많은 외톨이였고, 자폐증을 앓았고(필자의 생각으로는 가벼운 유사 자폐증으로 분석되지만), 공부도 잘 못해서 심지어 전 과목을 낙제한 적도 있었다. 제2차 세계대전에 참전했지만, 적진에 있는 강아지가 다칠까봐 포격도 못할 만큼 소심하고 걱정 많은 캐릭터였다. 그러나 이런 콤플렉스와 소심함, 그리고 수많은 좌절과 실패, 태작과 졸작들은 그의 만화 속 주인공 캐릭터들로 거듭나 그의 성취와 달성의 원동력이 되었다.

『피너츠』에 등장하는 인물들은 대부분 보잘것없다. 폐소공포증이 있어 지붕 위에서 하늘을 보며 잠자는 비글 스누피, 날개 달린 새인데도 똑바로 날지 못하는 우드스톡, 담요가 없으면 늘 불안한 소년 라이너스, 짝사랑하는 남자에게 매번 거절당하는 루시 반 펠트 등. 누구나 한두 가지쯤 가지고 있을 법한 심리적 콤플렉스를 찰스 슐츠는 인간적이고 따스한 시선으로 녹여내며, 이 세상을 사람 냄새 가득하도록 하는 데 기여했다.

내가 이 책의 집필을 시작하며 떠오른 인물이 바로 찰리 브라운이다.

별 볼일 없는 아이였고, 매번 결심에 실패하지만 역경을 겪어도 최선을 다하는 사람, 여러 번 넘어지고 쓰러져도 굳은 결심을 간직한 캐릭터가 바로 찰리 브라운이기 때문이다.

'어떤 일에도 소용없는 사내아이.'

'역경이 닥쳐도 항상 최선을 다하는 사람.'

우리는 어떤 유형의 사람일까?

쉽게 한 결심일수록 빨리 실패한다

대부분의 사람들이 쉽게 결심을 한다. 충동적으로 결심하는 데다 이유도 거창하지 않다.

'내일부터는 새벽 운동을 해서 하루를 경쾌하게 시작해야지.'라거나, '하루 세끼 밥만 먹고 간식은 아침에 주스 한 잔, 점심 때 우유 한 잔만 해야지.' 또는 '시험 때까지는 절대로 스마트폰을 하지 말아야지.' 라는 결심 등이다.

결심한 대로 하려면 하고 싶은 것을 참고, 하기 싫은 것을 해야 함에도 불구하고 불편한 결심을 반복하는 심리적인 배경은 뭘까?

첫째, 초조하고 불안하기 때문이다. 일단 결심하지 않으면 실행하기도 어렵고 아무것도 성취할 수 없다는 불안감 때문이다. 건강을 위한 다이어트나 금연, 더 나은 미래를 위한 공부나 자격증 등은 정말 중요한 일이다. 하지만 지금 상태 그대로 유지하는 편이 편안하고 즐겁다. 그러나 현재를 즐기고만 있으면 아무것도 이루어지지 않는다는 걱정 때문에 초조하고 불안하다. 그런 초조와 불안에서 벗어나기 위한 방패가 바른 결심이다.

둘째, 사회심리적인 비교 심리다. 사람은 사회적 동물이기 때문에 남들과 비교하는 심리가 있다. 함께 모여 살며 누구보다 '예쁘다, 잘

났다, 못났다, 뛰어나다, 열등하다'고 비교한다. 사회에 적응해 살아가려면 사회생물학적인 생존을 위해서라도 남들의 영향을 받기 때문에, 사람들은 비교 심리에서 자유로울 수 없다.

셋째, 남들을 무조건 따라 하는 동조 심리가 작용한다. 남을 따라 하고 추종하는 심리도 결심을 하는 심리적 배경 가운데 하나다.

하지만 결심 후 무언가 뚜렷한 발전이 없을 때 열이면 열 겪게 되는 결론이 바로 자기 합리화다.

가령 금연이나 금주가 결심이었을 경우, 이런 결론을 내곤 한다.

"금연해야 오래 산다고? 웃기지 마. 술과 담배는 건강이나 수명과는 상관없는 거라고. 역사가 증명해주지.

중국의 린바오(林彪, 국방장관으로 마오쩌둥을 숭배하고 찬양한 인물)는 술도 안 하고 담배도 안 피웠는데 비행기 사고로 64세에 사망했어. 저우언라이(周恩來, 27년간 중국의 총리를 역임한 정치가, 외교관)는 술은 마셨지만 담배는 안 피웠는데 78세에 사망했지. 마오쩌둥(毛澤東, 중국 국가주석)은 담배는 피웠지만 술은 안 마셨는데 83세에 사망했어. 그리고 덩샤오핑(鄧小平, 중국 개혁개방 현대화의 선구자, 정치인)은 술도 마시고 담배도 피웠는데 93세까지나 살았지.

더 기막힌 게 누군지 알아? 장쉐량(張學良, 중국 군인이자 정치가)이란 사람이지. 그 사람은 술도 마시고 담배도 피웠고 거기다 여자까지 탐닉했는데도 103세까지 살았어. 그런데도 건강하게 오래 살려고 술과 담배를 끊어야겠어?"

이쯤 되면 담배를 끊거나 술, 여자를 끊는 사람이 더 어리석게 보일

지경이다. 이런 식의 자기 합리화는 일종의 방어기제이자, 결심을 달성하지 못하게 하는 덫이다.

1993년 7월 청와대에서 빌 클린턴 전 미국 대통령과 YS가 조깅하는 모습이 신문에 실린 후 조깅이 선풍적 인기를 끌면서 전국적으로 조깅 붐이 일던 때가 있었다. 이렇게 심리적으로 추종하게 되는 사회적인 붐은 열풍이 유지되는 기간과 영향력에 따라 패드(fad), 패션(fashion), 트렌드(trend), 패러다임(paradigm)으로 구분된다.

패드는 일시적으로 왔다 가는 열풍으로 순식간에 엄청난 인기를 누리지만 오래가지 않는 것을 말한다. 패션은 패드와 비슷하지만 좀 더 제도화되어 있고 주기적인 경향이 있어서 부분적으로 예측 가능한 유행을 말하고, 트렌드는 충분히 예측 가능한 중장기적인 추세와 경향을 나타낸다. 그에 비해 패러다임은 장기적이고 거시적인 제3의 물결, 제4의 물결처럼 커다란 관점, 범례를 의미한다.

패드의 예로는 조깅 열풍, 품질혁신운동인 식스시그마 운동, 전사적 자원관리 프로그램(ERP) 등이 있다. 하지만 이것들은 한때 엄청난 인기를 누렸지만 오래지 않아 그 열풍이 사그라졌다. 한때는 아침형 인간 붐이 일면서 다들 아침 일찍 일어나 무언가 하겠다는 의지를 보이기도 했다. 하지만 일찍 일어나서 뇌가 일찍 활성화되는 아침형 인간, 즉 종달새형 인간인지, 저녁이 되면 정신이 말똥말똥해지는 저녁형 인간, 즉 올빼미형 인간인지는 대부분 DNA에 정해져 있다. 그런데 이것을 억지로 아침형 인간으로 바꾸려 들다가 여러 부작용이 일었고, 오래지 않아 자신의 유형을 인정하는 방향으로 정리가 되었다. 결국 패드 열풍에 지나지 않았던 것이다.

패드와 패션을 구별하기는 쉽지 않다. 어느 방송 프로그램에서 브로콜리가 좋다고 소개하면 브로콜리가 잘 팔리고, 바나나가 좋다고 하면 바나나가 잘 팔리는 것은 패드다. 이런 성향을 이용해 인기 있는 프로그램에서 등장한 아이템이 즉시 마트에 진열되는 경우가 많다. 패션은 조금 더 지속적인 것으로, 올해의 컬러라든가 올해의 옷 스타일, 한때 유행했던 나팔바지나 지금 유행하는 스키니 바지 등을 일컫는다.

결심중독자들은 대부분 패드와 패션 사이를 왔다 갔다 하는 수준까지만 지속되는 양상이다. 심각한 사람은 패션까지 가지도 못하고 패드에서 끝나고 만다. 그야말로 작심삼일이다. 결국 결심이 나의 삶을 바꾸려면 지속성이 필수다.

결심에 성공했다고 평가받으려면, 유행으로 따졌을 때 최소한 트렌드까지는 가야 한다. 그래야 삶에 변화가 생긴다. 운동을 시작했을 경우, 운동을 거르면 몸이 찌뿌둥하고 불안할 정도까지 되는 것이 바로 트렌드까지 간 것이다. 습관이 바뀌려면 어떤 행동을 최소한 21일 동안 지속해야 한다. 42일 동안 유지하지 않으면 불안해지고, 63일이 넘어가면 내 몸에 체화되어 새로운 습관이 된다. 이 경지까지 이르면 삶의 트렌드 내지는 패러다임이 바뀌었다고 할 수 있다.

리듬감을 가져야 결심중독을 이겨낸다

　인간의 행동은 대부분 뇌가 불러일으키는 움직임이다. 내외환경으로부터의 자극이 대뇌피질(cerebral cortex)에 전달되고, 대뇌피질의 지령에 따라 근육이 반응하는 것이 바로 인간의 행동이다. 오감 수용기인 감각기(感覺器)에서 자극을 받으면 그 자극은 지각신경에 의해 중추신경(뇌 및 척수)에 전달된다. 중추신경은 그 자극에 걸맞은 지령을 운동신경을 통해 근육에 전달해 행동을 일으키는데, 차원이 낮은 행동이든 차원이 높은 행동이든 그 구조는 똑같은 원리를 따른다.

　가장 간단한 행동은 반사행동이다. 반사행동은 의지나 감정에 상관없이 신체에 위험이 닥칠 때 순간적이고 자동적으로 나타나는 무의식적인 행동이다. 충동행동은 감정이 그대로 나타나는 것으로, 슬프면 눈물이 나고 기쁘면 웃음이 나고 즐겁다. 이런 무의식적인 행동과 달리 고차원적인 행동이 의식행동이다. 그렇다고 의식행동이 무의식적 행동보다 좋고 가치 있다는 말은 아니다. 그러나 의식행동은 일정한 목표를 가지고 생각하고 판단해서 하는 행동으로, 작업이나 학습이 여기에 해당된다. 의식행동은 대뇌피질 전두엽의 지령을 받아 뇌 안에서 행동계획이 만들어지고, 이 계획에 따라 대뇌피질 운동중추의 신경세포가 활동을 개시하고, 운동신경을 통해 근육에 전달되어 행동으로 나타난다.

　이런 논리에 따르면 결심은 행동의 베이스가 된다. 결심이 행동으로 이어지려면 심리학적으로 동기부여가 있어야 한다.

동기부여에는 세 가지 요소가 있다.

첫째, 심리를 자극하는 유발성(evoke)이 있어야 한다. 'evoke'는 '유발시키다'라는 의미를 가지고 있다. 둘째, 목표 설정 내지는 방향성(direction)이 있어야 한다. 마지막으로 그렇게 유발된 에너지를 유지하는 지속성(maintenance)이 있어야 한다.

그런데 사람들은 보통 결심을 유발하는 선에서 흐지부지 끝나는 경우가 많다. 조금 더 나아간 사람은 방향성을 가지고 실행에 옮기기는 하지만 지속성에서 실패하고 만다. 만약 다이어트를 시작해 굶고 운동하면서 각고의 노력 끝에 살을 뺀 사람이 지속성에서 실패한다면 요요현상 때문에 살이 더 찌게 된다. 처음부터 하지 않느니만 못한 결과를 얻고 마는 것이다.

사람들은 긴장(tension)과 이완(relax)을 반복하는 경향이 있다. 이런 현상을 프로이트는 반복강박이라고 표현했다. 가만히 누워 있으면 편하다. 그러니 편하게 누워 쉬면 될 텐데, 많은 사람들은 편하게 쉬면서도 불안해한다. 도태될 것 같고 잡아먹힐 것 같고 경쟁에서 뒤질 것만 같아 불안해지는 것이다. 이렇게 불안해지면 사람들은 긴장 상태로 들어간다.

결심은 긴장과 맥을 같이한다. 긴장이 유지되면 스트레스를 받게 되고, 교감신경은 스트레스를 받을 때 흥분한다. 교감신경이 흥분하면 사람들은 자신의 생명 보호를 위해 개체 보존행동을 필요로 하고 그에 따른 에너지를 필요로 한다. 따라서 결심이라는 긴장이 지속되면 자연 살상 세포(natural killer cell : NK세포)도 줄어들고, 혈액 속에 있는 P4 면역세포도 줄어들게 된다. 이런 것들이 혈액 속에서 감소하면 면역기능이 떨어지게 마련이다. 그러면 사소한 바이러스나 박테리아 감염으로 건강이 나빠지고, 심하면 목숨을 잃을 수도 있다.

이렇게 신체의 기능이 약해지면 몸에서 이완하라는 신호가 온다. 몸이 '쉬어라'라고 신호를 주는 것이다. 이 리듬을 잘 이해하고 받아들여야 한다. 하지만 결심에 실패하는 사람들은 결심을 달성하려면 늘 긴장해야 한다고 생각하는 경향이 있다.

결심을 성공적으로 달성하기 위해서는 확고한 동기가 있어야 하고, 지속성을 유지하면서 일정한 방향으로 나아가 성취감을 느껴야 한다. 그런데 자신에게 관대한 나머지 쉽게 결심을 포기하는 사람들은 능장 부리고 게으름 피우는 것이 습관이 되어 있다. 의욕만 가지고 쉽게 한 결심이 어떻게 이미 체화된 습관을 앞설 수 있겠는가?

게으름과 능장, 포기, 나태에 길들여진 자신과의 싸움에서 한 번도 이겨보지 않은 사람이 새로운 결심을 한 후 환골탈태(換骨奪胎)하는 일은 거의 없다. 이것은 마치 열심히 공부해본 적 없는 학생이 기말고사 열흘 전에 "좋아, 나도 열심히 한번 공부해보자. 오늘부터 하루에 18 시간씩 공부해서 기말고사에 전교 1등을 하고 말겠어!"라는 목표를 세우는 것과 마찬가지다. 불가능에 가까운 일이라는 것이다.

'내가 굳게 하겠다는 마음을 먹었다는데, 너무 냉정하게 말하는 거 아니야?'라고 생각할 수도 있겠다. 하지만 지금까지의 자신과 100% 달라지겠다는 결심, 지금껏 해본 적 없던 일들을 한꺼번에 해내겠다는 결심은 계획대로 되지 않을 가능성이 그만큼 높다는 이야기다. 누군가의 미래는 지금까지 그가 해온 것들을 중심으로 평가될 수밖에 없다.

생각해보라. 대학교에 입학할 때 각 대학에서는 무엇으로 학생을 평가하는가? 수능점수와 그동안 학교생활의 집대성인 생활기록부, 자기소개서, 추천서, 논술과 면접 등이다. 특기자 전형의 경우, 외국어나 수학, 과학 등에서 다른 사람보다 뛰어난 재능을 지닌 학생을 선발하기도 한다. 수능점수, 생활기록부, 논술능력, 면접, 자기소개서, 추천서, 자신만의 특기 등, 이 모든 것들은 과거에 자신이 노력해서 쌓아놓은 것들이고, 과거의 노력을 평가하는 것이다. 대학에서는 학생의 과거 이력을 보고 '우리 학교에 적합한 학생'이라는 판단이 설 때 선발한다.

대학입시뿐일까? 취업도 마찬가지다. 하루아침에 토익이나 토플, 텝스 등의 시험에서 고득점을 얻을 수는 없다. 자기소개서 역시 거짓으로 작성할 수도 없고, 여러 스펙을 하루 만에 쌓아올릴 수도, 외국어 회화능력을 며칠 새 확 좋아지게 하는 비법도 없다. 모두 꾸준히, 그리고 열심히 노력해 하나하나 쌓아올려야 하는 일들이다. 입사 면접을 볼 때도 그 사람의 과거 경험과 이력을 참고해 능력과 미래를 가늠하고, 주식투자에서 주가를 예측할 때도 과거의 실적과 차트, 투자내용을 참고해 미래의 주가를 예상한다.

하루에 담배를 두 갑씩 피우던 사람이 "내일부터 담배를 끊겠어!" 하고 선언하거나, 하루에 대여섯 시간씩 게임을 하거나 서너 시간씩 스마트폰에 빠져 지내던 사람이 "내일부터는 모든 인터넷을 끊고 공부만 하겠어. 내일부터 내 얼굴 못 볼 테니까 지금 많이 봐둬!" 하고 큰소리치는 경우도 많다. 그런데 이 말은 이력서에 아무것도 기록하지 못한 사람이 "지금까지 해놓은 것은 전혀 없지만, 저를 합격시켜주신다면 해외파견 업무부터 회계업무까지 모든 일을 잘해낼 자신이 있습니다."라고 큰소리치는 것과 같다. 그 말을 어느 면접관이 믿을 것이며, 설사 믿고 뽑아줬다 한들, 영어를 못하는 사람이 당장 해외 바이어들과 서류를 주고받으며 일하거나 해외파견 업무를 완수할 수 있을까? 컴퓨터 활용능력은 고사하고 회계공부를 전혀 안 해본 사람이 하루아침에 회사의 경리 업무를 처리할 수 있을까? 단언컨대, 그런 일은 결코 일어나지 않는다. 로마는 하루아침에 만들어지지 않았다.

결심은 모순 덩어리

결심은 모순 덩어리, 거짓말쟁이일 때가 많다.

"한국건강증진개발원은 취업 포털 인크루트와 함께 지난 연초에 5일 동안 직장인 541명을 대상으로 설문조사를 진행했다. 2016년 가장 이루고 싶은 계획은 학업과 승진 등 자기계발이라는 응답이 29.7%로 가장 높았다. 응답자 10명 중 3명꼴이었다. 이어 저축·투자 등 재무설계 22.4%, 운동과 금연을 포함한 건강관리 20.6% 순이었다. 새해 이루고 싶은 계획 1순위가 건강관리가 아닌 경우 응답자의 50%는 운동과 금연을 2순위로 선택했다."

이 결과를 보면 모두 긍정적이고 바람직하고 사회적으로 좋아 보이는 내용들뿐이다. 그러나 그렇기 때문에 모순 덩어리이고 거짓말일 경우가 많다. 이들 설문 결과에는 사람들이 '솔직하게 고백하기 힘든' 결심들이 너무 많다.

'나는 올해 바람을 피우겠어!'

'비자금을 만들어서 멋진 차를 사겠어!'

'회사 몰래 퇴사를 하겠어.'

'로또로 대박 나면 집을 나가겠어!'

이런 결심을 대놓고 내뱉기는 쉽지 않다. 그러나 이런 부정적이고 솔직한(?) 결심도 필요하다. 그것이 사회적·법적으로 문제가 없는 한, 사람의 결심은 자유로워야 한다. 단, 결심에도 규칙이 있다.

차동엽 신부는 『무지개 원리』를 통해 심리학적으로 나쁜 습관을 바꾸기 위해서는 '하지 않겠다'라는 부정문이 아닌 긍정문으로 결심의 말을 해야 한다고 주장한다.

'3P' 공식으로 말하라! 긍정적(positive) – 현재형(present) – 개인적(personal)인 문장으로 결심의 문구를 만들어야 한다.

"더 이상 담배를 피우지 않겠다."는 말 대신 "나는 금연가다."라고 말해야 좋은 결심이고, 금연에 성공할 가능성도 높아진다. 그럼에도 불구하고 결심에 대해 부정적으로 반응하는 사람들도 많다. 매일 결심하고 좌절하고 슬퍼하지 말고 아예 결심을 하지 않으면 뱃속 편하지 않느냐는 것이다.

세계적으로 유명한 영성가인 독일의 안젤름 그륀 신부는 그의 책

『머물지 말고 흘러라』에서 속담을 인용해 이렇게 주장한다. "지옥으로 가는 길은 좋은 결심으로 덮여 있다."

결심중독의 결말이 무시무시하다. 그렇다면 결심중독을 극복해야 할 이유가 무엇인지도 명확해진다.

1. 결심을 자주 하는 사람이 있다.
2. 결심을 아예 하지 않는 사람이 있다.
3. 결심을 하면 반드시 성공하는 사람이 있다.
4. 결심을 하면 언제나 실패하는 사람이 있다.

이렇게 보면 결심중독은 네 가지 유형으로 나눌 수 있다.

I형은 결심을 자주 시도하는데 성공률이 아주 높은 결심 달성자다.

II형은 결심을 자주 시도하는데 성공률이 매우 낮은 결심중독자다.

III형은 결심을 하지 않는데 우연히 성취를 하는 결심 우연자다.

IV형은 결심을 하지도 않고 성취하지도 않는 결심 방관자다.

나는 어느 유형에 속하는가?

I형이라면 결심 달성자다. 무엇이 걱정이겠는가? 굳이 이 책을 읽을 이유가 있을까? 그래도 무슨 얘기를 하는지 관심이 가 읽을 수도 있고, 성공지능이 높아 실천방법을 알고자 읽을 수도 있다.

II형이라면 결심중독자다. 이 책을 읽어야만 하는 독자께서는 정말 감사해야 한다. 이 책을 읽는 귀하는 삶의 축복을 받은 것이기 때문이다. 이 책을 읽고 거듭나는 인생을 설계할 필요가 절실한 사람이다.

Ⅲ형이라면 결심 우연자다. 이 유형이 당신이라면 로또 같은 인생에 기대지 않는 게 바람직하다. 행운이란 지속되는 것이 아니라 결국 우리 삶의 여정이 켜켜이 쌓여 이루어지는 것이니만큼 삶의 결심을 새롭게 해야 한다.

Ⅳ형이라면 결심 방관자다. 지나친 합리화와 방관으로 인해 삶이 피폐해지는 것을 인식하지 못할 수 있다. 결심을 하지 않는 것도 행복의 방법이지만 그것은 살아 있되 죽은 것과 마찬가지인 생이불여사(生而不如死)일 뿐이다.

구 분	성공률 높음	성공률 낮음
자주 시도	Ⅰ형 : 결심 달성자	Ⅱ형 : 결심중독자
시도 안 함	Ⅲ형 : 결심 우연자	Ⅳ형 : 결심 방관자

결심을
방해하는 뇌

인간을 나락으로 빠뜨리는 괴물, 중독!

어떤 약물이나 행동에 중독된다는 것은 습관적이고 강박적으로 몰입해 그것 없는 생활이나 활동을 못하는 상태가 되는 것을 말한다. 상당히 무시무시한 분위기를 풍기는 단어임에도 불구하고, 우리는 일상생활에서 중독이라는 단어를 너무 자주 접한다.

게임중독, 스마트폰중독, 도박중독, 알코올중독, 다이어트중독, 성형중독, 쇼핑중독, 카페인중독, 니코틴중독, 마약중독, 관계중독, 탄수화물중독…. 요즘 사람들을 고민하게 만드는 중독은 그 종류도 정말 많다. 중독을 일으키는 것들이 많을수록 중독에 빠져 허우적대는 사람 또한 많다. 도대체 중독이 무엇이기에 이토록 많은 사람이 고민하는 걸까?

　사람들이 일상생활에서 '중독'이라는 말을 여기저기에 붙여 자주 사용하지만, 중독이라고 말하려면 몇 가지 특징적인 증상이 있어야 한다.

　첫째, 중독 대상을 간절히 원하는 '갈망(渴望, eager desire)'이다. 도박에 빠진 사람들은 자금이 떨어졌는데도 불구하고 카지노 곁을 떠나지 못하고, 그곳에서 막노동을 하거나 구걸하면서 돈만 손에 쥐면 카지노로 달려간다. 마약중독에 빠진 사람들이 범죄를 저지르면서까지 돈을 구해 마약을 사고 니코틴중독자들이 담배가격이 대폭 인상되었음에도 불구하고 담배를 사는 것은, 도박이나 마약, 담배나 술에 대한 갈망이 이성을 마비시킬 만큼 크기 때문이다.

　둘째, '내성(tolerance)'이다. 알코올중독은 마시는 술의 양이 점차 많아지고, 게임중독은 게임하는 시간이 길어지며, 쇼핑중독은 빚을 지면서까지 물건을 사고, 스마트폰중독은 자면서도 손에서 스마트폰을 놓지 못한다. 그러니 마음 아픈 일이 아닐 수 없다.

　셋째, '금단현상(withdrawal symptoms)'이다. 금단현상이란 담배나 술, 마약, 게임, 도박 등을 중단했을 때 보이는 증상을 말한다. 안절부절 못하거나 식은땀을 흘리면서 손을 덜덜 떨기도 하고, 멍해지고 불안해하면서 일상생활에 지장을 받는 것은 물론, 심할 경우에는 환각에 사로잡히거나 의식을 잃고 발작증세를 나타내기도 한다. 심각한 약물중독의 경우에는 발작과 함께 호흡에 곤란을 겪어 사망에 이르기도 한다. 이 정도가 되면 일상생활은 물론 직장생활, 가정생활에도 문제가 생긴다.

그래서 중독에 빠진 사람들은 어린 자녀들을 보살피지 않고 오랫동안 힘들게 쌓아올린 명예와 인기를 한순간에 잃기도 한다.

물질중독과 행위중독은 근본적으로 다르지 않다

중독은 무엇에 중독되는가를 기준으로 물질중독과 행위중독으로 구분된다. 중독 대상이 알코올이나 마약 같은 물질이면 물질중독, 도박이나 쇼핑 등의 행위나 활동이면 행위중독이다.

물질중독과 행위중독은 다른 것처럼 보이지만, 관여하는 뇌의 회로가 같을 뿐 아니라 유사한 증상과 단계를 거친다. 중독 대상인 물질 섭취나 행위 전에 '하고 싶다, 하지만 해서는 안 된다'라는 정서적인 각성이 있음에도 불구하고 충동을 이기지 못하는데, 행위를 하고 난 후에는 금단증상이 급격히 감소하지만 자책감과 후회 또는 죄책감을 느낀다.

우리는 흔히 물질중독에 대해서는 심각하게 생각하는 반면 행위중독에 대해서는 좀 더 관용적이다.

도박중독은 큰 문제로 여기면서도 화투나 친구들과 어울려 하는 카드 놀이, 카지노가 있는 도시에서 즐기는 정도를 중독이라 일컫지는 않는다. 그 경계가 모호하기 때문에 사람들은 어느 정도가 도박중독인지 헷갈리고 관대해진다.

알코올도 마찬가지다. 알코올중독은 심각한 문제임에 분명하지만,

사회생활을 하면서 친구나 회사동료들, 가족들과 술 한두 잔 기울이는 부류는 보통 사람들이다. 술을 못 마시는 사람들은 아예 회식 분위기를 망치는 민폐족으로 취급받기도 한다.

하지만 이런 행위들은 일정 수준을 넘어서면 치명적인 결과를 가져온다. 도박중독은 금전적 손실뿐 아니라 명예까지 실추당하고 법적으로 처벌받을 수 있다. 불행하거나 공허한 삶을 기쁨으로 채우기 위해 시작한 쇼핑에 중독되면 과소비로 인한 채무나 가정파탄 등으로 이어지기도 한다.

어쨌거나 모든 행위중독은 어떤 이유 때문이건 인생에서 진짜 중요한 것들을 놓치게 만든다. 한번 빠져들면 벗어나기 힘들어 결국에는 자신이 힘들게 이루어놓았던 것들과 건강, 명예와 인격, 가족관계와 대인관계에까지 심각한 문제를 일으키게 되는 것이다. 쇼핑중독이나 도벽에 빠져 패가망신하는 사례도 있다. 몇 달 전 실제 뉴스를 예로 들어보자.

[뉴스 따라잡기] '훔치기 중독'… 옷 500벌 훔친 주부 검거 - 2015. 8. 31(08 : 31) 아침뉴스타임

여러 개의 자루가 빼곡하게 쌓여 있습니다. 안에 들어 있는 건, 다양한 종류의 의류입니다. 그런데 좀 뜻밖인 건 이게 바자회나 벼룩시장에 내놓을 옷가지가 아니라, 모두 백화점에서 한 주부가 훔친 물건이라고 합니다. 무려 500여 벌에 이르는데요, 훔치는 것도 훔치는 거지만, 이렇게 많은 옷을 대체 어디다 쓰려 한 걸까요? 오늘 뉴스 따라잡기는 끊기 힘든 '도벽에 시

달렸다는 한 주부의 이야기를 해볼까 합니다…. (중략)

〈인터뷰〉 박경용(팀장/부산 중부경찰서 형사1팀): "그날도 피의자가 옷 매장 진열대에 있는 옷을 자기 가방에 넣고 계산하지도 않고 가는 것을 저희 형사가 발견을 했습니다. 절취한 것을 절도 현행범으로 체포했습니다. 집에 가서 장롱을 열어보니까 몇백 벌이 더 있었죠. 피의자에 따르면 3년 전부터 주말에, 토요일이나 일요일에 기분 전환 겸 쇼핑을 가서 많게는 3, 4벌, 적게는 1, 2벌 이런 식으로 한 3년간 200여 차례에 걸쳐서 500여 벌을 훔쳤다고 이야기하고 있습니다…." (하략)

이 정도면 절도강박증이라는 병에 걸린 것이다. 범죄행위임을 알면서도 도벽에 중독되어 자신이 입지도 않을 옷을 500여 벌이나 훔친 끝에 결국 체포되었다. 가족들이 있는 주부가 현행범으로 체포될 때까지 도벽을 멈출 수 없었다니. 중독이란 정말 무서운 상대 아닌가! 사실 행위중독에 빠져드는 사람들은 일반적으로 원만한 사회생활에 지장을 겪던 사람들이다. 사회성이 떨어져 사람들과 잘 어울리지 못하고, 혼자 틀어박혀 지내거나 고립감을 느끼며, 불규칙적인 식습관과 수면습관을 가지고 있다. 사람들을 경계하고 짜증을 많이 내며, 불안과 불만도 높다.

심리적인 중독 가운데 가장 무서운 병 결심중독!

결심중독은 물질중독보다는 행위중독으로 분류될 수 있다. 그렇다고 딱히 행위중독으로만 분류하기에는 부족하다. 그래서 필자는 결심중독의 뇌과학적인 특성과 심리적·행동적인 특성을 고려해 새롭게 심리중독으로 분류해보았다.

심리학적인 관점에서 결심중독의 원인을 분석하고 치료하기 때문이다. 또한 물질중독과 행위중독도 호르몬의 작용과 상관이 있지만, 특히나 결심중독은 호르몬과의 관계가 다른 중독에 비해 더 밀접하기 때문이다.

■ 나의 결심중독 수준은 어느 정도인가?
*결심중독 수준 체크리스트

다음 질문 중 자신의 심리, 행동, 사회적 관계를 설명하는 응답에 체크하시오.

전혀 그렇지 않다	그렇지 않다	보통	그런 편이다	매우 그렇다
0	1	2	3	4

1. 너무 자주 결심하지만 실패를 반복한다.

2. 무엇인가 계획을 세우고 실천하지 못하면 불안하다.

3. 결심을 실천으로 옮기는 구체적인 방안이나 방법이 없다.

4. 나 자신에게 실망할 때가 자주 있다.

5. 이따금 결정장애를 가지고 있지나 않을까 의심이 들 때가 많다.

6. 어떤 계획이나 목표를 세우면 너무 흥분되지만 포기할 때가 많다.

7. 작심삼일로 포기했던 기억이 자주 있다.

8. 내 삶은 내 선택으로 이루어지기보다는 부모와 연줄이 소중하다고 생각한다.

9. 결심은 나 혼자서 하고 나 혼자의 힘으로 실천해야 한다는 믿음을 가지고 있다.

10. 언제든지 결심하면 성공할 수 있다고 믿는다.

11. 집중이 잘 안 되고 판단력이 떨어진 느낌이 들 때가 많다.

12. 요즘 자주 무기력하다는 느낌이 든다.

13. 도전보다는 안정을 추구하고 싶다.

14. 과거에 비해 돌다리도 두드려보고 건너려는 성향이 강해졌다.

15. 유머 감각이 떨어지는 편이고 웃을 일이 별로 없다.

16. 결심하고 실패하고 좌절하느니 차라리 안 하는 게 속 편하다.

17. 결심을 실천하고 완성한 후에 느끼는 몰입과 성취감을 경험해본 적이 없다.

18. 무언가에 몰입했을 때 느끼는 감정이 무엇인지를 구체적으로 설명할 수 없다.

19. 힘들고 어려울 때 떠올리는 나만의 격언, 성경구절, 불경구절, 경구가 없다.

20. 혼자 산책하는 시간이나 혼자 있는 공간이 없다.

총 점수 합계 _____

*정상분포에서 어디에 위치해 있는지를 분석해서 중독 수준을 설명한다.

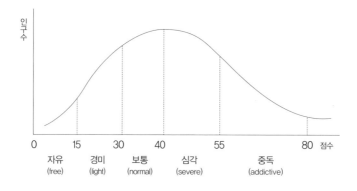

■ **중독수준(addictive level): 80점 만점에 55점 이상**

당신은 결심중독에 빠져 있는 결심중독자다. 결심은 자주 하지만 실천을 못하고, 결심을 실천했을 때 느낄 수 있는 기쁨도 잘 모른다. 어떤 경우에는 결심 후 실패가 두려워 아예 결심을 회피하기도 한다. 따라서 결심중독 치료가 반드시 필요하다. 하지만 정작 본인은 자신의 이런 상황을 인식하지 못하고 있을 수도 있다.

■ **심각수준(severe level): 40~54점**

당신은 심각한 결심중독 수준에 있다. 자신도 모르게 결심하고 실패하는 경향이 있으며 결심의 열매를 갈망하지만 제대로 끝을 보지 못하고 있다. 결심을 실천하기 위한 방법이나 기술이 부족하기 때문에 자포자기하거나 자신의 처지를 교묘히 합리화하기도 한다. 이 정도면 결심중독에서 빠져나오기 위한 구체적인 훈련이나 치료가 필요하다.

■ **보통수준(normal level): 31~39점**

당신은 보통 사람 수준의 결심중독에 빠져 있다. 작심삼일이라는 말에 익숙하고, "나중에 하면 되지 뭐.", "내일도 있는데."라는 말을 자주 하면서 내일이라는 마귀에 홀리기도 한다. 때로는 작심하고 결심하는 사람들을 비웃다가도 자신도 모르게 유행과 열풍에 휩싸이기도 한다. 심각한 결심중독에 빠지지 않으려면 지금부터 당장 실천해야 하며, 구체적이고 현실적인 결심 방안을 키우고 마음의 근육을 키워야 한다.

■ 경미수준(light level): 16〜30점

당신의 결심중독은 우려할 만한 수준이 아니다. 무엇인가를 결심할 때 현실적인 목표를 정하고, 그 결과 결심의 열매를 딸 가능성이 높다. 때로는 결심을 위한 마음 근육을 키우기 위해 목표를 수정하기도 하고, 다른 사람과 함께하기도 한다. 그러나 자신에 대한 과도한 믿음이 중요한 시점에 아집과 편견으로 이어질 수 있고, 판단력을 흐리게 할 수도 있기 때문에 자기 체크를 반드시 해야 한다.

■ 자유수준(free level): 15점 이하

당신은 결심중독으로부터 자유로운 영혼이다. 자신의 삶에 통제력을 가지고 있으며, 결심을 실현한 후의 흐뭇한 느낌을 잘 알고 있다. 결심할 때 일의 우선순위를 잘 알고, 집중력을 발휘할 수 있으며, 일을 단순화하는 능력도 있다. 타인들의 삶에 긍정적인 영향력도 발휘할 수 있고, 몰입의 즐거움도 잘 안다. 그러나 사람이란 완벽한 존재가 아니므로 실천력을 유지하기 위한 건강관리와 인간관계에서 나르시시즘을 경계해야 한다. 지금보다 조금 손해 보는 듯한 삶과 나누고 봉사하는 삶에 좀 더 많은 결심을 할 때다.

결심중독에 나타나는 학습된 무기력

반복적으로 결심에 실패하면 내성과 금단현상이 나타나고, 이윽고 학습된 무기력 현상이 나타난다. 학습된 무기력은 '셀리그만(Seligman)' 이라는 심리학자가 개를 이용한 실험을 통해 밝혀낸 것이다. 셀리그만 은 밖에서 스위치를 조작하면 특정 부위에 전기충격이 가해지는 우리 와 바닥 전체에 전기충격이 가해지는 우리를 만들었다.

셀리그만은 먼저 개를 전기가 흐르는 지점에 세워놓고 큰 소리와 함께 전기충격을 가했다. 당연히 개는 깜짝 놀라 전기충격을 피해 안 전한 바닥으로 도망을 친다. 그러나 바닥 전체에 전기충격이 가해지 는 우리에 갇힌 개는 처음에는 전기충격에 놀라 몸을 피하려고 노력 하지만, 이내 피하려는 의지를 상실한다. 그래봤자 피할 수 없음을 알 기 때문이다. 결국 실험 개는 무기력하게 바닥에 엎드려 자신에게 가 해지는 전기충격을 참아낸다. 마지막으로 셀리그만은 무기력해진 개 를 처음의 우리, 즉 특정 부위에만 전기충격이 가해지는 우리에 넣고 똑같이 전기충격을 주었다. 그러나 이미 무기력해진 개는 전기충격을 가해도 피할 생각조차 않고 그 자리에서 계속 쭈그려 앉아 있다.

셀리그만은 이 실험을 통해 사람이나 동물은 자신이 통제할 수 없 는 스트레스 상황에 계속 노출되면 나중에는 그 스트레스 상황을 피 하려는 의지마저 상실한다는 '학습된 무기력(learned helplessness)' 이론 을 주장해 책으로도 출판했다. 이 이론은 우울증을 설명하는 행동주 의 심리학의 모델로 심리학에서는 아주 중요한 이론이다. 이처럼 학습된 무기력은 피할 수 없거나 극복할 수 없는 환경에 반복적으로 노출된 경험 때문에 실제로 자신의 능력으로 피하거나 극복 가능함에도 불구하고 자포자기하는 것을 말한다.

학습된 무기력 현상은 서커스단의 코끼리에게도 나타난다. 서커스 공연장에 가면 밧줄에 묶인 코끼리를 볼 수 있다. 이렇게 훈련된 코끼리는 나중에 커서 자신의 힘으로 충분히 끊어낼 수 있는 밧줄에 묶어놓아도 얌전히 그 자리에 묶여 있다. 어릴 때 학습된 무기력감이 끊어내려는 시도조차 못하게 만든 것이다. 어마어마한 덩치의 코끼리는 사자도 혼자서는 당해낼 수 없을 뿐 아니라 커다란 하마도 코로 치면 쓰러진다. 그런 코끼리가 밧줄에 묶여 있는 모습은 우리에게 학습과 경험, 습관의 힘이 얼마나 무섭고 중요한지를 일깨워준다. 사람도 마찬가지다. 학대받는 배우자나 자녀들이 폭행이 일어나도 도망치지 않고 참아내는 이유는 도망치거나 반항하려고 시도했다가 실패한 경험 때문이다. '내 팔자려니…' 포기한 채 맞고 사는 운명에 빠지는 것이다.

결심하고 실패하기를 반복하면 '나는 안 돼. 나는 해낼 수 없어, 나는 아무것도 할 수 없는 사람이야.'라는 무기력감에 빠지게 되는 것과 별반 다르지 않다. 결심중독자들은 심리적으로 자기 삶의 통제력을 잃게 되고, 그것은 우울증, 자포자기, 무기력증으로 나타난다. 자신의 삶에 대해서도 만족감과 자존감이 낮다.

결심중독이 무서운 것은 자신에게서 멈추지 않고 자녀들에게도 대물림된다는 것이다. 자신이 결심한 것을 성취하지 못했던 사람들은

'내 자식은 절대로 나처럼 살게 하지 않겠다.'는 결심을 한다. 그리고 자녀들에게 '결심한 것을 미루지 말고 꼭 성취하라.'고 지시하고 가르친다.

하지만 아이들은 지시하고 가르치는 대로 자라지 않고, 보고 들은 대로 자란다. 부모들이 시키는 대로 자라는 것이 아니라 부모가 행동한 대로 자라는 것이다. 그 결과 결심중독자의 자녀들은 부모의 무기력한 모습, 결심에 실패하는 모습을 답습하고, 결국 결심중독자가 될 가능성이 높아진다. 무서운 일 아닌가?

결심중독도 대물림된다

유전에 의한 것이든 환경에 의한 것이든 부모가 결심중독에 빠져 있을 경우에는 자식들도 그런 중독 행동을 답습하게 마련이다.

한동안 '성격이 운명이다.'라는 말이 유행했다. 그러다 '습관이 운명이다.'라는 말이 뒤따랐다.

찰스 두히그의 『습관의 힘』에는 '습관이 운명'이라는 말이 나온다. 성격이 본성과 유전의 힘을 강조한다면, 습관은 양육과 환경의 힘을 강조한다. 성격이 고정된 것, 불변하는 것으로 인식된다면, 습관은 고칠 수 있는 것, 배울 수 있는 것으로 간주된다. 우리의 성격은 습관 덩어리의 재현이다. 우리는 살면서 수많은 습관을 몸에 지니게 된다. 매일 행하는 우리 행동의 약 40퍼센트가 의사결정의 결과가 아닌 습관 때문이라고 한다. 습관은 일반인들의 통념과는 달리 기억, 이성적 판단과 더불어 우리 행동의 근원이 된다.

　습관은 선택의 퇴적물이다. 습관이 형성되는 패턴은 반복행동을 해서 보상을 얻는 '신호-반복행동-보상'의 고리 구조다. 따라서 습관을 바꾸거나 고치기 위한 방법도 습관 고리에 근거한다.

　그런 습관 덩어리 가운데서도 가장 중요한 습관을 찰스 두히그는 '핵심습관'이라고 부른다. 핵심습관이란 개인의 삶이나 조직 활동에서 연쇄반응을 일으키는 습관으로, 우리의 건강과 생산성, 경제적 안정과 행복에 엄청난 영향을 미친다. 핵심습관에 집중하면 다른 습관들까지 재배치하고 정리할 수 있다. 핵심습관의 가장 대표적인 예가 운동인데, 만약 일주일에 한 번이라도 규칙적으로 운동하는 습관을 갖게 되면 삶의 패턴도 상당히 많이 바뀌게 된다.

　핵심습관 가운데 가장 중요한 것은 결심 습관이다. 부모는 아이들의 모델이자 거울이다. 부모가 무언가를 결심하고 도전하는 모습에 아이들은 잔뜩 기대한다.

　"이번 주부터는 아빠가 주말에는 꼭 같이 놀아줄게."

　"아빠가? 아빠는 바쁘잖아?"

　"아냐, 그래도 일주일에 토요일하고 일요일에는 같이 축구도 하고 교회도 같이 가려고 해."

　"우와, 좋겠다. 아빠 짱!"

　그렇게 몇 주를 보낸다. 그러면서 하는 말.

　"미안해! 아빠가 주말에도 할 일이 생겨서 말야!"

　"으앙! 그럴 줄 알았어. 아빠는 뻥쟁이야!"

"대신 아빠가 네가 좋아하는 신판 터닝메카드 세 개 사줄게."

그렇게 둘째 아들 규연이는 얼렁뚱땅 넘어가지만, 큰 아들 규민이의 눈빛은 실망으로 가득하다.

"아빠는 박사도 아니고, 약속도 안 지키고, 그냥 거짓말쟁이일 뿐이야!"

아이들은 아빠의 행동을 이해하는 척하면서 아빠의 무기력증을 무의식중에 닮아간다. 본인은 운동도 하지 않으면서 아이들에게 운동을 하라 하고, 본인은 한 줄의 책도 읽지 않으면서 아이들에게 독서 습관을 요구하고, 본인은 창의적이고 재미있는 삶을 살지도 못하면서 아이들에게는 즐겁게 살라 한다. 아빠는 매일 술 마시고 다니면서 술은 몸에 안 좋다고 하고, 아빠는 담배를 피우면서 아이들에게는 금지하면 어떤 아이들이 그 뜻을 따르겠는가?

아이들은 부모를 미워하며 닮아가고, 사랑하며 닮아간다.

좋은 것도 모방하지만 나쁜 것도 모방한다

사람들이 세상을 보고 배우는 원리를 학습(learning)이라고 한다. 학습 원리에는 크게 다섯 가지 종류가 있다.

첫째, 조건형성(conditioning)으로 세상을 배운다. 자신의 지식이나 태도와 유사하거나 반대되는 것을 짝짓고, 시공간적으로 인접한 것을 연관 지으며, 자주 경험하게 되는 것들을 배우는 원리로 파블로프와 스키너 등이 주장했다.

둘째, 시행착오(trial & error) 학습이다. 사람들이 어떤 일을 시도하고 나서 나타나는 오류를 보고 이후의 행동에서 오류를 줄임으로써 세상을 배우는 원리로 손다이크가 주장했다.

셋째, 통찰(insighting) 학습이다. "아하! 그렇구나!", "유레카!"와 같이 크게 비약하듯이 한순간에 통찰을 통해 학습한다는 쾰러의 주장이다.

넷째, 신경생리학적(neurophysiological) 학습이다. 아이들은 태어날 때 무질서하게 연결된 신경망(neural network) 회로를 가지고 태어나는데 경험이 쌓여가면서 신경원이 세포집합체를 이루고, 국면계열을 형성한 다음 사고와 관념이라는 것을 학습하는 과정으로 도널드 헵이라는 학자가 주장했다.

다섯째, 관찰(observational) 학습이다. 관찰학습 중에 대표적인 배움 방식이 바로 모방이다. 물론 관찰학습이 반드시 모방에 의해서 일어나지는 않지만, 모방학습은 심리학자 알버트 반두라의 사회적 학습이론의 핵심 용어다.

반두라는 조건반사나 시행착오 학습만으로는 일상 속에서 나타나는 모든 학습을 설명할 수 없다고 보고, 모방 학습(모델링)이라는 새로운 원리를 통해 인간의 학습 과정을 설명하고자 했다. 모방 학습은 관찰자가 모델의 사고, 태도, 외현적 행동을 모방하거나 순응하여 행동으로 나타내는 것으로, 관찰의 대상이 되는 모델은 관찰자의 반응을 이끌어내는 자극을 보이는 실제 인물이나 상징을 말한다.

상징적 모델로는 언어 혹은 문자로 된 교육 자료, 그림, 정신적 심상, 만화나 영화의 등장인물, 종교적 인물, 책이나 TV의 중요 등장인물이나 내용 등이 있다. 경우에 따라서는 의도적으로 관찰자가 자기 자신을 모델로 사용하기도 하는데, 이를 자기 모델링(self-modelling)이라고 한다. 그러나 다양한 모델 중에 가장 강력한 모델은 부모. 부모의 행동, 결심, 그리고 보상, 자신의 일을 재미있게 하는 모습! 정상적인 환경 내에서 아동은 거의 모든 것을 관찰하고 모방하는데, 긍정적이고 일상적인 행동뿐만 아니라 공격적이거나 부정적인 모델에 대해서도 모방 학습을 한다.

부모가 '양치기 소년'이 되지 않으려면, 자녀교육을 제대로 하려면 나의 결심중독을 심각하게 고민해야 한다.

부모의 결심은 실천으로 나타난다

부모의 의지는 아이들에게 부지불식간에 전염된다. 결심도 전염된다. 여기서는 나쁜 의미로서의 전염이 아니라, 전달 또는 대물림된다는 의미다. 사람의 의지(意志)란 어떤 일을 이루고자 하는 마음 또는 선택이나 행위의 결정에 대한 내적이고 개인적인 역량을 말한다. 부모의 의지가 강할수록, 결심이 강할수록 아이들에게 전해지는 전달력은 더욱더 강해진다.

자녀 교육의 대명사로 전혜성 여사의 일화는 유명하다. 남편이 주미 대사로 근무하던 중 한국에서 5·16 쿠데타가 일어나자 전 여사 가족은 미국으로 건너갔다. 클린턴 정부에서 국무부 인권차관보를 지낸 고홍주 박사의 어머니가 바로 전혜성이다. 그녀의 가족은 미국 연방 교육부가 정한 연구대상 가족이었다. 자녀들은 모두 하버드와 예일 대학교를 졸업하여 의사·교수로 근무 중인데, 가족이 보유한 박사 학위만 11개에 달한다. 예일 대학교 200년 역사상 남매(홍주·경은)가 석좌교수 이상에 임명된 경우도 최초의 일이다.

전 여사 자신은 이화여대 영문과 2학년 때 도미(渡美), 보스턴 대학원에서 사회학과 인류학에서 두 개의 박사 학위를 땄고, 예일 대학교 교수를 지냈다. 그녀가 자녀 교육을 통해 얻은 결실은 아이들을 오센틱 리더로 키웠다는 것이다.

'오센틱(authentic)'은 한국 말로 적당히 옮길 수 없지만, '각자 나름의 독특한'이라는 단어다. '유니크'에 가깝지만, 심리학적으로는 아이들 개개인의 특성을 살리고, 아이들의 적성에 맞는 교육을 의미한다. 전 여사의 결심은 아이들에게 맞도록 독서와 책임, 공부 시간을 정해주는 것이었다. 전 여사 학습법의 기본은 부모가 먼저 실천하는 것이었다.

"저는 '행동이 말보다 낫다.'라는 표현을 참 좋아합니다. 잔소리할 시간에 사소한 실천 하나라도 먼저 행하는 것이지요."

전 여사 부부는 처음부터 집안에 책상 18개를 구해놓고 자녀들이 보든 말든, 거기서 책을 읽었다고 한다. 아이들 방에 각자 하나씩, 지하실에 하나, 집에 놀러 온 친구용 책상까지 마련해놓았다. 주변에서 전 여사네는 지하실에 아이들을 가둬놓고 강제로 공부시킨다는 말이 돌 정도였다.

그런데 1996년 전 여사 가족 얘기가 『엘리트보다는 사람이 되어라』

라는 책으로 출간되자 책보다 책상이 먼저 동나는 재미있는 일이 벌어졌다.

전혜성 여사는 아이들에게 두 가지 결심을 표현했다고 한다.

첫째는 재승덕(才勝德)하지 마라. 재주가 덕을 앞질러서는 안 된다는 뜻으로 뛰어난 능력보다는 참다운 인격을 갖춘 사람이 되도록 키우고자 했다.

둘째는 보다 많은 사람들에게 도움을 줄 수 있는 사람이 돼라. 한 번 태어나 이름을 얻고자 한다면 사회와 인류를 위해 보다 많은 사람들에게 도움이 되는 사람으로 키우고자 했다.

특히 소아마비로 다리를 저는 후유증을 가진 아들 고홍주 박사가 인권 차관보를 하면서 3년 동안 43개국을 돌아다니는 걸 보면서 이제는 자녀들도 국내용 지도자보다는 글로벌 리더로 키워야겠다는 결심을 했다고 한다.

부모가 먼저 실천하라. 부모가 결심만 하고 실천하지 못한다면 결국 아이들의 미래는 결심중독자 집안의 우물에 갇힌 개구리가 될 수밖에 없다.

변화하고자 하는 결심

나는 아빠로서, 학자로서, 강연자로서 변화를 시도하는가? 변화를 시도하고자 도전하고 있는가?

기존의 습관에, 기존의 틀에, 기존의 도식에 빠져서 변화를 두려워

한다면 변화하는 사회에서 살아남을 수 없다. 사회생물학적으로도, 진화론적으로도 변화를 수용하고 받아들여야 한다. 이 세상은 똑똑하고 잘난 생명체가 살아남는 세상이 아니다. 결심하고 변화하고, 그리고 잘 적응하는 생명체가 살아남는다. 우리가 하는 결심은 변화를 시도하기 위한 첫걸음이다. 그러나 더 중요한 것은 그 변화를 성공적으로 만들어내는 것이다. 그런 변화에서 가장 중요한 것은 결심을 실천하는 것이다. 그러나 수많은 유혹들이 우리를 붙잡고 늘어선다.

변화하지 않고 안주하다 보면 '죽은 새 증후군'이 나타날 수밖에 없다. 전설적인 경영자 GE의 전 회장 잭 웰치는 말한다.

"변화하라! 변화하지 않으면 변화 당한다."

마이크로소프트의 빌 게이츠는 변화에 대한 결심과 노력이 곧 기회라고 주장한다.

"나는 힘센 강자도 아니고 그렇다고 두뇌가 뛰어난 천재도 아니다. 날마다 새롭게 변했을 뿐이다. 그것이 나의 성공 비결이다. 'change(변화)'의 g를 c로 바꿔봐라. 'chance(기회)'가 된다."

이 말들은 곧 결심하고, 그 결심을 실천하고, 변화에 도전함으로써 기회를 만들고, 결과물을 만들어내라는 것이다. 그리고 결심의 열매를 함께 만끽하고, 공유하고, 기뻐하고, 격려하고, 자랑스러워할 때 가족의 행복도, 자녀 교육도, 사회생활도 잘 이루어질 것이다.

의지를 누르는
호르몬의 장난

생각이 바뀌면 뇌가 바뀌고 인생이 달라진다

심리학 분야에서 세계적인 명성을 얻고 있는 장현갑(74, 영남대 명예교수) 교수는 27세에 서울대 교수가 된 한국 심리학계의 신화 같은 존재다. 뇌과학 분야에 일가견을 가지고 있는 분으로, 서울대 교수를 하다가 영남대로 가서 심리학과 명상 등의 연구에 혁혁한 공헌을 하기도 했다. 그는 우리나라에 힐링(healing, 자기 치유)이라는 용어를 처음 소개한 분이다. 그가 마음과 뇌에 관해 어느 신문사와 가진 인터뷰는 결심중독을 설명하는 데 꼭 필요해서 그대로 인용한다.

"우리의 뇌는 본질적으로 부정적인 생각을 하도록 만들어져 있습니다. 분노

하거나 공격하려는 부정적인 성향들이 유전자로 박혀서 생각을 바꾸지 않으면 그것으로 흘러가버립니다. 행복하려면 이런 사슬로부터 탈출하여 새로운 회로를 만들어야 합니다. 여기 한 실험이 있습니다.

교인 20명을 모아서 고무 밴드 다섯 개를 주며 왼팔에 끼워두고 불평불만이 일어나면 왼팔에서 오른팔로 옮기는 실험을 했습니다. 이런 훈련을 꾸준히 한 결과 4~8개월이 지나고 나니 하루에 하나의 고무줄도 옮길 필요가 없어졌다고 합니다. 이처럼 마음도 훈련하면 바뀔 수 있는 것이지요.

모든 것은 마음에 달렸습니다. 감사하는 마음을 기르면 행복해질 수 있습니다. 12~80세 노인을 대상으로 일기 쓰기를 시켰습니다. 20명은 감사의 내용을 일기로 쓰고, 반은 아무것이나 쓰라고 했지요. 감사의 일기를 쓴 집단의 4분의 3이 행복지수가 높아졌습니다. 또 일의 능률이나 운동수행 능력도 좋아졌지요. 일체유심조(一切唯心造)이지요."

장현갑 교수는 통합의학을 연구한 결과를 다음과 같이 정리했다.

「마음을 바꾸면 건강해질 수 있다」

"명상을 하면 느린 뇌파인 세타(θ)파가 나옵니다. 세타파는 각성파인 베타(β)파와 수면파인 알파(α)파 사이에 있는 것으로 명상을 하면 몸은 고요하고 마음은 별처럼 또렷해집니다. 마음이 안정되면 병이 저절로 치유되고 힐링이 되지요. 하버드 의대 순환기내과팀의 연구 내용입니다. 오랫동안 마음을 수련한 20명과 8개월간 수련한 20명, 그리고 경험이 없는 20명의 혈액을 채취해 유전자 활동을 분석했습니다. 유전자 활동의 차이가 명상한 사람과 그렇지 않은 사람 사이에는 2200개의 활동 차이가 났고, 8개월간 명상한 사람 사이에서는 1600개의 차이가 났습니다. 결론적으로 명상으로 유전자 구조를 바꿀 수 없지만 몸에 유익한 유전자 활동을 선택적으로 도와줄 수 있다는 것이었습니다. 마음을 평화롭게 하면 몸이 건강해질 수밖에 없습니다."

생각과 행동에 걸리는 시간은?

우리 뇌는 충분히 반복되어 시냅스(synapse, 신경세포들을 연결하는 신경접합부를 뜻하는 의학 용어)가 형성되지 않은 것에는 저항을 일으킨다. 그러므로 좋은 습관이 몸에 익을 때까지는 21일간 의식적으로 제대로 된 노력을 기울여야 한다. 이때 중요한 것은 제대로 된 노력이어야 한다는 것이다. 시간만 채운다고 되는 것이 아니다.

사람의 생체시계가 교정되는 데는 최소한 21일이 소요된다. 21일은, 생각이 영장류의 뇌인 대뇌피질에서 파충류의 뇌인 뇌간까지 내려가는 데 걸리는 최소한의 시간으로, 생각이 뇌간까지 내려가면 그때부터는 심장이 시키지 않아도 뛰는 것처럼, 의식하지 않아도 습관적으로 행하게 된다는 법칙으로 결심을 습관화하기 위한 가장 기본적인 시간을 말한다.

21일 법칙이란 미국 캘리포니아 대학교 언어학과의 존 그린더 교수와 심리학자인 리처드 밴들러가 창시한 NLP 이론에 바탕을 두고 있다. 이 법칙은 미국의 예일, 컬럼비아, 영국의 옥스퍼드, 브룩스, 뉴캐

슬 대학교 등에서 인성 및 학습 상담에 널리 활용되는 중이다.

21일의 법칙과 NLP

1970년대 중반 미국에서 탄생한 NLP(Neuro-Linguistic-Programming)는 신경 언어 프로그램으로도 번역되지만, 쉽게 설명하면 뇌와 언어, 행동의 관계성을 설명하는 다양한 분야의 통합 이론이다. 그 이론 중에 21일의 법칙은 뇌(생각)와 말을 바꾸고, 행동으로 나타내어 습관화하는 데 최소한 21일이 걸린다는 주장이다.

NLP는 한국에 소개된 지 20여 년 남짓 되었지만, 상담, 학습 커뮤니케이션, 자기계발 분야에서 적잖은 영향을 미쳤다.

NLP를 창시한 사람은 미국 산타크루스에 있는 캘리포니아 대학교에서 언어학을 가르치던 존 그린더(John Grinder) 교수와 심리학자 리처더 밴들러(Richard Bandler)다. 두 사람은 게슈탈트 요법이라는 심리치료 기법을 개발한 프리츠 펄스(Fritz Perls), 가족요법 전문가 버지니아 새티어(Virginia Satir), 최면요법의 대가 밀턴 에릭슨(Milton H. Erickson), 이 세 사람의 천재 심리치료사를 면밀히 관찰했다. 그들의 치료 방법을 촬영하여 언어 패턴과 자세, 목소리, 톤, 내담자에 대한 반응까지 철저하게 분석했다. 그 결과 탄생한 것이 NLP다.

NLP는 베트남전 참전으로 외상후 스트레스 장애(post traumatic stress disorder : PTSD)라는 마음의 병으로 고통받던 미군 참전용사들을 치료하는 데 큰 효과를 나타냈다. 1980년대 들어서는 심리치료 분야를 뛰어넘어 커뮤니케이션이나 자기계발 전반에 걸친 유용한 변화의 도구로 자리 잡기 시작했다. 변화심리학의 세계적인 권위자이며 베스트셀러 『네 안에 잠든 거인을 깨워라』의 저자 앤서니 라빈스(Anthony Robbins)의 이론도 그 바탕에 NLP가 깔려 있다. 그런 의미에서 '마음경영' 또한 NLP의 이론을 확대 발전시킨 진화적 변화심리학의 하나다.

'마음경영'의 기초가 되는 NLP는 인간의 행동을 신경, 언어적으로 설명하고 있다. 신경-언어적 프로그래밍은 언어적 차원에서가 아닌 무의식의 차원에서 이뤄지기 때문에 사람들이 잘 모른다. NLP는 무의식적으로 입력된 프로그래밍을 바꾸기만 하면 인간의 생각이나 행동이 바뀔 수 있다고 본다. 그 과정과 결과가 진정한 변화라는 것이다

결심중독에 이르게 하는 뇌의 메커니즘

결심중독과 도박중독, 알코올중독, 탄수화물중독, 니코틴중독 등은 언뜻 보면 굉장히 다른 문제처럼 여겨진다. 하지만 모든 중독의 뇌구조는 비슷하다. 그 메커니즘은 무엇일까?

사람의 뇌는 세 부분으로 분류된다. '파충류의 뇌'라고 불리는 뇌간(brain stem), '포유류의 뇌'라고 불리는 변연계(limbic system), '영장류의 뇌'라고 불리는 전두엽(frontal lobe)이 그것이다.

인간의 뇌는 3층 구조를 가지고 있다. 맨 먼저 발달하는 파충류의 뇌는 뇌의 뒷부분부터 발달해 가장 깊숙한 곳에 위치한다. 포유류의 뇌는 파충류의 뇌를 둘러싸고 중간에 위치하고, 인간의 뇌, 즉 영장

류의 뇌는 가장 늦게 발달하지만 파충류의 뇌, 포유류의 뇌를 포함한 세 가지 뇌 구조층을 모두 가지고 있다.

'파충류의 뇌'인 뇌간은 뇌 전체에서 좌우의 대뇌반구 및 소뇌를 제외한 나머지 부분으로 뇌와 척수를 이어주는 줄기 모양의 구조다. 음식을 먹고 잠을 자고 숨을 쉬고 체온과 맥박을 조절하는 생명 유지 역할을 하며, 인간은 뇌간이 완성된 상태로 태어난다. 뇌간을 '파충류의 뇌'라고 부르는 이유는 기능과 구조가 파충류와 비슷하기 때문이다.

'포유류의 뇌'인 변연계는 해마, 편도체, 중격, 변연 피질 등 간뇌를 둘러싸는 가장자리를 말하며, 감정과 정서반응, 성욕과 식욕, 기억과 느낌, 분노와 공포 등 심리와 정서를 주로 담당한다. 완성된 상태로 태어나는 뇌간과 달리, 사춘기 때에 이르러야 뇌의 중간 부분에 있는 감정의 뇌가 완성된다. 개나 고양이 같은 포유류는 대부분 좋아하고 싫어하고 놀라고 두려워하고 슬퍼하고 기뻐하는 감정을 느끼기 때문에 '포유류의 뇌'라고 부른다.

'영장류의 뇌'인 전두엽은 대뇌반구의 앞쪽에 위치하며, 학습하고 사고하고 판단하고 감정과 충동을 조절하는 역할을 맡는다. 우리가 글과 말을 배우고 익혀 사용하고, 청소를 하고 정리정돈을 하고, 직업을 가지고 경제적인 부를 쌓고, 책을 출판해 인류의 성과물을 후세에 남기고, 이성적으로 판단하고 결과를 예측하며 감정을 조절할 수 있는 것은 전두엽의 기능 덕분이다. 인간을 다른 동물과 구분하게 해주고 '사람답게' 해주는 고차원적인 역할을 하므로 '영장류의 뇌'라고 한다. 전두엽의 경우 여성은 20대 중반, 남성은 30세 정도가 되어야 완성된다.

어떤 생물체든 일단 살아남아야 하기 때문에 가장 본능적인 것은 '파충류의 뇌'가 맡고, 감정 등은 '포유류의 뇌', 가장 고차원적이고 장기적인 것들은 '영장류의 뇌'가 담당한다. 그런데 뇌과학은 재미있는 연구결과를 내놓았다. '영장류의 뇌'인 전두엽의 계획을 '포유류의 뇌'인 변연계가 방해한다는 것이다. 전두엽에서 이성적으로 사고해서 계획을 세우면 '포유류의 뇌'의 본능이 '영장류의 뇌'에게 '쉬운 거 해, 편안하게 해.' 하면서 본능적으로 합리화시키고 훼방을 놓는다.

예를 들어 살이 쪄서 옷들이 안 맞고 조금만 걸어도 힘이 차고 각종 성인병마저 생겨서 다이어트를 결심했다 치자. 이 경우 다이어트를 결심하고 구체적인 실천계획을 세우고 미래 자신의 모습을 그려보며 각오를 다지게 되는 것은 '영장류의 뇌' 덕분이다. 어쨌든 건강과 몸매를 위해 다이어트 계획을 세운다. 피자랑 치킨을 포기하고 닭 가슴살과 채소로 이루어진 식단을 짜고, 헬스클럽에 등록한다. 단단히 결심하고, 힘들지만 계획대로 실행하기 시작한다.

그리고 이때쯤 배가 고프고 맛있는 것이 먹고 싶어지면서 포유류의 뇌가 유혹한다. "조금 편하게 해. 스트레스 받으면 건강에 더 나빠. 스트레스는 만병의 원인이라잖아. 몸무게 좀 더 나가면 어때." 마침 언론에서 살집이 조금 있는 사람이 더 건강하게 오래 산다는 뉴스까지 나오면, 이게 바로 여우의 신포도가 된다. 다이어트를 멈추는 것은 의지박약 때문이 아니라 스트레스를 줄이기 위해서인 것이다. 그러면서 식단에는 자신이 좋아하는 음식이 다시 등장하고, 슬며시 야식을 주문하기 시작한다.

한때 세 자릿수 몸무게였던 나 역시 다이어트를 감행한 적이 있다. TV에 보이는 내 모습을 보면서 살을 좀 빼야겠다는 생각이 들고, 몸이 무겁고 건강에 적신호가 켜지기 시작했기 때문이다. 나는 30kg 감량을 목표로 다이어트를 시작했다. 규칙적인 식사와 걷기를 꾸준히 한 결과, 24kg을 감량할 수 있었다. 하지만 감량이 점차 힘들어졌다. 목표치에 다가갈수록 그렇게 지쳐가던 중 탤런트 조형기 형이 "살 그만 빼. 개성 시대야. 너무 살 빼면 최 박사 개성 있는 인상 사라지고 안 좋아. 살 뺀 개그맨들 잘나가는 것 봤어?"라는 게 아닌가! 옆에 있던 다른 분들도 형의 말에 맞장구를 쳤다. 남자들은 약간 비만한 유형이 건강하고 더 오래 살고 정력도 넘친다는 것이었다. 그 말은 다이어트에 지친 나에게 가뭄의 단비 같은 달콤한 유혹이었다. 결국 나는 다이어트를 중단해도 되는 여러 이유를 핑계 삼아 곧바로 다이어트를 멈췄다.

물론 다이어트를 멈춘 후 약간의 요요가 왔지만, 다시는 다이어트에 도전하지 않았다. 어떤 이유로든 결심에 실패했고 다시 결심하는 게 두려웠기 때문이다.

뇌는 사람의 의지보다 빠르게 움직인다

뇌는 사람의 의지보다 빠르게 움직인다. 우리가 결심하기도 전에 대뇌피질은 그것을 먼저 알고 대비한다. 미국 신경과학자 샘 해리스는『자유의지는 없다』에서 신학의 오랜 딜레마를 꺼내든다. 심리학자 에이브러햄 매슬로가 인간은 자유의지(free will)를 가지고 움직이는 자유로운 행위자(free agent)라고 주장한 것과 반대되는 주장이기도 하다.

우주가 신의 선한 의지로 가득 차 있다면 사람은 자신의 행동에 대해 도덕적 책임을 지는 존재라는 청교도들의 믿음은 어떻게 가능할까? 현대인들은 '자유의지'에 대해 다른 측면으로 갈등하고 논쟁한다. 사람이 자유의지를 지닌 존재가 아니라 환경이나 유전의 희생자로 간주한다면 잔인한 범죄자들을 어떻게 처벌하고 비난할 수 있단 말인가.

샘 해리스는 "사람들은 자기 사고와 행동의 주인이라고 간주하지만 이는 환상에 불과하다."고 단언한다.

신경생리학자 벤저민 리벳은 자유의지에 관해 유명한 실험을 했다. 피실험자들에게 손가락을 움직이겠다고 생각한 시간을 기록하라고 했더니, 사람이 움직이기로 결심하기 300밀리 초 전에 뇌의 운동피질에서 활동이 나타난다는 것을 밝혀냈다. 과학전문 저널리스트인 마틴 후베르트는 이 결과를 두고 "인간의 자유의지는 뇌의 도구에 불과하다."고 기록했다. 그러나 "우리의 의지를 결정하는 원인들은 우연의 산물이므로 우리는 그 원인에 책임이 없다."는 주장은 인간을 무기력하고 수동적인 존재로 바라보는 것은 아닐까.

결국 우리가 결심중독에서 얘기하고자 하는 의지력과 의지박약은 핑계에 불과하고 뇌를 떠나서 결심중독을 논할 수 없는 이유이기도 하다.

중독에 빠져들게 하는 도파민

도박이 나쁜 것을 알면서도 도박중독에서 헤어 나오지 못하고, 금연하지 않으면 각종 질병에 노출되는 것을 알면서도 계속 담배를 피우고, 알코올을 끊기 위해 갖은 노력을 다하고 가족들에게 미안해하면서도 술을 찾아 헤매게 만들고, 잠도 자지 않고 먹지도 않으면서 게임에 빠져들게 되는 것, 그것은 바로 우리 뇌에서 분비되는 신경전달물질 도파민 때문이다.

도파민의 생성과 분비를 담당하는 도파민 중추는 쾌락중추라고도 불린다. 우리가 어떤 행동에서 즐거움과 쾌락을 느꼈다면 그 행동을 할 때 도파민이 분비되는 것이다. 뇌의 도파민 중추를 자극하면 즐거움을 느낀다. 문제는 쾌락을 주는 이 도파민이 엄청난 중독성을 가지고 있다는 것이다.

1950년대 캐나다의 신경과학자 제임스 올즈(James Olds)와 피터 밀너(Peter Milner)는 쥐들이 지렛대를 누를 때마다 머리에 전기자극을 주는 실험용 상자를 만들었다. 쥐들은 전기가 통하면 깜짝 놀라며 싫어하는데, 유독 먹이 먹는 것도 잊은 채 스스로 전기 스위치를 수천 번씩 눌러대는 쥐가 있었다.

먹는 것도 잊고 전기자극에만 빠져 있는 쥐처럼, 중독에 한번 빠져들면 대뇌보상계의 신경조직들이 비대해져 자극이 점점 더 커져야 반응하게 된다. 중독자들이 투약 횟수를 점점 늘리고 마시는 술의 양을 점점 늘리는 이유가 여기에 있다. 쾌락을 주는 자극이 술이든 담배든 인터넷이든 탄수화물이든 커피든 또는 다른 무엇이든, 뇌에서 일어나는 변화는 매우 비슷하다.

어떤 행동을 했을 때 쾌락을 느끼면 다시 그 행동이 하고 싶어지는 것을 동기강화라고 한다. 내가 돈을 건 말(馬)이 1등으로 들어올 때의 쾌감, 홈쇼핑에서 매진임박이라는 물건을 주문했을 때의 쾌감 등, 모든 종류의 쾌감은 뇌 신경회로를 강화한다.

하지만 중독으로 얻는 쾌락이 언제까지나 지속되지는 않는다. 예를 들어 니코틴 중독에 빠지면 담배를 피우는 것 자체가 쾌락을 주기보다는 주기적으로 담배를 피우지 않으면 불쾌감과 짜증을 느끼게 된다. 이것이 바로 신체적 의존성이다. 신체적 의존성까지 나타나면, 중독은 자신만의 의지로 치료하기 어렵다. 중독물질이 주어지지 않으면 금단증상이 나타나기 때문이다.

도파민은 여러 가지 중독을 설명하는 데 매우 중요한 호르몬이다. 흔히 러너스 하이(runner's high, 마라토너들이 느끼는 절정감), 클라이머스 하이(climber's high, 등산가들이 등산 후에 느끼는 절정감)도 도파민 호르몬으로 설명된다. 고통의 순간을 이겨내면 랩틴이라는 호르몬이 줄어들면서 도파민 호르몬이 왕성하게 분비되며 절정감을 느낀다.

남자가 여자보다 중독에 더 취약하다

남성호르몬인 테스토스테론이 많이 분비되는 사람일수록 도박이나 컴퓨터 게임, 술 등 각종 중독에 취약하다. 여자보다 남자가 테스토스테론이 많이 분비되기 때문에 중독에 걸릴 가능성이 높다는 연구결과들도 있다.

충남대학교 심리학과 심경옥 교수팀이 최근 〈한국심리학회〉지에 테스토스테론과 중독에 관련된 논문 154편을 메타분석을 통한 통계 기법으로 종합·분석한 결과, 테스토스테론 수치가 높은 사람은 그렇지 않은 사람에 비해 더 충동적이고, 보상(報償)에 크게 반응해 중독에 취약한 것으로 나타났다. 심 교수는 "여러 연구결과를 종합해보면, 테스토스테론 수치와 중독 장애 사이에는 밀접한 관련이 있다."고 주장한다.

테스토스테론 수치가 높은 사람이 중독이 잘 되는 이유는 도박이나 컴퓨터 게임 등 승패로 인한 보상이 있는 상황에서 보상에 대한 쾌감을 더 많이 느끼기 때문이다. 테스토스테론 수치가 높을수록 쾌감을 느끼는 뇌 영역인 '복측 선조체'가 잘 활성화되는데, 실제로 자기공명영상(MRI)을 통해 뇌 활성화 정도를 확인해보면 혈중 테스토스테론 수치가 평균 26.11pg/dl인 남자 청소년들은 테스토스테론 수치가 14.48pg/dl인 여자 청소년에 비해 게임을 통해 보상을 받을 때 복측 선조체가 더 활성화되는 모습을 보여주었다고 한다.

또한 테스토스테론 수치가 높은 사람은 충동적이고 위험을 잘 감수하는 성격을 가지고 있다. 이러한 성격적 특징은 중독이 되기 쉽다. 충동적인 사람은 술이나 도박 등 위험할 수 있다고 인식되는 상황에서도 욕구를 잘 절제하지 못하고 쾌락을 위해 특정 행동을 반복하면서 중독에 이르게 되는 것이다.

결심중독에서 빠져나오려면 '한 방'을 노리지 마라

결심중독도 마찬가지다. 반복되는 결심 실패로 인해 무기력증을 얻게 되면 혼자서 결심중독에서 빠져나오기가 어려워진다. 따라서 무기력증에서 벗어나려면 결심중독에서도 벗어나야 한다. 결심중독에서 벗어나기 위해서는 구체적이고 현실적인 목표를 세우는 것이 중요하다. 장기적인 목표를 그려놓고, 실제로는 자신의 능력보다 조금만 앞서는 정도의 목표를 달성하면서 나아가야 한다.

그런데 사람들은 보통 실현 가능한 것 이상의 목표를 세운다. 자신의 능력이나 시간 등에 대해 객관적이지 못하고 주관적으로 판단하기 때문에 나타나는 현상이다. 500만 원, 1000만 원을 목표로 세워야 그 목표를 달성한 후 5000만 원, 1억 원 목표를 향해 나아갈 수 있다. 그런데 100만 원도 없는 사람이 처음부터 '나는 10억 부자가 되겠어, 100억 부자가 되겠어!'라는 목표를 세우면 그 목표를 한 방에 달성할 수 있을까? 아마도 불가능에 가까울 것이다.

그래서 결심한 것을 이루는 사람들은 뭐든 한 번에 해결하려고 하지 않는다. 투호 던지기 게임을 예로 들어보자. 투호를 5m에서 던져 성공시키면 5점, 7m 10점, 10m 20점을 준다고 할 때, 성취동기가 높은 사람은 5m 몇 개를 성공해 안정적인 점수를 확보한 후에 7m, 10m에 도전한다. 그런데 결심중독에 빠지기 쉬운 유형의 사람들은 높은 점수가 걸린 10m부터 시도한다. 고위험고수익(high risk high return)을 노리며, 위험감수(risk taking)를 많이 하는 것이다. 그러다 보니 실패도 잦고 좌절도 많고 무기력에 빠지기도 쉽다.

결심중독을 치료하려면 결국 결심의 실천과 성취라는 획득의 쾌감을 느껴야 한다. 그리고 그것은 한 번에 얻어지는 것이 아니라 작은 목표들을 하나하나 달성하고 쌓아가면서 이루어지는 것임을 잊지 말아야 한다.

결심중독은 뇌 호르몬의 장난

결심중독은 마음의 문제이기도 하지만 뇌 호르몬의 장난이기도 하다. 그래서 결심중독을 뇌내 호르몬의 종류에 따라 일곱 가지 유형으로 구분할 수 있다.

호르몬(hormone)은 크게 뇌내 호르몬과 내분비계 호르몬, 면역 호르몬으로 구분된다. 호르몬은 '자극하다'라는 뜻의 그리스 어에서 나온 말이다.

호르몬이란 혈액을 타고 흐르면서 신체의 균형을 유지하기 위해 각 기관을 자극하고 정보를 전달하는 화학물질이다. 날씨가 춥거나 더워도 체온이 일정하게 유지되고 운동한 뒤 심장박동이 빨라졌다가 점차 정상으로 돌아오고, 두통이 생겼다가도 다시 안정적인 상태로 되돌아오는 등의 현상은 호르몬이 각 신체 기관의 상태를 일정하게 유지할 수 있도록 돕기 때문이다.

호르몬의 종류

뇌내 **호르몬**은 감정을 조절하는 기능을 하며 흔히 뇌신경전달물질로 불린다. 우리가 스트레스나 질병 등 몸 안팎의 변화를 겪으면, 그 정보를 뇌내 호르몬이 신경계를 통해 주변 신경세포로 빠르게 전달한다. 주로 뇌나 신경의 끝부분에서 분비되며 안정감, 분노, 행복 등 감정을 조절하는 것으로, 아드레날린(에피네프린), 도파민, 엔도르핀, 멜라토닌, 페닐에틸아민, 세로토닌 등이 있다.

내분비계 호르몬은 주로 성장, 발육, 생식, 에너지 생산 등 생존과 관련된 기본적인 일을 수행하는 데 쓰이는 호르몬이다. 뇌하수체, 갑상선, 부신피질, 생식기 등에서 분비된다. 뇌하수체에서 분비되는 대표적인 호르몬은 성장호르몬, 갑상선자극호르몬, 부신피질자극호르몬, 생식선자극호르몬, 옥시토신 등이다.

면역 호르몬은 사이토카인이라는 면역 물질로 잘 알려져 있는데, 최근에는 이를 호르몬으로 봐야 한다는 의견이 많다. 면역계 호르몬은 여러 세포에서 분비되며 우리 몸의 면역체계를 관리한다. 인터페론과 인터루킨이 대표적인 면역 호르몬이다. 인터페론은 우리 몸이 바이러스에 감염됐을 때 분비되는 물질로, 체내에 침입한 바이러스가 증식하지 못하도록 림프구의 하나인 NK세포(자연 살상 세포)를 활성화시키고 간염을 치료하는 데 쓰이기도 한다. 인터루킨도 면역체계에 관여하는데, 면역세포를 활성화하고 면역글로불린을 합성하고 항체를 분비하는 데 관여한다. 특히 암에 걸렸을 때 면역력을 키워 우리 몸이 암세포와 맞서 싸우도록 돕는다.

결심 단계에 따라 작동하는 아데모피에스(ADEMOPS) 호르몬

결심의 단계에 따라 작동하는 호르몬도 다르다. 즉 시간 경과에 따라 결심을 실현가능하게 하거나 방해하는 호르몬들이 곳곳에 숨어 있다.

뇌과학적으로나 심리학적으로 결심중독을 설명하기 위해 필자는 아데모피에스(ADEMOPS) 법칙으로 설명하려 한다. 이 법칙은 결심의 단계를 7단계로 구분해서 각 단계마다 작용하는 호르몬을 중심으로 결심중독의 원인과 치유 방법을 찾고자 하는 시도다.

아데모피에스 법칙은 결심의 가장 초기 1단계에는 아드레날린(adrenaline)과 코티졸(cortisol)이 작용하는데 그 기간이 3일 정도라서 작심삼일의 원인이 되어 1차 좌절을 경험하게 된다. 그 위기를 넘기면 2단계에는 쾌감과 희열을 주는 도파민(dopamine)이 등장한다. 그리고 3단계에는 엔도르핀(endorphin)이 작용해서 고통을 줄여주고, 4단계에는 결심의 훼방꾼으로 휴식을 부추기는 멜라토닌(melatonin)이 작용해서 결심을 포기하게 만드는 2차 좌절을 경험한다. 그 단계를 넘어서면 5단계에 옥시토신(oxytocin)이라는 호르몬이 등장해 결심을 실천하는 고통을 잊게 해주고, 6단계가 되면 페닐에틸아민(phenylethylamine)이라는 호르몬이 분비되어 또다시 뜨거운 열정으로 결심을 견인하게 된다. 마지막으로 7단계가 되면 세로토닌(serotonine)이 분비되면서 결심중독에서 벗어나는 흐뭇한 결실을 맺게 된다. 각 단계에 작용하는 호르몬의 머리글자를 따서 아데모피에스 법칙이라 명명한 것이다.

아데모피에스 법칙을 이해해야 결심중독이라는 병을 고칠 수 있다.

결심 1단계: 아드레날린

결심의 최초 단계에는 아드레날린이라는 호르몬이 작동하기 시작한다. 아드레날린은 에피네프린이라고도 불리는 호르몬이다.

아드레날린은 흥분, 공포, 분노 등의 감정을 느낄 때 분비되는 호르몬으로 최초 결심할 때 흥분, 긴장, 설레임을 담당한다. 사람들이 결심을 하게 되는 데 가장 중요한 역할을 하기도 하고, 결심을 허무하게 작심삼일로 만드는 주범이기도 하다. 왜냐하면 이 호르몬의 작동 기간이 3일을 넘지 못하기 때문이다. 그러나 이 호르몬은 스트레스 호르몬인 코티졸과 함께 결심을 불러일으키는 아주 중요한 결심 유발자이기도 하다.

결심 2단계: 도파민

아드레날린과 코티졸이 불러일으킨 결심에 액셀러레이터, 즉 가속기 역할을 하는 호르몬이 바로 도파민이다.

도파민이라는 호르몬이 분비되면 맥박이 빨라지고 혈압이 높아지면서 쾌감을 느끼게 되는데, 도파민이 부족하면 그런 짜릿한 기쁨을 제대로 경험하지 못해 매번 결심만 하다가 그치게 된다. 이런 악순환에서 벗어나려면 한 번이라도 결심을 성취해서 그 맛을 느껴보아야 한다. 도파민은 금단증상을 치료하는 데도 쓰이기 때문에 결심중독 금단증상도 극복할 수 있다. 도파민은 사람들의 모든 중독과 관련이 깊다. 도파민이 떨어지면 사람들은 불안하고 초조하고 심지어 우울해진다. 햇볕을 안 쬐게 되면 도파민이 떨어져 우울증을 유발하기도 하는데, 거의 모든 중독에 관련되어 있다. 도박, 쇼핑, 약물 등에도 작용하지만 달리기 선수들과 마라토너 등의 러너스 하이나 등산가들의 클라이머스 하이, 무언가에 몰두할 때 느끼는 절정감인 몰입(flow)에도 영향을 미치는 호르몬이다. 음과 양을 모두 가지고 있는 결심중독의 두 그림자라 할 수 있다.

결심 3단계: 엔도르핀

부푼 꿈을 안고 무엇인가를 이루고자 결심했지만 힘들고 어려울 때 짠~ 하고 등장하는 호르몬이 바로 엔도르핀이다.

엔도르핀은 모르핀의 100배에 해당하는 진통 효과를 내는 호르몬이다. 스트레스를 받거나 통증을 느낄 때 분비돼 통증을 조절한다. 결심을 실천하다 보면 에너지가 떨어져 힘이 들고 좌절에 빠진다. 그때 넘어지지 말고 포기하지 말고 견뎌내라고 할 때 등장하는 고마운 조력자다.

그러나 엔도르핀이 장기간 과도하게 분비되면 면역기능이 떨어져 감염질환에 걸릴 위험이 높아진다. 심리적으로도 마찬가지다. 이때는 한 템포 조절할 필요가 있다. 결심해야 하고, 결심하지 않으면 안 된다는 압박감으로부터 자유로워져야 하고, 경쟁을 넘어 초경쟁 모드로 진입해야 한다. 너무 초조해하지 말고 불안으로부터 벗어나야 한다.

결심 4단계: 멜라토닌

엔도르핀이 뇌 속 모르핀 역할을 하며 조력을 했음에도 불구하고 결심을 지속하지 못할 경우에 등장하는 결심의 훼방꾼이 바로 멜라토닌이다.

'내일 하지 뭐!'

'일단 한숨 자고 하지 뭐!'

'이렇게 사나 저렇게 사나 죽는 것은 매한가지!'

합리화의 달인, 미룸의 달인을 만드는 결심의 훼방꾼인 멜라토닌이 당신의 결심을 미루게 만든다. 게으름, 미루는 습관을 통해 결심 스트레스로부터 벗어나기 위해 '일단 나중에 보자.'고 회피하면서 잠을 청하는 유형이다.

멜라토닌은 뇌 속 생체시계를 조정해 잠이 오게 하는 역할을 한다. 한밤중에 멜라토닌이 분비되면 피로를 막고 스트레스를 줄여주는 데 도움이 된다. 그러나 문제가 해결된 상태가 아니고 단지 미룬 것일 뿐이다. 이 단계에서는 영장류의 뇌인 대뇌피질이 결심해서 하고자 하는 바를 포유류의 뇌인 변연계가 방해하는 현상으로 일종의 '결심의 악마'라고 할 수 있다. 그러나 악마라고 해서 다 나쁜 것은 아니다. 너무 서두르지 말라는 조언일 수도 있고, 당신의 건강을 지켜주는 지킴이 일 수도 있기 때문이다.

결심 5단계: 옥시토신

'내가 언제 힘들었지?'

'내가 왜 이러고 있는 거야?'

'다시 한 번 도전해야지!'

다시 한 번 결심할 때 등장하는 호르몬이 바로 옥시토신이다. 옥시 토신은 사랑의 호르몬이라고 불리며, 최근 들어 신체와 정신 건강에 모두 좋다는 연구결과가 많이 나오고 있다.

스트레스를 줄이고 사회성을 높이며, 출산 시에는 자궁경부의 수축 을 도와 태아가 자궁 밖으로 잘 빠져나올 수 있게 한다. 산모는 아이 를 낳을 때 산통을 겪으면 다시는 애를 낳지 않겠다고 결심한다. 너 무 고통스럽기 때문이다. 그때 옥시토신이 분비된다. 산모가 미역국을 먹으면 이 호르몬 분비가 촉진된다. 옥시토신은 산통을 잊게 하고, 아 기에 대한 사랑이 가득하게 만들어, 출산하지 않겠다는 결심마저 잊 고 둘째, 셋째를 낳게 하는 호르몬이다. 옥시토신은 결심중독에 빠진 당신을 다시 결심하도록 이끌어주고 거듭나게 해주는 어린 양의 목자 와 같은 존재다.

결심 6단계: 페닐에틸아민

페닐에틸아민은 대뇌를 각성시켜 사고력, 기억력, 집중력이 향상되게 돕는다. 또 사랑하는 감정을 느낄 때 분비되어 즐거운 긴장감을 느끼도록 만들기도 한다.

사랑하는 이들에게 눈에 '콩깍지가 씌었다.'는 핑크렌즈 효과가 나타나는 단계에 분비되는 호르몬이다. 결심중독과 좌절에 빠진 나를 옥시토신이 어루만지며 새롭게 일깨워주면, 결심의 에너지에 힘을 주고 집중력을 높여 결심을 실천하고 극도의 클라이맥스를 만드는 절정의 호르몬이 페닐에틸아민이다. 이 단계에 이르러 페닐에틸아민이 분비되면 몰입의 즐거움을 알게 되고 고도의 집중력이 발휘되어 결심을 완성하기 위한 막판 스퍼트를 하게 만든다.

결심 7단계: 세로토닌

세로토닌이라는 호르몬은 스트레스를 줄이고 흥분된 마음을 가라앉히는 효과가 있다.

결심의 거친 파도를 헤치고 모든 클라이맥스를 느끼며 종착역에 도착하면 이제 세로토닌이라는 흐뭇한 행복의 호르몬이 우리를 기다린다. 그동안 수고한 당신을 위로하며 기쁨과 희열, 행복감을 느끼게 하고, 결심을 성취한 당신을 격려하고 칭찬해준다.

그러나 이 단계에 오지 못하면 사람들은 불안감을 느끼거나 충동적으로 변할 수 있다. 세로토닌은 우울증을 치료하는 데 쓰이는 호르몬이기 때문에 이 단계에 이르지 못하면 사람들은 무기력감에 빠지고 그것이 반복될 경우에는 결심중독의 가장 큰 부작용 가운데 하나인 학습된 무기력, 즉 우울증에 빠질 수도 있다. 세로토닌은 결심을 실천하고, 결심중독을 치유하고, 결심을 실천하느라 수고한 당신을 격려해주는 부모님의 따스한 눈길일 수도, 감동의 선물일 수도, 선지자들의 흐뭇한 미소일 수도 있다.

2장

자기암시의 심리학

암시와 말의 힘

자신의 꿈을 달성할 것이라 굳게 믿고
성공한 장면을 상상하면서
머릿속으로 그림처럼 기억하라.
당신이 성공하는 모습을 마음속에 명확히,
그리고 지워지지 않게 각인시켜라.
그 그림을 끈질기게 간직하라.
절대 희미하게 내버려두지 마라.
그러면 당신의 마음이 그 그림을
실현하기 위해 노력할 것이다.

— 노먼 빈센트 필(목사, 작가)

돌처럼 굳어 있는 '미루기'

결심중독과 늑장, 게으름, 미룸병

　우리는 왜 결심을 실현하지 못하고 자꾸 실패하게 될까? 지피지기 백전불태(知彼知己 百戰不殆)라고 했다. 왜 우리가 결심에 실패하는지, 무엇이 우리의 결심을 방해하는지, 무엇을 타파하고 버려야 우리가 결심에 성공하는지, 결심을 실현하는 데 방해요인이 되는 것들이 무엇인지를 알아야 한다. 그래야 성공할 수 있고, 나의 '결심중독'을 자녀들에게 대물림하지 않을 수 있다.

　결심을 실현하는 데 걸림돌이 되고 우리를 결심중독자로 만드는 것들은 바로 늑장과 게으름, 미루는 습관이다. 열심히 무엇인가를 하더라도 당장 그 결과가 나타나기보다는 오랜 시간이 흘러야 그 결과가 나타나는 것들이 더 많다.

　말콤 글래드웰의 『아웃라이어』라는 책에 '1만 시간의 법칙'이 나온다. 1만 시간의 법칙은 유명한 심리학자 에릭슨이 각 분야에서 성공한 사람들의 법칙을 연구하던 차에 나온 결과물이다. 자신이 선택한 분야에서 최소한 1만 시간 동안 꾸준히 훈련하고 단련하면 마침내 전문가 경지에 도달할 수 있다는 것이다.

　1만 시간을 채우기 위해서는 하루에 3~4시간을 투자할 경우 대략 10년, 하루 6시간씩 투자할 경우 대략 5년을 훈련해야 한다. 열심히 일하거나 노력해 '전문가'의 경지에 도달하기 위해서는 여러 해가 걸리는 반면에, 게으름은 지금 당장 자신의 몸값을 해낸다. 게으름을 부리는 바로 그 순간, 즐겁고 편안하기 때문이다. 눈에 보이지 않는 미래의 성과보다 당장 내 몸을 쉬게 해주는 게으름과 늑장, 미루는 습관이 우리에게 더 친숙한 것은 어쩌면 너무나도 당연한 일일 것이다.

　이 중 미루는 습관은 특히 미룸증(procrastination)이라는 명칭이 따로 있을 정도로 세계적으로도 나타나는 심리 현상이다. procrastination은 '앞으로'를 뜻하는 라틴어 접두사 'pro'와, '내일'을 뜻하는 'crastinus'가 결합된 단어로 '늦추기, 미루는 버릇'을 의미한다. 미루는 습관을 가지고 있는 사람들은 보통 15~20% 정도라고 한다. 열 명 가운데 한두 명은 해야 할 일을 뒤로 미루는 습관의 소유자인 셈이다. 제출해야 할 보고서부터 시작해서 해야 할 공부, 만나야 할 사람, 어떤 결심의 실행 등 미루는 대상은 우리 일상생활 전반에 분포한다.

　심각한 미룸병이 15~20%이지, 필자를 포함해 대부분의 사람들은 경중은 있겠지만 늑장, 게으름, 미룸병 증상을 가지고 있다.

일을 미루는 습관을 가진 사람은 당장 편한 대신 심리적인 압박감 때문에 스트레스를 더 많이 받는다. 할 일을 미루고 딴짓을 하는 동안에도 우리 마음과 뇌 한구석에서는 계속 브레이크를 건다. 해야 할 일에 대해 압박감을 받으며 마냥 편안하게 쉬거나 놀지 못한다. 놀아도 재미있기는커녕 스트레스만 쌓인다. 그리고 그렇게 미루어둔 일은 경력이나 평가에 부정적으로 작용한다. 즐겁지도 않고 건강도 망치고 사회생활에도 피해를 끼치는 것이다. 그런데도 미루는 습관을 버리지 못하는 것은, 미루는 습관 역시 되풀이하다 보면 중독이 되기 때문이다.

미루기! 그건 그리 나쁜 것만은 아냐. 내일 할 일이 항상 남아 있다는 뜻이잖아. 미루는 일보다 내가 더 잘하는 단 한 가지 일은 미루기를 미루는 일이다.

미루는 습관을 갖게 되는 이유

'보드룸 리포트(Boardroom Report)'가 선정한 미국 최고의 자기계발 트레이너 10명 중 한 명으로 선정된 닐 피오레(Neil Fiore) 박사(건강심리학자)는 『미루는 습관, 지금 바꾸지 않으면 평생 똑같다』라는 책에서 미루는 습관을 갖게 되는 이유를 세 가지로 설명했다.

첫 번째 이유는 두렵기 때문에 회피하는 것이다. 이가 아픈데도 치과 치료를 자꾸 미루는 이유는 치료할 때 아플 것도 두렵고 치료비가 비싼 것도 두렵기 때문이다. 미룰수록 더 불리해질 것을 알지만, 미룰수록 두려움도 커지기 때문에 자꾸 현실을 외면한다.

미루는 습관의 두 번째 이유는 구체적이지 않은 목표다. 목표가 막연하면 어디서부터 어떻게 시작해야 할지 몰라서 미루게 된다. 물론 미루는 상태가 계속될수록 시작은 더욱 힘들어진다. 미룰수록 자신감은 점차 줄어들고 두려움은 점차 커진다. 결국은 해내는 것이 불가능한 것처럼 여겨지게 된다.

마지막 이유는 막판까지 몰리면 자신의 잠재력이 극대화되어 결국 해낼 수 있을 것이라는 근거 없는 믿음이다. 물론 막판에 몰리게 되면 잠을 포기하면서까지 놀라운 성과를 거두는 경우도 있다. 하지만 그렇게 몰입해서라도 성과가 나오는 사람은 미루기는 했을망정 그 일에 대해 나름대로 시간과 노력을 들인 사람들이다. 그 노력의 결과가 마지막 순간에 나타나는 것이다. 아무런 준비도 않고 마감날짜를 맞이한 사람들에게 그런 막연한 잠재력에 대한 믿음은 망상일 뿐이다.

충동성 역시 해야 할 일이나 결심한 것을 실천하지 않고 미루게 만드는 원인이다

원하는 것을 지금 당장 얻고 싶어 하는 충동성은 오래 참고 견디는 것을 못하게 한다. 만족지연능력을 발휘하지 못하게 방해하는 것이다. 충동성은 사람을 쉽게 산만하게 만들고, 결심을 이루는 과정에서 겪는 고통을 이겨내지 못하도록 작용한다.

재미있는 현상은 만성적으로 늑장을 부리는 사람들도 자기가 좋아하는 일은 주저하지 않고 즉시 시작한다는 것이다.

낚시를 무척 좋아하는 가장이 있다고 치자. 그는 가족들과 주말여행을 가자고 철석같이 약속해놓고도 막상 주말이 되면 가족들 눈치를 살피고 아내의 바가지를 감내하면서까지 소파에 누워 뒹굴거린다. 하지만 친구가 낚시 가자는 전화가 오면, 소파에서 벌떡 일어나 쏜살같이 낚시채비를 갖추고 집을 나선다.

그러나 우리가 늑장을 부리는 가장 큰 이유는 현재를 구체적인 개념으로 보는 반면, 미래는 추상적인 개념으로 보는 데 있다. 구체적인 목표라야 흥분과 설렘이 일어난다. 어렵거나 막연하면 생각에서 멀리하려는 경향이 강하다. 낚시를 좋아하는 가장의 경우, 가족들과 주말여행을 즐겨보지 않았기 때문에 어디에 가서 무엇을 어떻게 해줘야 할지가 막막한 반면, 낚시는 가서 당장 무엇을 해야 할지가 확연하다. 미끼를 달고 낚싯대를 던지고, 잡은 고기를 건져 올릴 때의 짜릿한 손맛이 '낚시'를 시작하기도 전에 느껴지는 것이다.

미룸증을 가지고 있는 사람이 15~20%에 달한다고 했지만, 미루는 습관으로부터 자유로운 사람은 그다지 많지 않다. 학생이든 주부든 직장인이든 기혼이든 미혼이든, 나이가 많든 적든 간에, 많은 사람들이 해야 할 일을 나중으로 미룬다. 어떤 일이든 전혀 미루지 않고 바로바로 해내는 사람을 찾기란 참으로 힘들다. 미루는 습관을 가진 사람들은 대부분 미래에 대해 환상을 품는다. 자고 일어나면 잘할 수 있을 것 같고, 오늘 못하면 내일 더 잘할 수 있을 것 같다. 하지만 미루는 사람들의 미래는 결코 밝고 희망차지 않다. 미루고 또 미루는 한, 찬란한 무지개는 결코 뜨지 않는다.

보고서를 제출해야 할 날짜나 시험날짜가 다가왔는데도 보고서 작성이나 공부 대신 공상에 빠져들거나 굳이 하지 않아도 될 책상정리를 하는 사람들은, 그 일을 당장 하지 못하는 여러 가지 이유와 핑계를 항상 찾는다. 그리고 어렵사리 찾은 변명을 늘어놓으며 자신의 행동을 합리화한다. 하지만 마음속에는 일을 제때 끝내지 못한 데서 오는 두려움과 불안감을 느끼며, 의기소침해지고 자신감과 자존감이 낮아진다. 게다가 어떤 일을 미루는가에 따라 자신에게 치명적인 손해를 끼칠 수도 있다. 리포트를 늦게 제출해 재수강을 해야 하거나, 바이어 측에 제때 서류를 제출하지 못해 회사에 경제적인 손실을 끼치고 승진에서 누락되거나 징계를 받거나, 수능 시험에 늦게 도착해 인생을 결정하는 중요한 시험을 치르지 못하는 경우도 생긴다. 그럼에도 불구하고, 미루기가 습관이 된 사람들은 다른 일을 할 때 여전히 일을 미루는 자신을 발견한다.

어떤 사람들은 일을 미루는 이유에 대해 당장 처리해야 할 더 급한 일들이 있기 때문이라고 한다. 하지만 설사 당장 처리할 일을 먼저 처리했다 하더라도, 미루는 행동은 결코 현명하지 않다. 급한 일보다 중요한 일을 먼저 하는 사람들이 성공한다고 하지 않던가!

뇌과학적으로 볼 때 늑장은 중뇌에 위치해 정서 기능을 담당하는 변연계가 고등적인 사고와 판단, 충동조절을 담당하는 전두엽 대뇌피질의 장기적인 계획을 거부하고 보다 즉각적으로 실현하기 쉬운 것을 선택할 때 발생한다고 한다. 즉 변연계가 즉각적으로 만족을 추구하기 때문에 발생하는 현상이다. 뇌과학의 발달로 인간의 마음을 읽을 수 있는 기계가 등장해 이런 측정이 가능해졌다. 시한이 정해진 일일 경우 마감이 임박할 때 가장 효율적이라는 말은 스스로의 늑장을 정당화하기 위한 핑계에 불과하다.

벼락공부를 습관적으로 하면서 "나는 시험 직전에 공부가 제일 잘돼."라고 하면서 시험 보기 전날 새벽까지 공부하는 친구들은 흔히 좋은 결과를 얻지 못한다. 암기과목의 시험점수가 좋게 나올 수는 있겠지만, 급하게 한 공부는 빨리 잊어버린다. 결심이건, 시험이건, 노후준비건, 건강이건, 가능한 한 빨리 대책을 세울수록 유리하다.

때로는 늑장이 좋을 때도 있다

머피의 법칙만 있나? 샐리의 법칙도 있다.

늑장이 항상 나쁜 것만은 아니다. 머피의 법칙은 시간적으로 앞선 사건이 뒤에 일어나는 불행한 결과의 원인이라고 착각하는 논리학의 오류다. 그런데 시간적으로 앞선 사건이 뒤에 일어나는 긍정적인 결과의 원인이라고 착각하는 오류를 범하기도 하는데, 이런 현상을 샐리의 법칙이라고 한다.

'머피의 법칙'이 부정적인 결과와 연관이 된다면, '샐리의 법칙'은 그 반대의 경우다. 예를 들어 늦어서 허겁지겁 집을 나서는데 핸드폰을 방에 두고 나왔다. "아침부터 재수가 없어. 되는 일이 없네!" 하고 짜증을 내면서 다시 집에 다녀오느라 버스를 놓쳤다. 그래서 다음 버스를 탔는데, 길가에 사고를 낸 버스가 세워져 있고 부상자들이 즐비하다. 자세히 살펴보니 자신이 놓친 버스였다. 바로 이 경우가 샐리의 법칙에 해당한다.

학교에 우산을 두고 와서 엄마한테 "물건 좀 잘 챙기라니까 우산을 또 놓고 와?" 하고 혼쭐이 났는데, 다음 날 오후에 갑자기 소나기가 쏟아져 어제 놓고 갔던 우산을 요긴하게 쓴 경우도 그렇다.

빠른 결심이나 서두름이 낭비를 낳는 경우도 많다. 너무 유행을 앞서가 낭비가 생길 수도 있다. 필자도 1994년부터 책을 쓰기 시작했는데, 남들보다 너무 앞서가는 바람에 '조금 늦출 걸…' 하고 후회한 적이 있다. 1996년도에 『심리를 알면 궁합이 보인다』를 출간했는데 책에 대한 언론사와 잡지사들의 반응은 뜨거웠지만 당시 트렌드보다 너무 앞서갔다. 만약 최근에 그런 책을 출간했더라면 그때보다 훨씬 더 좋은 반응을 얻었을지 모른다.

트렌드나 시대 상황을 너무 앞서가도 실패하기 쉽다. 개인적으로 시도한 일이나 사업뿐 아니라 기업들도 마찬가지다. 첨단, 첨단, 하다가 첨단이 실패하는 기업 사례도 많다.

한글과컴퓨터는 2000년에 '넷피스'를 선보였다가 실패한 경험이 있다. 당시에는 클라우드라는 개념이 없었을 뿐 아니라 초고속 인터넷 환경이 지금처럼 발전하지 못했기 때문이다. 또 모바일 디바이스가 나오지 않았을 때라 클라우드 오피스의 필요성이 크지 않았다. 결국 한글과컴퓨터는 2007년 넷피스 사업에서 공식 철수했다. 너무 앞서 갔기 때문에 뼈저린 실패를 겪었던 것이다.

때로는 서두르기보다는 능장이 필요할 때도 있다. 그럼에도 불구하고 게을러서 실패하는 경우가 더 많다. 망설이고 미루다가 타이밍을 놓치고 마는 것이다. 결국 결심에서 가장 중요한 것 중 하나가 타이밍이다. 너무 늦어도 타이밍을 놓치게 되지만 너무 빨라도 실패한 타이밍이다. 적당한 타이밍을 찾기란 쉬운 일이 아니다.

미래의 달콤한 열매를 위해 지금의 즐거움을 참아라

"나는 일을 미루는 습관을 버리기로 했다. 하지만 계속 미루느라 그 결심을 실천에 옮기지 못하고 있다."

미루는 습관을 버리는 것은 어렵다. 미루는 습관을 이겨내기 위해서는 만족지연능력을 가지고 있어야 한다. 만족지연능력은 미래의 달콤한 열매를 위해 현재의 즐거움을 참을 줄 아는 능력이다.

호아킴 포사다의 저서 『마시멜로 이야기』에는 어린아이들을 대상으로 한 만족지연능력 실험이 소개되어 있다. 어린아이들 앞에 마시멜로를 놓아두고 "먹지 않고 참으면 나중에 선생님이 들어와서 또 하나를 주겠다."고 말한 후 선생님이 나간다. 아이들은 두 부류로 나뉜다. 눈앞의 마시멜로가 너무 먹고 싶어서 먹어버리는 아이와 꾹 참았다가 나중에 두 개의 마시멜로를 먹는 아이들이다. 재미있는 것은, 몇 년이 지난 뒤 마시멜로 실험에 참가했던 아이들을 추적 조사해봤더니, 하나 더 받기 위해 당장 먹고 싶은 유혹을 참아낸 아이들이 훨씬 성공적인 삶을 살고 있었다는 것이다.

『넛지』의 저자인 행동경제학자 리처드 탈러 교수 역시 만족지연능력에 관한 재미있는 실험을 했다. 다음과 같은 질문을 하고 사람들의 대답을 듣는 실험이었다. 첫 번째 질문은 "① 1년 후에 사과 1개 받기, ② 1년이 지난 바로 다음 날 사과 2개 받기 중 어떤 것을 선택하시겠습니까?"라는 것이었다. 대부분의 사람들은 ②번을 선택했다. 두 개의 사과를 받기 위해 기꺼이 하루를 더 기다리겠다고 한 것이다.

두 번째 질문은 기간만 바꾼 것이었다. "① 오늘 사과 1개 받기, ② 내일 사과 2개 받기 중 어떤 것을 선택하시겠습니까?"라는 질문이었다. 그러자 많은 사람들이 ①번을 선택했다. 똑같이 하루 차이로 사과 하나가 더 생기는 것인데도, 기간이 짧아지자 사람들은 오늘 사과 하나 받는 쪽을 선택한 것이다. 이 실험 결과는 사람들이 미래의 보상보다는 현재의 보상을 더 중시한다는 것을 알려준다. 1년 뒤의 사과 하나는 별것 아닌 것처럼 보여서 하루 더 기다릴 수 있지만, 오늘의 사과 하나는 하루도 더 못 기다리게 하는 것이다.

이렇게 사람들은 기간이 길수록, 먼 미래에 보상을 받는 것일수록, 그 가치를 평가절하한다. 먹고 싶은 음식을 참으며 다이어트를 하면 언젠가 아름다운 몸매를 갖게 될지 모르지만, 눈앞에 있는 먹음직스런 케이크나 치킨은 당장 침을 꼴딱 삼키게 만든다. 먹으면 얼마나 맛있을지, 먹기 전부터 행복해지는 것이다. 이 유혹을 견디지 못하고 사람들은 다이어트를 미룬다. 언제까지? 미루기 습관을 버릴 때까지.

자주 미루는 사람, 즉 성공하지 못한 사람의 일주일에는 요일이 하나 더 있다고 한다. 지금 당장이 아니라 언젠가 할 거야, 바로 'someday'다.

결심한 것을 해내고 싶다면 우리들의 달력에서 'someday'를 지워야 한다.

선택장애도 결심중독이다

셰익스피어(William Shakespeare)의 희곡 『햄릿』에서 주인공 햄릿은 우유부단한 행동으로 수많은 사람들을 죽음으로 몰아넣고도 어떻게 행동해야 할지 망설이다가, 복수에 성공하고도 자신까지 죽음을 맞는 비극적 인물이다.

"죽느냐 사느냐, 그것이 문제로다.(To be or not to be. That is the question!)"라는 유명한 말을 남긴 인물로, '햄릿증후군'이라는 용어가 있을 만큼 우유부단의 대명사다. 심리학에서는 어떤 일을 결정하지 못하고 망설이는, 말하자면 선택장애나 결정장애를 햄릿의 이름을 따 햄릿증후군이라고 한다.

정보의 홍수 시대, 선택의 다양성 시대를 살아가는 현대인들은 나날이 햄릿증후군이나 결정장애, 선택장애에 빠질 확률이 점차 높아지고 있다. 옷 하나를 사더라도 예전에는 시장에 나가 입어보고 맞으면 샀지만, 이제는 다양한 채널의 인터넷 쇼핑도 부족해 해외직구까지 고려하는 사람들이 많다. 선택지가 많아질수록 정보도 많아지지만,

어느 정보가 맞고 어느 제품이 내가 원하는 '바로 그 제품'인지 알아채기는 더욱 힘들어진다. 그래서 현대 사회에서는 햄릿증후군에 빠진 사람들이 더욱 늘어나는 추세이며, 앞으로도 더욱 늘어날 것이다. 이런 현상을 정보피로증후군이라고 한다. 너무 많은 정보로 인해 의사결정이 늦어지거나 판단이 잘못되는 현상이 나타나기도 한다.

이럴 때일수록 사람들은 판단력이 떨어진다. 고민해봐도 뾰족한 답이 나오지 않기 때문에 책을 고를 때는 베스트셀러를 고르고, 제품을 고를 때는 인기상품을 고르고, 홈쇼핑에서 곧 매진된다고 하면 매진되기 전에 서둘러 전화기 버튼을 누른다. 자신에게 필요한 정보조차 포털에서 남들이 많이 본 뉴스와 검색어를 따라 읽으며 자기 기호인 양 짜 맞춘다. 새삼스런 현상은 아니다.

타이밍이 중요해진 현대 사회에서 어떤 선택이나 결정을 미루는 것은 곧 기회의 상실을 의미한다. 선택장애, 결정장애를 극복하려면 어떻게 해야 할까?

첫째, 어떤 일을 결정할 때 목표설정을 명확히 하는 것이다. 예를 들어 직업을 선택할 때는 경제적인 안정이 우선인지 일에서 찾는 보람이 우선인지, 신분보장이 우선인지 시간적 여유가 우선인지 정해두면, 어느 직업을 택할 것인지에 대한 고민이 훨씬 줄어든다.

두 번째는 실패와 리스크를 기회비용으로 받아들이라는 것이다. 우리가 어떤 것을 선택한다는 것은 그것 외에 다른 모든 것을 미뤄두는 것을 의미한다. 따라서 하나를 선택해서 실패했을 때, 그 실패가 두려워 움츠러들지 말고, 그 실패 경험을 바탕으로 다른 선택지를 다시 고르면 된다. 한 번의 실패가 반복되는 실패를 의미하는 것은 결코 아니다. 마지막으로는 선택의 결과가 어떻든 그것을 긍정적으로 받아들이려는 마음이 필요하다. 다른 선택지를 택했을 때의 결과가 더 좋다는 보장은 어디에도 없기 때문이다.

결심중독에는 갈등도 한몫한다

갈등(葛藤, conflict)의 어원은 칡 넝쿨은 왼쪽으로 돌아 올라가려고 하고, 등나무 넝쿨은 오른쪽으로 감아 올라가려고 하는 데서 기원한다. 영어 conflict는 '두 면이 서로 부딪히다.'는 뜻이다. 결심을 실현하지 못하는 데는 이런 심리적 갈등도 한몫한다.

짜장면을 시킬 것이냐 짬뽕을 시킬 것이냐의 작은 문제부터 시작해서, 사기업 취업을 준비할 것인가 공무원 시험을 준비할 것인가 등 인생을 결정짓는 문제에 이르기까지, 인생은 선택의 연속이다. 문제는 둘 중 하나 혹은 여러 가지 중에서 하나를 선택하는 것이 결코 쉬운 일이 아니라는 것이다. 그래서 선택 때문에 우리는 다양한 갈등 상황에 놓이게 된다. 이것을 선택할지 저것을 선택할지의 갈등도 우리들의 결심을 망설이게 하고, 결심한 대로 실현하는 것을 방해하는 원인 중 하나다.

사람들은 끊임없이 '만약에'를 떠올린다. 요즘은 대중 가요에도 「만약에」라는 노래가 있을 정도로 사람들에게 '만약에'라는 말이 매우 익숙하다.

이 길이 아니라 저 길로 갔더라면?

지금 당신을 만나지 않았더라면?

그때 로또의 숫자 하나만 바꿨더라면?

그때 술만 마시지 않았더라면?

그랬다면 지금의 내 삶은 훨씬 더 아름답고 풍성해지지 않았을까?

독일의 심리학자 쿠르트 레빈(Kurt Lewin)은 갈등을 네 가지 유형으로 분류했다. 첫 번째 유형은 매력적이고 좋은 것들 중에서 어느 것을 선택해야 할지 결정을 못하는 접근－접근(approach-approach) 갈등이다. 두 번째 유형은 하기 싫은 것들 중에서 선택을 해야 하는 회피－회피(avoidance-avoidance) 갈등이다. 결혼과 직장 사이에서 골라야 한다거나, 상금과 선물 중에서 골라야 하는 경우가 전자에 해당할 것이고, 시험과 리포트 제출 날짜가 코앞인데 공부도 하기 싫고 리포트도 쓰기 싫을 경우가 후자에 해당할 것이다. 세 번째 유형은 좋은 것을 선택하기 위해 필연적으로 싫은 것을 해야 하는 접근-회피(approach-avoidance) 갈등이고, 네 번째는 두 가지 이상의 갈등이 한꺼번에 일어나는 다중 접근-회피(multiple approach-avoidance) 갈등이다. 시험에는 꼭 합격하고 싶은데 그러려면 공부를 해야 한다거나, 날씬해지고 싶은데 그러기 위해서는 맛있는 음식을 참고 힘든 운동을 해야 하는 경우가 전자에 해당하고, 금연도 해야 하고 금주도 해야 하고 시험도 봐야 하는데, 어느 것부터 손을 대야 할지 난감하고 스트레스 쌓이는 상황이 바로 마지막 상황이다.

이러한 갈등 상황에 놓이게 되면 사람들은 선택을 회피하거나 미루곤 한다. 시험공부도 해야 하고 리포트도 써야 하는데 고민하면서 청소만 한다든가, 잠을 자버린다든가 하는 엉뚱한 선택을 하기도 한다. 어렵거나 막연하면 생각에서 멀리하고 싶어지는 것이다. 좋아하는 사람이 있는 곳에는 자꾸 가고 싶지만, 싫어하거나 두려워하는 사람이 있는 곳에는 가기 싫어지는 것과 마찬가지 심리다.

갈등뿐 아니라 두려움도 결심중독에 한몫을 한다. 결과물을 갖고는 싶지만 실패할 것이 두려워 시작을 못하는 경우도 많다. 자신의 통제력에 대한 착각(illusion of controllability)도 결심 실천의 저해요소다. 통제력의 착각이란 '나는 마음만 먹으면 언제든지 할 수 있다.'는 식으로, 수학능력시험을 치르는데 한 달 동안 열심히 하면 좋은 점수를 얻을 수 있을 거라거나, 막판에 엄청난 집중력을 발휘하면 마감을 맞출 수 있을 거라는 착각이다. 물론 디데이(D-day)가 다가오고 마감날짜가 코앞에 닥치면 평소 때보다 집중력이 높아지게 마련이지만, 막판에 몰리면 시간이 부족하고 심리적으로 불안할 뿐 아니라 양적으로도 도저히 안 되는 경우가 많다. 물론 결심한 대로 행동하는 데 있어 마감일을 정해놓고 하는 것은 중요하지만, 미리 준비해야 한다. 시험준비든 건강검진이든 노후준비든 간에, 미리 차근차근 실행하면 좋은 결과가 나오는데도, 자신의 통제력을 믿고 실행을 늦추는 것은 결국 결심중독으로 가는 지름길이 되고 만다.

마법의
주문

미국의 뇌 전문학자들의 연구보고에 의하면, 사람의 뇌세포는 230억 개인데, 이 중에 98%가 말의 영향을 받는다고 한다. 그래서 뇌 전문가들은 "뇌 속에 있는 언어중추신경이 모든 신경계를 다스린다."는 학설을 주장하기도 한다. 우리 뇌는 보는 것, 듣는 것, 느끼는 것 등의 모든 신경이 언어 중추신경으로부터 변화한다. 결국 말에 따라서 변화한다는 것이다.

말에는 힘이 있다. 이것을 말의 각인력이라고 한다.

용혜원 시인은 『성공 노트』에서 말의 각인력과 견인력, 성취력을 이야기했는데, 공감이 가는 글귀다.

"말에는 각인력이 있다. 어느 대뇌학자는 뇌세포의 98%가 말의 지배를 받는다고 발표했다. 말에는 견인력이 있다. 말에는 행동을 유발하는 힘이 있다. 말을 하면 뇌에 박히고 뇌는 척추를 지배하고 척추는 행동을 지배하기 때문에 말하는 것이 뇌에 전달되어 행동을 이끌어낸다.

말에는 성취력이 있다. 자신이 하고 싶은 일을 종이에 써서 되풀이해서 읽는 동안 성취할 수 있는 동기가 부여된다."

사람들은 객관적 상황이 아니라 자신이 해석한 상황대로 믿는다

결심한 것을 이루기 위해서는 결심중독의 습관에서 벗어나야만 한다. 결심과 포기를 반복하는 악순환의 고리를 끊어야 한다. 고리를 끊는 방법은 간단하다. 거창한 결심이 아니라 아주 작은 것 하나만 해내면 된다. 아주 조금만 방향을 돌려도 결과에는 엄청난 차이가 생긴다. 망원경으로 먼 곳을 볼 때, 망원경을 조금만 움직여도 전혀 다른 장소가 보이는 것과 마찬가지다. 아주 조그만 변화이지만, 그것은 실패의 길에서 벗어나 성공의 길로 접어드는 출발점이 된다.

작은 것이라도 결심한 것을 이루면 '해냈다'는 자신감이 생기고, 그 자신감은 앞으로 할 행동의 토대가 된다. 마음가짐은 어떤 일의 결과에 막대한 영향을 미친다. '좋은 일이 생길 거야.'라고 믿는 사람은 좋은 결과를 얻게 되고, '나는 실패할 거야.', '나쁜 일이 생길 것 같아.', '실수할 것 같아. 어떡하지.'라고 생각하는 사람은 실제로 나쁜 결과와 직면하게 된다. 사람들은 대체로 객관적 상황보다 자신이 해석한 상황에 더 민감하게 반응하기 때문이다.

예를 들어 길거리에서 웃고 있는 사람과 마주치면 '좋은 일 있나보지.'라고 생각하는 사람들도 있지만, '왜 나를 보고 웃지? 내 옷차림이나 화장이 잘못됐나?'라고 생각하는 사람도 있다. 후자의 경우, 모든 사람들의 눈치를 보게 되고, 친구와 대화하며 웃는 사람들까지 전부 자신을 비웃는 것으로 느끼게 된다. 사람들은 다른 사람의 행동도 자신이 해석한 대로 받아들이기 때문이다.

어떤 상황을 마음속에서 '실제'라고 믿으면, 결국 마음속 상황이 실제가 된다. 중요한 시험이나 발표를 앞두고 자기가 실수할 거라고 생각하는 사람은 안달복달 예민하게 굴다가 결국 실수를 한다. 그리고 '결국 이렇게 될 줄 알았어!'라고 자기합리화를 시켜버린다. 하지만 '잘될 거야. 잘할 수 있어.'라고 믿으며 성공 시나리오를 짜고, 예상대로 되지 않을 경우를 대비해서 제2안까지 마련해가면서 마인드컨트롤을 한 사람은 성공적인 결과를 얻는다.

불면증을 가진 사람의 진짜 적은 자기 자신의 생각이다. '보나마나 오늘 밤에 또 잠을 못 자겠지.'라고 불안해하면서 밤이 깊어도 안절부절못하면 자율신경계가 자극을 받아 정말로 잠이 안 온다. 결국 새벽이 될 때까지 고통과 불안에 시달리다가 뜬눈으로 밤을 지새우고 만다. 불안장애나 공황장애도 마찬가지다. 한번이라도 발작을 겪어본 사람은 또 그런 일이 생길까 불안해하고, 비슷한 상황과 마주치면 그 압박감을 이기지 못하고 또 발작 증세를 겪게 된다. 하지만 생각한 대로 실현되는 이런 현상을 역으로 이용하면 긍정적인 결과를 만들어낼 수 있다. '나는 할 수 있고, 반드시 해내고 말 것이며, 간절히 원하므로 성공할 것이다.'라고 믿으면 그렇게 되기 때문이다. 이를 심리학 용어로 자기 충족적 예언(self fulfilling prophecy)이라고 한다.

키프로스 섬에 사는 조각가 피그말리온은 자신이 만든 아름다운 여인의 조각상에 반한 나머지, 조각상이라는 사실조차 잊은 채 사랑에 빠진다. 피그말리온은 사랑과 미의 여신 아프로디테의 신전에 제물을 바치고 여인 조각상과 결혼하고 싶다고 간절히 기도를 드렸다. 피그말리온의 간절한 기도는 신을 움직였고, 마침내 사람이 된 조각상 여인과 결혼하게 된다. 이 신화에서 유래된 '피그말리온 효과'라는 말은 '간절히 바라면 이루어진다.'는 것이다. 말하자면 피그말리온 효과는 앞서 말한 자기 충족적 예언이나 로젠탈 효과(Rosenthal effect), 자성적 예언 등과 비슷하게 쓰인다. 『씨크릿』이라는 책에 나오는 '끌어당김의 법칙'과 유사한 현상이다.

피그말리온 효과, 로젠탈 효과, 자기 충족적 예언 등은 자신이나 타인에게서 기대와 신뢰를 많이 받는 사람이 성취동기와 성공 가능성이 높다고 공통적으로 말하고 있다.

서울대 교육학과 신종호 교수는 2004년 7월 서울대 남녀 재학생 120명을 대상으로 '공부를 잘하게 된 원인'에 대해 심층 조사한 결과 58%에 해당하는 70명의 학생이 '부모의 신뢰'를 꼽았다고 논문에서 밝혔다. 부모가 자녀를 이해해주고 신뢰하면서 합리적인 기대를 하면 성적에도 긍정적인 효과가 나타나는 것이다.

사람의 마음은 때로 신체에도 영향을 미친다

플라시보 효과(placebo effect) 또는 위약효과라는 말을 들어보았을 것이다. 의학적으로 전혀 효과가 없는 물질인데도 환자가 치료효과가 있는 약물이라고 믿으면 병이 낫는 데서 비롯된 말이다. 실제로 불면증을 호소하는 환자에게 수면제라고 하면서 영양제를 처방해주면, 영양제를 먹은 불면증 환자는 마치 수면제를 먹은 것처럼 편안하게 잠든다. 치료약뿐 아니라 병이 낫는다는 믿음도 병을 치유하는 것이다. 인간의 육체는 마음과 정신의 영향을 많이 받으며, 플라시보 효과는 이 사실을 활용한 것이다.

'간절히 원한다, 하고 싶다, 나는 할 수 있다.'고 믿고 노력하면 우리는 생각보다 많은 것을 이룰 수 있다. 아무리 단순하고 바보 같고 시시해 보이는 사람도, 보이는 모습이 결코 다가 아니다. 한 사람의 내면에는 수많은 모습이 있다. 천재의 모습, 바보의 모습, 이기적인 모습, 이타적인 모습, 좋은 모습, 나쁜 모습, 도덕적인 모습, 타락한 모습…. 이 많은 모습 중 어떤 면이 드러나고 어떤 면이 숨어 있는가에 따라 타인의 판단이 달라질 뿐이다. 공부는 못하지만 축구를 잘하는 사람도 있고, 수학을 못하는 사람도 언어에는 천재적일 수 있으며, 성적은 꼴찌라도 대인관계 지능이나 사회성은 매우 좋을 수도 있다. 사람들은 보통 자신들이 가지고 있는 잠재력의 10%도 발휘하지 못하고 산다. 현재의 겉모습이 대단한 사람보다 자신이 잘하는 것을 찾아 잠재력을 20%, 30% 더 발휘하는 사람이 더 성공한다.

죽는다고 저주를 내리면 정말 죽는 사람들

대부분의 사람들은 심리상태에 따라 신체와 건강상태가 변한다. 좋아하는 가수의 콘서트나 월드컵을 보다가 흥분해서 정신을 잃거나, 극도의 스트레스로 뇌출혈을 일으켜 사망하거나, 충격적인 사건을 겪은 후 언어장애나 기억상실을 겪는 것 등이 모두 사람의 심리가 신체에 영향을 미친다는 증거들이다.

하버드 의대 허버트 벤슨(Herbert Benson, MD) 교수는 병원을 찾는 환자의 80% 정도가 스트레스 등 심리적인 이유 때문에 병이 생겼다고 주장한다. "우리의 뇌는 우리가 믿고 기대하는 방향으로 작동한다. 뇌가 작동하기 시작하면 신체는 그 믿음이 사실인 것처럼 반응한다. 실제로 목이 마르거나 귀가 막히고 병이 나거나 건강해지는 경험을 한다." (*Timeless Healing* 중에서)

미국의 루스벨트 대통령은 소아마비를 앓았지만 "나는 다시 걸을 수 있다."고 끊임없이 스스로에게 자기 충족적 예언을 했고, 마침내 걸을 수 있게 되었다. '할 수 있다.'는 자기 암시가 기적 같은 힘을 발휘한 것이다. 자기 충족적 예언에 대한 믿음이 강할수록 그 효과는 크다. 때로 정상적인 사람들은 생각할 수 없는 결과를 만들어내기도 한다. 맨손으로 벽돌과 차돌을 깨부수고 쇠몽둥이에 맞아도 끄떡없는 차력사, 날카로운 작두 위에서 맨발로 춤을 추는 무당 등이 그렇다. 극단적으로는 죽는다고 예언하면 정말로 죽는 경우도 있다.

서인도제도 아이티에는 부두교(voodoo)를 믿는 부족이 살고 있다.

부두교를 믿는 사람들은 제사장이 주술을 하다가 부족의 누군가에게 "너는 이제 곧 죽는다."라고 저주를 내리면, 그 사람은 시름시름 앓다가 정말로 죽어버린다고 한다. 이렇게 죽는 현상을 부두죽음(voodoo death)이라고 한다. 이 사람의 죽음은 제사장의 초능력 혹은 신적인 능력 때문일까? 그렇지 않다. 저주를 받은 사람이 자신은 죽는다고 강하게 믿기 때문에 결국 죽게 되는 것이다.

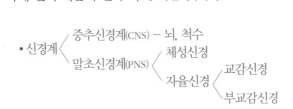

자신이 곧 죽는다는 믿음은 큰 스트레스로 다가온다. 각종 질병의 범인으로 지목받는 스트레스는 원래 나쁜 것이 아니다. 우리 몸의 신경계는 중추신경계와 말초신경계로 이루어져 있다. 중추신경계는 뇌와 척수, 말초신경계는 자율신경과 체성신경으로 이루어져 있다. 자율신경은 생명을 유지하고 신체를 보호하기 위해 우리 의지와 상관없이 자율적으로 움직이기 때문에 붙은 이름이다. 자율신경은 교감신경계와 부교감신경계로 나뉜다. 교감신경계는 위험한 상황이 되거나 스트레스를 받으면 심장박동이나 혈압, 호흡을 증가시키고 호르몬을 분비하게 해서 우리가 위기에서 벗어나도록 한다. 그리고 스트레스가 없어지면 부교감신경의 작용으로 흥분이 가라앉으면서 원래 상태로 돌아간다.

문제는 스트레스가 지속되거나 수시로 반복될 때다. 고무줄이 너무 오래 늘어진 상태로 있으면 탄성을 잃듯, 위험한 상황이나 스트레스가 오래 지속되면 교감신경계가 지속적으로 흥분해서 부교감신경계가 활동을 못한다. 그러면 신체를 정상으로 되돌리지 못하게 되어, 고혈압이나 위궤양, 우울증 등 여러 질병에 노출되게 된다.

제사장의 저주를 받은 부두교 신자 역시 곧 죽을 것이라는 저주를 받았다는 심리적 압박 때문에, 교감신경계가 과도하게 계속 흥분해서 신체의 균형이 깨지고, 결국 면역력이 떨어져 사소한 감기 바이러스에도 불구하고 사망하게 된다. 끔찍이도 서로 의지하며 살던 노부부들은 배우자가 죽으면 장례를 치른 후 지나친 상심으로 시름시름 앓다가 따라 죽기도 한다. 창문으로 들어온 참새를 가두거나 냇가에서 잡아온 송사리를 어항에 키우면 오래 버티지 못하고 죽는다. 이런 경우 대부분 심리적 요인으로 인해 교감신경계 흥분이 과도하게 지속된 것이 원인이다.

긍정하는 말, 칭찬하는 말은 식물도 변화시킨다

자기 충족적 예언을 하는 사람들은 자기도 모르게 그 예언에 맞춰 정보를 수집하고 충족시키려고 한다. 그러니 부정적인 예언은 부정적인 결과들을 불러올 수밖에 없다. 하지만 긍정적인 암시나 긍정적인 예언을 하면 심리와 행동들이 긍정적인 방향으로 변화하고, 결국 원하는 결과를 얻을 수 있게 된다.

정보를 취사선택할 때도 사람들은 그에 알맞은 것을 받아들이고 맞지 않는 것을 버린다. 예를 들어 어떤 사람이 선한 사람이라는 믿음을 가지고 있으면, 그 사람을 볼 때 선한 느낌을 받아들이고 나쁜 인상이나 악한 느낌은 버리게 된다. 그리고 '역시 선한 사람이었어.' 하는 결론을 얻는다. 그러니 결심을 할 때도 긍정적이고 자기보상적인 예언, 자기를 칭찬하는 예언을 해야 한다.

긍정적인 말은 사람이나 동물뿐 아니라 식물도 변화시킨다. 실제로 2012년 KBS TV에서 포항 스틸러스 프로축구팀의 고구마 실험 이야기를 보도한 적이 있다. 황선홍 감독은 고구마 화분 두 개를 놓고 실험했다.

한쪽 고구마 화분에는 선수들이 지나갈 때마다 "사랑스런 고구마야, 넌 참 예쁘구나. 앞으로도 건강하게 무럭무럭 잘 자라." 등 긍정적이고 좋은 말과 칭찬만 하도록 했다. 반대로 다른 고구마 화분에는 "못생긴 고구마야. 넌 안 돼, 꺼져!" 등 부정적이고 나쁜 말만 퍼붓게 했다. 두 달 동안 똑같은 환경에서 똑같은 물을 주고 길렀는데도 불구하고, 고구마 화분에서는 놀라운 결과가 나타났다. 좋은 말만 들었던 고구마는 줄기와 잎이 무성한 반면, 나쁜 말만 듣고 자란 고구마 줄기는 눈에 띄게 시들시들하고 덜 자란 것이다.

선수들과 황선홍 감독은 실험결과를 보고 깜짝 놀랐고, 긍정적인 태도와 말, 긍정적인 마음가짐이 얼마나 중요한지 체감하게 되었다. 그래서 팀원들끼리 서로 칭찬하며 감사하고 격려하는 쪽지와 메시지를 주고받으며 서로를 북돋우면서 신뢰를 쌓아갔다. 이 신뢰를 바탕으로 조직력도 더욱 끈끈해졌고, 이후 프로와 실업팀 전체가 참여한

FA컵 대회에서 우승하고, 다음 해에는 프로선수 리그인 K리그에서도 우승을 하게 된다.

결심을 실천하는 사람들은 자기만의 주문이 있다

성공하는 사람들에게는 자신을 북돋는 격언이나 경구, 좌우명이나 좋아하는 구절, 좋아하는 시와 노래가 있다. 예를 들어 골프 선수 최경주는 홀에서 홀을 넘어갈 때마다 자신이 좋아하는 말과 성경 구절을 써놓은 것을 읽는다고 한다. 축구 선수 유상철은 '땀 흘린 만큼 내게 돌아온다.'는 좌우명을 가지고 있었고, 성악가 조수미는 '두려워하지 말고 자신을 믿으라.'는 말을, 박찬호 투수는 '모든 일 중에서 가장 어려운 것은 꾸준할 수 있다는 것이다.'라는 말을, 만화가 이원복은 '좋아하는 일을 하라. 평생을 해도 즐거운 일이 있다면 그것이 곧 성공이다.'라는 말을 좋아했다고 한다. 일본 소프트뱅크의 손정의 회장은 10대 때부터 남들이 허풍이라 할 정도로 터무니없는 목표를 공개적으로 호언장담하는 버릇이 있었다.

나는 1966년생 말띠다. 흔히 말하는 백말띠인데, 가수 이문세가 얼굴이 말상이라 그런지 말에 관한 좋은 가사와 리듬이 좋은 「야생마」라는 음반을 낸 적이 있다. 이 노래는 그렇게 많이 알려지지 않아서 일반 노래방에는 없다. 필자는 이따금 이 노래를 부르며 결심중독을 치유하고자 할 때 읊조린다.

야생마 - 이문세

오늘도 나는 황야를 달린다

잊혀져 가는 맑은 꿈을 찾아서

누구보다도 자유롭고 싶어서 바람이 부는 대로 달려간다

아무도 내 마음 모를 때 때로는 슬프고

혼자서 가는 길이 너무나 외로워져도

오늘도 나는 황야를 달린다

꿈속에 보던 날개를 찾아서 멀리 저 멀리 타오르는 태양이 내 젊은 가슴을
부르네

아무도 나를 기다리지 않아도 오늘도 나는 황야를 달려간다

누구보다도 자유롭고 싶어서 오늘도 쉬지 않고 달려간다

때로는 거친 바람과 소나기 맞으며 혼자서 가는 길이 너무나 외로워져도

가다가다가 쓰러진다 해도 오늘도 나는 황야를 달려간다

누구보다도 멀리가고 싶어서 오늘도 나는 쉬지 않고 달려간다

누구보다도 멀리가고 싶어서 오늘도 쉬지 않고 달려간다

　　자신을 일깨우고 북돋아주는 말을 찾아 항상 스스로를 격려하고
할 수 있다고 믿어보자. 그러면 당신의 내일은 달라질 것이다. 스스로
를 격려하면서 '아브라카다브라' 같은 잘 아는 주문을 외워보는 것도
나쁘지 않다. '아브라카다브라(Abracadabra)'의 어원에 대해서는 여러
가지 설이 있지만, '말한 대로 될지어다.'라는 뜻을 지닌 헤브라이 어

라는 설이 가장 보편적이다. 중세에 열병을 다스리는 주문으로 사용되던 말을 마술사들이 마술을 부릴 때 주문으로 사용했다. 유래야 어찌되었건, 우리도 자신의 결심 목표나 소원을 외친 후 마법의 주문을 외워보자.

"아브라카다브라, 말한 대로 이루어질지어다!"

암시

약에 대한 믿음이 약효를 좌우한다

어느 날 밤, 프랑스 트루와에서 약국을 운영하던 에밀 쿠에(Emile Coue)에게 시간이 늦어 병원에 가지 못한 사람이 약을 지어달라고 부탁했다. 처방해줄 만한 약재가 없어 거절했지만, 환자는 통증이 너무 심하다며 간절히 부탁했다. 더 이상 거절할 수 없게 된 쿠에는 고민 끝에 진통효과는 없지만 사람에게 해를 주지는 않는 포도당 알약을 만들어주었다. 그런데 놀랍게도 환자는 그 약을 먹고 병이 나았다. 약효가 있다고 철석같이 믿었기 때문이다. 이것이 바로 위약효과, 즉 플라시보 효과(placebo effect)다. 플라시보는 라틴 어로는 '마음에 들다'라는 뜻을 품고 있다.

쿠에는 이에 관심을 갖고 많은 환자들을 관찰하고 연구한 결과, 약을 복용한 사람들의 치료효과가 포장이나 광고에 크게 좌우된다는 사실을 알게 되었다. 약에 대한 믿음에 따라 약효가 달라졌던 것이다. 플라시보 효과를 발견한 후 자기암시의 놀라운 힘에 매료된 쿠에는 최면술까지 배워 1910년에 암시요법 시술소를 만들었다.

'나는 좋아지고 있다. 하루하루 더 좋아지고 있다.' 혹은 '나는 고통이 줄어들고 있다.'와 같은 자기암시를 치료에 사용한 것이다.

물론 플라시보와 자기암시 효과에 대해 반신반의하던 당시 학계에서는 쿠에를 비웃었다. 하지만 쿠에는 비웃음을 당하면서도 여러 나라에서 많은 강연을 했고, 그의 이론은 100년이 지난 지금도 보란 듯이 유효하다.

이후 플라시보 효과는 다양한 방법으로 증명되었다. 많은 사람들이 위약효과를 확인하는 실험을 했다. 예를 들어 밀가루나 녹말로 진짜 약과 똑같이 생긴 가짜 약을 만들고 식염수로 주사약을 만들어 환자에게 복용시키거나 주사를 놓으면 열 명 가운데 서너 명의 환자에게서 치료효과가 나타난다. 최근에는 의료분야 영상기기가 발달해서 눈으로 플라시보 효과를 확인할 수도 있게 되었다. 미시간 대학과 프린스턴 대학 연구팀에서 스킨로션을 통증 억제제라고 소개하면서 실험 대상자에게 바르고 전기 충격을 주는 실험을 한 것이다. 그리고 뇌의 반응을 기능성자기공명장치(fMRI)를 이용해 살펴보았다. 그랬더니 스킨로션을 바르지 않고 전기 충격을 주었을 때보다 통증을 훨씬 덜 느끼는 것으로 나타났다. 이런 결과는 마음가짐이 뇌와 인체에 실질적인 영향을 미친다는 분명한 증거로 볼 수 있다.

플라시보 효과가 알려지지 않았더라면 신비스러운 일로 남았을 현상들, 즉 위약효과 말고는 설명할 수 없는 일들이 때로 일어난다. 예를 들면 프랑스 피레네 산맥 기슭에 있는 소도시에서 병을 고쳐주는 샘물이 솟았는데, 13명의 환자들이 샘물을 마시고 병을 고쳤다. 이에 대해 루르드 국제의료위원회는 "과학적으로 설명할 수 없다."고 판정했다. 샘물을 마시고 병이 나은 사람들은 위약효과를 톡톡히 본 셈인데, 낙천적이고 희망에 찬 마음 상태가 만들어내는 긍정적인 효과도 뇌의 가소성과 뇌를 구성하는 뉴런들에 기반을 두고 있다. 뇌의 가소성이란 뇌는 끊임없이 변한다는 뜻이다. 뇌는 평생 동안 개인이 겪는 여러 가지 환경의 변화, 자극의 변화에 따라서 조금씩 변한다. 뇌가 사람들의 태도나 감정, 생각과 희망, 마음 상태에 반응하는 것은 확실하다.

웃음에도 플라시보 효과가 있다. 흔히 웃음은 만병통치약이자 천연 진통제라고 불리는데, 결코 허황된 말이 아니다. 웃음에 치료효과가 있는 이유는 웃을 때 부교감신경이 자극을 받아 엔도르핀이 분비되기 때문이다. 엔도르핀은 체내 면역체를 강화시켜 세균의 침입이나 확산을 막아주고 진통제 역할을 할 뿐 아니라 스트레스를 줄여준다. 우리가 한번 크게 웃으면 200개 이상의 근육이 움직이는 운동효과는 덤이다. 웃기만 해도 운동이 되고 건강해지고 심리적인 안정을 얻는 것이다.

웃음이 이렇게 좋은데 웃을 일이 없어서 못 웃는다고? 그래도 상관

없다. 웃음 흉내라도 내보자. 웃을 때도 위에서 언급한 심리적인 효과
가 그대로 나타난다. 웃을 일 없을 때 그냥 가짜웃음을 웃어도 진짜
웃음에서 얻는 효과가 그대로 얻어진다. 이것이 웃음의 플라시보 효
과다. 그러니 좋은 일이 있건 없건, 일단 웃고 볼 일이다.

노시보 효과는 없는 병도 만들어낸다

약효가 있다고 믿으면 밀가루나 포도당도 치료효과가 있는가 하
면, 효과가 없다고 믿으면 진짜 약도 치료효과가 없고 없던 병도 생
겨난다. 플라시보 효과가 있는 반면 노시보 효과(nocebo effect)도 있기
때문이다.

노시보 효과는 부정적인 자기암시를 하면 없는 병이 생기거나 적절
한 치료약을 먹어도 약효가 없는 것을 말한다. 다시 말하면 치료효과
가 입증된 약을 먹어도 환자가 약효를 믿지 않으면 병이 낫지 않는다.
게다가 아무런 해가 없는 약을 먹인 후 복통이나 두통을 일으키는 약
이라고 밝힌 뒤에 복용자 중 70% 정도가 정말로 복통이나 두통을 호
소한다.

더 재미있는 노시보 효과 실험도 있다. 혈액응고를 방지하기 위해
아스피린을 장기 복용해야 하는 환자를 세 그룹으로 나누어, 두 그룹
에는 아스피린을 장기 복용하면 위장관 부작용이 있다고 경고하고,
한 그룹에는 아무 말도 해주지 않았다.

이후 세 그룹의 위 내시경 검사를 했더니 주의사항을 들은 그룹은

그렇지 않은 그룹보다 세 배 이상 위의 통증과 부작용을 호소했다. 아무런 효과와 부작용이 없는데도 불구하고 부작용이 있다고 믿으니 부작용이 나타난 것이다. 멀쩡한 음식을 먹었는데도 음식이 상했다고 생각하면 식중독 증세가 나타나거나, 단체급식에서 몇몇 학생이 배가 아프거나 열이 나면 다른 학생들까지 같은 증세를 보이는 경우도 종종 있다.

노시보 효과는 사람들의 생명에도 직접 영향을 미친다.

좀 더 쇼킹한 노시보 효과도 있다. 사형수에게 당신은 이제 사형이 집행될 것이고 정맥을 끊어 피를 흘리면서 죽게 된다고 말해주었다. 그러고 나서 피부를 살짝 베어 상처를 냈다. 그럼에도 불구하고 그 사형수는 과다 출혈을 상상하며 죽어갔다.

어느 날 냉동고에 갇힌 사람이 얼어 죽어 있었다. 알고 보니 냉동고는 작동하지 않고 있었으나, 그 안에 갇힌 사람은 실제로 얼어 죽고 만 것이었다.

플라시보 효과는 피실험자의 30% 정도에서, 노시보 효과는 70% 정도에서 결과가 나타난다고 하는데, 이는 긍정적인 마음가짐의 영향보다 부정적인 마음가짐의 영향이 훨씬 더 크다는 것을 의미한다. 어느 쪽 효과가 더 크든 간에, 플라시보 효과와 노시보 효과는 우리의 마음가짐이나 믿음, 태도, 정보인식이 병의 치료나 악화에 큰 영향을 미친다는 것을 보여준다.

이런 심리적 현상들은 결심의 심리적 효과를 증명해준다.

긍정심리학을 탄생시킨 셀리그만의 도망간 강아지

요즘 심리학의 흐름은 긍정심리학이다. 앞에서 학습된 무기력 이야기를 할 때 언급되었던 셀리그만의 강아지 실험을 떠올려보자. 셀리그만의 강아지 실험에는 전기자극을 피하지 못하자 무기력증에 빠져 도망가려는 의지를 완전히 잃어버렸던 강아지들 말고 두 마리의 다른 강아지가 있었다. 같은 경험을 했음에도 불구하고 두 마리의 강아지는 무기력을 학습하지 않았고 끊임없이 탈출을 시도했다. 그러다가 전기자극을 피할 수 있게 되자 도망가는 데 성공했다. 셀리그만은 처음에는 이 강아지들에게 큰 관심을 가지지 않았다. 학습된 무기력증을 증명해주는 여섯 마리의 강아지들에게 주목했고 그에 관련된 연구를 하느라 바빴던 것이다.

그런데 무려 30년 후, 셀리그만은 도망간 두 마리의 강아지한테 관심을 가지게 되었다. 전기자극을 피할 수 없었는데도 그 두 마리 강아지는 왜 무기력을 학습하지 않았을까? 비록 소수지만 같은 조건에서도 상황에 대한 통제력과 자신의 의지를 잃지 않고 끊임없이 노력해서 결국은 전기자극에서 벗어날 수 있었던 요인은 뭘까?

학습된 무기력에 대해 오랜 시간 연구하던 셀리그만은 그 답을 긍정적인 심리와 마인드에서 찾고 긍정심리학을 창시하여 연구하기 시작했다. 그가 긍정심리학이라는 말을 처음 사용한 것이 1998년인데, 2002년에는 우리나라에도 『긍정심리학』이라는 셀리그만의 저서가 번역, 출간되었다.

기존의 심리학이 우울이나 불안, 정신장애, 무기력증 등 우리를 불행하게 하는 심리를 극복하는 데 초점을 맞춘 반면, 긍정심리학은 사람들의 긍정적인 심리에 초점을 맞춤으로써 삶의 질을 높이려는 심리학의 새로운 트렌드다.

셀리그만의 긍정심리학이나 에밀 쿠에의 자기암시법이 우리에게 말해주는 것은 같은 의미다. 긍정적인 미래의 모습을 그리고 노력하면, 현실이 될 수 있다는 것이다. 우리의 삶은 우리의 생각과 믿음, 뇌가 만들어가는 것이다. 우리가 어떤 사실을 믿으면 뇌는 그에 따른 적절한 호르몬을 내보내고, 우리 몸도 영향을 받는다. 화났을 때 웃어도 우리 몸은 웃음의 치유효과가 그대로 나타나고, 상상임신을 한 사람은 생리가 멈추고 배가 불러오고 가슴이 커지면서 젖까지 나온다. 이렇게 우리의 뇌는 우리가 믿는 정보를 있는 그대로 받아들인다. 뇌를 움직이는 것은 우리가 갖고 있는 정보이지만, 뇌는 그 정보가 진짜인지 가짜인지조차 모를 때도 있다.

플라시보 효과를 발견한 에밀 쿠에의 자기암시법은 100년이 지난 요즘 더욱 주목받고 있다. 에밀 쿠에는 무의식적인 상상의 힘이 인간의 의지보다 더 강하기 때문에, 무의식에 긍정 마인드를 심으면 지속적으로 발전할 수 있다고 확신했다.

"나는 날마다 모든 면에서 점점 새로워지고 있다.

(Day by day, in everyway, I'm getting better and better.)"

에밀 쿠에는 이 말을 매일 스무 번씩 반복하면 결심 달성도가 훨씬 더 높아질 것이라고 했다. 말이 암시를 만들고 암시가 현실을 만들어낼 수 있다는 것이다.

에밀 쿠에 외에도 자기암시를 다루는 유명한 책으로 론다 번의 『씨크릿』에서 주장하는 '끌어당김의 법칙', 이지성의 『꿈꾸는 다락방』에 나오는 R=VD(생생하게 vivid, 꿈꾸면 dream, 이루어진다 realization) 역시 같은 원리다.

필자도 자기암시의 힘을 믿으며, 실제로 꾸준히 자신을 채찍질함으로써 점점 더 발전하고 나아지는 사람들을 목격했다. 따라서 자신이 결심중독에 해당된다고 생각하는 사람이라면, 결심중독에서 벗어나기 위해 지금까지의 사고방식과 마인드를 바꾸고 긍정적인 자기암시를 꾸준히 실천해야 한다. 에밀 쿠에는 이기거나 성공하기 위해서는 긍정적인 자기암시와 최면법을 응용하라고 주장했다.

긍정적인 자기암시를 하면 뇌파가 알파파로 바뀌게 된다. 뇌파가 알파파로 바뀌면 뇌에서는 엔도르핀이 분비된다. 그러면 우리 몸에서는 통증과 불안이 줄어들고 우울감이 사라지며 집중력이 높아진다. 일본의 하루야마 시게오가 쓴 『뇌내혁명』이라는 책의 요점이 바로 이것이다. 결심을 하고 목표를 정했으면 그것을 자기 자신에게 반복적으로 주입시켜야 한다. 자신에 대한 믿음을 가진 사람은 무엇이든 이룰 수 있다.

우리의 몸이 숨 쉬고 걷고 일하기 위해 에너지원인 영양분이 필요하듯, 우리 마음이 마음먹은 대로 일을 해내기 위해서는 자신에 대한 믿음과 신뢰가 필요하다. 나를 변화시킬 수 있는 에너지가 바로 믿음인 것이다.

내 인생에서 결심하고 시도하고 성공하고 실패하는 모든 행동을 하는 것은 나 자신이다. 그런데 내가 나를 믿지 못하고 해낼 수 없다고 생각하면, 누가 어떻게 해낼 수 있겠는가? 결심뿐 아니라 다른 일들도, 자신을 믿으면 성공하고 의심하면 실패한다. 할 수 없다고 믿으면 정말로 못해낸다. 그러나 할 수 있다고 믿으면 정말로 해낼 수 있다. 결심에 성공하는 사람들은 자신을 긍정적으로 바라보고, 무엇이든 할 수 있다고 생각한다. 물론 그렇다 하더라도 결심을 완성하는 사람들이 전지전능하게 무엇이든지 성공만 할 수는 없다. 그렇지 않은 이들에 비해 성공 가능성이 높고 스트레스도 덜 받고, 실패를 두려워하지 않는 태도를 가지고 있다는 사실은 부정할 수 없다.

결심중독의 늪에서 헤어 나올 수 없거든, 우선 자신의 장점부터 찾아볼 일이다. 사소한 장점이라도 상관없다. 장점과 강점을 발견하거든, 스스로를 칭찬하는 표창장을 하나 만들어 잘 보이는 곳에 걸어둘 일이다. 그리고 상장 밑에 써 붙여라. 포기는 배추 셀 때나 쓰는 거라고. 그동안 능력이 없어 할 수 없었던 것이 아니라 포기했기 때문에 못했던 것이라고.

걱정은 결심을
위축시킨다

우리가 정말로 해야 할 걱정은 스무 가지 중 고작 한두 개다

사람들은 하루에 5만 가지 이상의 생각을 한다. 그 생각 중 상당수는 즐겁고 행복한 것이 아니라 걱정거리와 고민거리다. 사람들이 걱정하는 일 중 40%는 절대로 발생하지 않을 일들이다. 나머지 30%는 과거에 이미 내린 결정에 대한 후회일 뿐이다. 아무리 걱정해도 되돌릴 수 없는 것들이다. 나머지 12%의 걱정은 다른 사람들과의 비교심리 때문에 생기는 열등감과 비판 등이며, 나머지 10%는 건강에 관한 걱정으로 지나친 건강염려증은 오히려 몸을 상하게 한다. 결국 8%만이 걱정해도 될 만한 합리적인 걱정이다. 8%의 걱정을 제외하고는 걱정하느라 시간과 인생만 낭비하는 쓸모없는 걱정거리인 셈이다. 사람은 고민하고 걱정하는 존재다. 해결되지도 않을 고민거리를 붙들고 밤잠까지 설쳐가며 일어나지도 않을 온갖 경우의 수를 생각하면서, 밤새 걱정의 기와집 몇 채를 지었다 허물었다 한다. 그리고 다음 날이면 또 걱정을 한다, 불면증이라고.

김정운 교수는 그의 책 『노는 만큼 성공한다』에서 비슷한 주장을 한다. '심리학에서 보는 걱정거리의 실제'라는 내용도 비슷하다. 그에 따르면 우리가 걱정하는 것들의 40%는 일어나지 않는 것이고, 30%는 이미 일어난 것들에 대한 걱정이며, 22%는 아주 사소한 일들에 관한 걱정이요, 우리가 걱정하는 일의 4%는 우리가 손을 쓸 수 없는 일들에 관한 것이라고 한다. 앞선 통계와 수치는 조금 다르지만, 결론은 대동소이하다. 말하자면 우리가 하는 걱정의 96%는 걱정해봤자 소용 없는 일들이요, 나머지 4%만이 우리가 정말로 걱정해야 하는 일들이라는 것이다.

현명한 사람이라면 우리가 걱정해서 문제를 해결할 수 있는 4%의 걱정거리에 매달려야 한다. 이 4%는 고민하고 방법을 찾고 해결하려고 노력하면 극복할 수 있는 사안이기 때문이다. 그래야 자신에게 닥친 문제를 해결하고 오늘보다 더 나은 내일, 내일보다 더 나은 미래를 맞이할 수 있다.

그런데 대부분의 사람들은 96%의 쓸모없는 걱정을 위해 시간을 허비한다. 꼬리에 꼬리를 무는 그 걱정거리들을 붙들고 어제의 걱정을 오늘 또 하고, 오늘의 걱정을 내일 또 한다. 그렇게 반복적으로 걱정하는 사이에 정말로 걱정해서 해결해야 할 4%의 진짜 걱정거리들은 방치된다. 해결되어야 할 걱정거리가 방치되므로 걱정거리의 총량은 절대로 줄지 않는다. 줄지 않기만 할까? 새로운 걱정거리들이 자꾸 생겨나기 때문에 걱정거리의 총량은 눈덩이처럼 불어난다.

걱정도 습관이다. 이렇게 걱정거리를 눈덩이 굴리듯 키워가기만 하는 사람은 결코 행복할 수 없다. 걱정거리에 짓눌리지 않으려면 걱정거리들을 객관적으로 바라보고, 해결할 수 있는 것과 해결할 수 없는 것으로 나눌 줄 알아야 한다. 걱정은 두려워하거나 걱정한다고 해서 줄어들지 않는다. 쓸모없는 걱정거리는 과감하게 생각에서 지우고, 해결할 수 있는 걱정거리들만 분류해 하나하나 해결해야 줄어든다.

걱정은 '걱정 인형'에게나 줘버려!

'가족과 함께하는 해외여행인데, 비행기 추락 사고가 나면 어떡하지?' '이번 시험을 잘 봐야 하는데, 우리 아이가 시험을 망치면 어떡하지?' '집값이 계속 오를 것 같아 집을 샀는데, 앞으로 집값이 떨어지면 어떡하지?' '곧 인사이동이 있을 텐데, 이번에 승진이 안 되면 어떡하지?'

우리는 하루에도 수십 번 걱정을 하며 살아간다. 걱정의 대상도 다양하다. 건강 문제나 재정 상태, 자녀들의 양육 방식 등 현실적이고 실질적인 것부터, 천재지변이나 교통사고와 같이 예기치 않게 닥치는 것들까지 걱정의 대상은 넓고도 다양하다. 아침에 눈 뜨면서부터 걱정이 시작되고, 저녁에는 걱정 때문에 잠을 못 이루고 뒤척이는 사람도 적지 않다. 이렇게 쓸모없는 걱정을 어떻게 하면 털어버릴 수 있을까?

　애니메이션 영화 「라이온 킹」의 주인공인 어린 사자 심바 곁에는 미어캣 티몬과 멧돼지 품바가 촐랑거리며 따라다닌다. 티몬과 품바는 틈만 나면 노래하며 '하쿠나마타타!'를 외친다. 하쿠나마타타(Hakuna matata)는 영화에서 '근심 걱정 모두 떨쳐버려.'라고 번역되어 있다. 한마디로 '걱정하지 마.' 또는 '다 잘될 거야.'라는 뜻이다. 그래서 '하쿠나마타타'를 외치는 티몬과 품바는 먹을 것을 보면 쫓아가고 틈만 나면 놀고 노래하는 명랑 쾌활한 캐릭터다. 영화 「라이온 킹」이 유행할 때 '하쿠나마타타'라는 말과 영화음악도 함께 엄청난 인기를 끌었다.

　에듀푸어, 하우스푸어, 삼포세대, 오포세대, 88만원 세대, N포 세대 등 각종 고민 키워드에 둘러싸인 현대인들에게 잠깐이나마 미소를 짓게 하는 것이 바로 걱정 인형이다. 걱정 인형은 베개 밑이나 안쪽에 넣어두고 잠들기 전에 걱정거리와 고민을 말하면, 잠든 사이에 걱정과 고민을 가져가 없애준다는 작은 인형이다. 걱정거리를 없애준다니. 아이들뿐 아니라 어른들이 들어도 듬직한 이야기가 아닐 수 없다. 그래서인지 걱정 인형은 우리나라뿐 아니라 세계적으로 사랑을 받고 있다.

　걱정 인형은 중부아메리카의 과테말라에서 오래전부터 전해져온 이야기다. 아이가 걱정이나 공포 때문에 밤에 잠들지 못하면, 할머니나 부모들이 6개의 걱정 인형이 들어 있는 작은 가방이나 나무상자를 아이에게 선물한다. 아이는 잠들기 전에 그 인형을 꺼내어 걱정거리를 말한 후 베개 밑에 넣어둔다. 아이가 잠들면 부모는 아이 몰래 베개 속의 걱정 인형을 치워버린다. 아침에 일어난 아이는 걱정 인형이 없어진 것을 확인한다. 그때 부모는 "네 걱정은 인형이 가져갔단다."라고 말해준다. 아이는 자신이 말한 걱정거리와 함께 인형이 사라진 것을 보고, 다음부터는 걱정 인형에게 걱정거리를 이야기할 때부터 걱정이 없어진다. 걱정 인형이 걱정을 가져가준다는 믿음 때문에 정말로 걱정이 없어지는 것이다.

이런 걱정 인형의 이미지를 모 보험회사에서 차용하여 '○○○ 걱정 인형' 이미지를 광고에 사용했다. 미래의 걱정과 불안을 해소해준다는 보험업의 특성과 걱정 인형의 이미지가 맞아떨어졌기 때문인데, '○○○ 걱정 인형' 이미지를 광고에 사용한 이후 이 보험회사의 브랜드 인지도는 2년 만에 200% 이상 상승했다. 이런 괄목할 만한 성장세는 보험업계에서 유래를 찾아보기 힘들다고 한다.

그런가 하면 이민호, 박신혜, 김우빈 등 청춘 스타들의 대거 출연으로 큰 인기를 끌었던 드라마 「상속자들」에서는 차은상 역의 박신혜가 '드림 캐처(Dream Catcher)'를 걸어두는 장면이 나온다. 나쁜 꿈은 사라지게 하고 좋은 꿈만 꾸게 만든다는 드림 캐처도 걱정 인형과 비슷한 기능을 한다. 드림 캐처의 원형은 거미다. 나뭇가지와 동물의 힘줄, 실을 거미줄 모양으로 엮어 만드는 드림 캐처는 나쁜 꿈은 잡아서 거미줄에 맺힌 이슬처럼 새벽에 떠오르는 태양 빛에 사라지게 하고, 좋은 꿈만 드림 캐처의 작은 구멍을 통해 들어와 잠든 사람에게 깃들게 한다고 한다.

하쿠나마타타 – Don't worry! Be happy!

걱정을 하는 것이 반드시 부정적인 것만은 아니다. 걱정함으로써 미리 준비하고 대비하는 긍정적인 측면도 있기 때문이다. 예측할 수 없는 미래에 대한 걱정 때문에 사람들은 보험이나 연금 상품에 가입하고 재테크를 하고 자기계발을 위해 자신에게 투자하는 것이다. 하지만 걱정은 일반적으로 부정적인 정서를 갖고 있어 창의력과 문제해결 능력을 저하시키기 때문에, 불필요한 걱정은 털어버려야 한다.

걱정을 털어내기 위해서는 무엇보다 걱정거리와 주변 현실을 객관적으로 평가해보는 자세가 중요하다. 불필요한 걱정이 대부분이고 4~8%만 해결할 수 있는 걱정이기 때문에, 이 고민이 과연 고민하면 해결될 수 있는 것인가를 판단하라는 것이다. 판단하는 방법은 간단하다. 고민거리를 글로 기록한 다음 객관적인 시선으로 분석해보면 된다. 만일 혼자서 해결할 수 없는 문제이거나 해결 가능 여부를 스스로 파악할 수 없을 때는 조언을 받을 수 있는 사람들에게 적어놓은 글을 보여주거나 솔직하게 털어놓아 보자. 사람들은 누구나 자신의 일에는 주관적으로 판단하기 때문에, 다른 사람들이 바라보면 뜻밖의 해결책이 나올 수도 있다. 중요하고 심각한 걱정거리라면 조언 외에도 가능한 한 많은 자료를 이용해 깊이 연구해보고 해결책을 찾아야 한다.

무언가 걱정되거든 제일 먼저 해야 할 작업은 과연 이 걱정거리가 내가 걱정하면 해결되는 문제인가의 여부다. 걱정거리임은 분명한데 내가 어떻게 할 수 없는 것이라면, 일단 털어버리려고 의도적으로 노력해보자. 고민을 털어버리는 일, 마음속의 상념을 털어버리는 일, 주변 사람들의 평가에서 초연해지는 일 등은 일종의 해탈이다. 그러니 털어버리고 싶다고 바로 털어지는 것이 아니라 스님들이 오랜 면벽수행이나 묵언수행을 통해 해탈하는 것처럼 지속적인 훈련이 필요하다. 아무리 큰 고민거리라도 절대로 해결될 수 없는 문제라면 털어버려야 한다. 털어내도 자꾸 걱정이 된다면 하는 수 없다. 긍정적인 마음으로 세상을 보면서 외쳐보자.

"걱정하지 마. 다 잘될 거야, 하쿠나마타타!"

결심을
방해하는 말

네가 뭘 할 수 있겠어! 언제까지 끊나 보자!

전인지라는 탤런트는 술을 자주, 즐겨 마시는가 보다. 모 방송 프로그램에 나와서 "나는 변하고 싶은데 가족들의 고정관념 때문에 약이오를 때가 있다. 나는 술을 끊겠다고 말해도 '언제까지 안 먹나 보자.'하며 부정적인 시선으로 나를 바라본다."라고 해서 웃은 적이 있다.

결심을 방해하는 심리학적인 원인들 중에는 말도 한몫을 한다. 말이라는 것은 사람의 자존심과 기를 살리기도 하고, 결심 달성을 방해하기도 한다.

"말 한마디로 천 냥 빚을 갚는다."는 말이 있는가 하면 '언중유골(言中有骨)', '언어폭력'이라는 말도 있다. 말을 잘하면 상대방을 변화시킬 수도 있고 사람을 살릴 수도 있으며, 상대방의 호의를 이끌어낼 수도 있다. 반대로 말에는 뼈와 가시가 있어 상대방을 찌르기도 하고, 상대 방에게 상처를 주기도 하며, 사람을 죽이기도 한다. 무심코 던진 한마 디 말이나 야유, 비난이나 분노, 질타 등은 사람의 결심을 좌절시키기 도 한다.

"네가 뭘 할 수 있겠어?"

"담배를 끊을 수 있겠어?"

"네가 빵이랑 밥, 면류를 안 먹고 탄수화물 중독을 극복한다고? 차 라리 코끼리가 다이어트해서 바늘구멍을 빠져나가는 게 빠르지. 웃기 지 마!"

"넌 안 돼!"

자존심을 건드리는 이런 말들은 듣는 사람을 다치게 한다.

인간이란 자존심에 예민한 존재다. 지렁이도 밟으면 꿈틀 한다고 한다. 하물며 자존심에 민감한 사람들이 자존심 상하는 말을 듣고도 아무렇지 않을 리 없다.

직장상사나 오너, 직위가 높은 사람들, 고객들의 막말 역시 예외가 아니다. 2015년, 유달리 소위 '갑질'이라고 불리는 많은 일들이 보도 되어 수많은 '을'들을 격분시켰다. 부하직원들을 모독하고 폭행하는 것은 물론, 고객이 종업원들을 필요 이상으로 부려먹거나 별것 아닌 일로 무릎을 꿇게 하고 울리고 뺨을 때리고 폭행하는 일도 많았다.

대외적으로 불거지는 사건도 물론 있지만, 눈에 보이지 않는 수많 은 막말과 은근히 상처 주는 말, 자존심을 건드리는 말, 결심을 무너뜨리는 말을 들은 상대는 어떻게 할까? 상처를 받은 사람들은 대부분 마음속에 그 아픔과 분노 또는 꽁한 마음을 숨겨두었다가 기회가 되면 보복을 한다. 학창시절에 자신을 괴롭힌 사람을 성인이 되어 찾아가 폭행하거나 살해하여 기삿거리가 된 예도 있지만, 대부분 소심한 보복을 한다.

방송인으로 유명한 요리연구가 빅마마 이혜정은, 남편이 자존심을 상하게 하면 농약 묻은 고추를 그냥 식탁에 올린다고 한다. 아무것도 모르는 남편이 씻지 않은 고추를 먹는 것을 보고 속으로 고소해하면서 카타르시스를 느끼는 것이다. 그런가 하면 어떤 아내는 남편에게 화가 나면 남편보다 먼저 일어나 세수를 하고 발까지 닦은 수건을 깔끔하게 펴 수건걸이에 도로 걸어놓기도 한다. 발 닦은 수건으로 남편이 세수하고 얼굴을 닦는 것을 보며 통쾌해하는 것이다.

나르시즘을 다친 사람이 적극적으로 공격하는 것이 아니라 소극적으로 공격하는 수동공격적인 행위들이 나타나는 것이다. 이런 성격을 수동공격성 성격(passive aggressive personality)이라고 하는데, 이 또한 반복되면 병이다.

이 정도 쯤이야 이야기를 듣는 사람들이 킥킥 웃을 정도의 소심하고 귀여운 복수이지만, 본인은 그런 행동을 함으로써 카타르시스를 느끼고 스트레스를 해소하기도 한다.

네가 그런다고 내가 좌절할 것 같아! 난 한번 한다면 하는 사람이라고!

에너지 뱀파이어는 결심 달성의 훼방꾼이다

말이나 행동으로 상대에게 나쁜 영향을 미치는 사람을 에너지 뱀파이어라고 한다. 뱀파이어(vampire)는 사람의 정기나 피를 빨아먹는 귀신, 즉 흡혈귀를 말한다. 「트와일라잇」, 「뱀파이어」, 「브레이킹던」, 「뱀파이어 다이어리」 등 영화를 보면 뱀파이어에게 물린 사람은 반드시 그 영향을 받는다. 좀비가 되거나 같은 뱀파이어가 되거나 죽는 것이다. 실제로 뱀파이어를 만난다면… 생각만 해도 오싹한 일이다.

그런데 우리 주변에는 에너지 뱀파이어가 의외로 많다. 에너지 뱀파이어는 계속 짜증을 내거나 화를 내고 불평하고 하소연하면서 상대방을 지치게 만드는 사람들을 말한다. 그 상대방은 기분이 나쁘고 지치고 업무효율이나 성적이 떨어지고 피곤하다. 에너지 뱀파이어들이 있는 조직은, 그들이 근무시간에 불평하고 나태할 뿐 아니라 옆에 있는 사람들의 능률까지 떨어지게 만들기 때문에 성과가 30% 이상 하락한다고 한다.

에너지 뱀파이어는 사람들의 피가 아니라 에너지를 빨아먹는다. 그러니 나를 직접적으로 괴롭히지 않더라도 같은 공간에 있다는 사실만으로도 피곤해지게 마련이다. 에너지 뱀파이어는 불평과 불만을 터뜨리고, 상황에 상관없이 자신은 늘 피해자이며, 자신감도 능력도 없으면서 쓸데없는 자존심은 강하고, 그래서 열등감이 크다.

에너지 뱀파이어, 에너지 흡혈귀라는 용어를 처음 사용한 사람은 UCLA의 의과대학 정신과 임상교수 주디스 올로프다. 그는 자신의 저서 『포지티브 에너지』에서 독이 되는 사람을 가까이하면 풍선에서 바람 빠지듯 에너지를 뺏기게 되는데, 이 사람들이 바로 '에너지 뱀파이어(energy vampire)'라고 명명했다.

에너지 뱀파이어는 해결책을 제시해주어도 불평을 멈추지 않고 계속 우는 소리를 하며 눈물샘을 자극한다. 어떤 사람이든 어떤 일이든 좋게 말하는 법이 없으며, 항상 남 탓을 한다. 자신의 문제조차 자신이 해결하는 것이 아니라 남들에게 해결을 부탁하기 때문에, 그 사람의 요청을 들어주다가는 자신의 업무를 제대로 마치지 못한다. 에너지 뱀파이어는 다른 사람을 배려하지 않을 뿐 아니라 가시 돋친 말을 함으로써 상대방의 기분을 상하게 한다.

주디스 올로프는 그의 저서에서 에너지 뱀파이어의 유형을 네 가지로 분류했다.

첫째, 항상 불평불만을 하면서 징징대는 눈물샘 자극형, 사소한 일도 힘든 척하며 엄살 부리는 엄살대장형.

둘째, 남 탓을 하면서 타인에게 죄책감을 느끼게 하는 네탓이오형.

셋째, 늘상 도와주어야만 하는 도와줘요형.

넷째, 가시 돋친 말로 상대를 공격하는 도끼 혓바닥형.

어느 스타일의 에너지 뱀파이어건, 주변에 그런 사람이 있으면 최대한 몸조심을 하고 볼 일이다. 잘못 건드리거나 잘못 걸렸다가는 계속 장단을 맞춰주자니 내가 힘들고, 무시하자니 상대가 분노해서 어떤 공격을 해올지 모르기 때문이다. 그리고 혹시라도 내가 정작 에너지 뱀파이어 역할을 하는 장본인은 아닌지도 되돌아보자.

다른 사람의 결심을 무너뜨리는 성격

자신 있게 말하지도 못하면서 타인들의 일을 방해하는 사람들이 있다. 기업이든 조직이든 부부관계든 가족관계든 간에, 누가 뭘 좀 하려고 하면 은근히 방해하고 공격하는 성격들이 따로 있다. 이런 성격을 수동공격성 성격이라고 하는데 이것도 지나치면 병이다.

수동공격성 성격장애(passive aggressive personality disorder)는 적대감과 공격충동을 느끼면서도 감정을 직접 표현하지 못하고 수동적인 형태로 공격하는 성향을 말한다. 예를 들어 수동공격성 장애를 갖고 있는 운동선수가 불만이 있을 경우, 고의적으로 공격을 늦추거나 수비 실수를 하는 식으로 피해를 끼친다. 대놓고 공격하지 못하는 대신 수동적으로 저항하는 것이다.

누군가가 수동공격성 인격을 갖게 되는 이유는, 본인에게 있는 것이 아니라 대부분 부모와의 관계 때문이다. 가부장적이고 엄격한 데다가 완벽주의자인 부모 밑에서 자랐거나 부모의 사랑과 관심을 받지 못하고 자란 경우, 서로 사이가 안 좋거나 자주 다투는 부모 밑에서 자란 아이들 중 일부가 원만한 성격형성을 하지 못하고 수동공격성 성격장애를 갖게 된다.

수동공격성 성격장애를 가진 사람들은 직장에서나 사회생활에서 자신이 맡은 일을 잘 해내지 못해서 전체적인 능률을 떨어뜨린다. 해야 할 일을 잊거나 비능률적으로 행동하고 고집을 부리기도 하며, 어려운 일이 생기면 남 탓을 하는 경향이 있다. 미래에 대해서도 부정적으로 생각하고, 업무를 할 때나 동료들과의 관계에서도 일관성이 결여된 경우가 많다. 그뿐 아니다. 사람들과의 관계에 어려움을 느껴 직접 대면하는 것을 싫어하고, 규칙과 상하관계에도 반감이 많다. 또 불평불만을 늘어놓기 좋아하고 따지기 좋아하고 비판적이다.

그런데 사실 위에 나열한 특성 중 몇 가지쯤 가지고 있지 않은 사람은 없다. 그렇다면 나도 혹시 수동공격성 장애는 아닐까?

다음 제시문을 읽어보고, 일곱 개 항목 중에서 네 가지 이상에 해당한다면 한번쯤 의심해볼 필요가 있다.

□ 의례적인 사회적·직업적 업무를 수행할 때 은근히 저항하는 편이다.

□ 운전할 때 누군가 부당하게 앞지르면 쫓아가 상대방의 운전을 살짝 방해한다.

□ 억울한 일이 있으면 반드시 보복하려고 하며, 평소 무뚝뚝하고 논쟁적이다.

□ 권위 있거나 권위적인 인물에 대해 비이성적인 비판이나 비난을 한다.

□ 자신보다 운 좋은 사람들에 대해서는 질투와 분노를 느낀다.

□ 개인적인 불운에 대해 과장되게 말하고 계속 불평한다.

□ 적대적인 반항과 회개를 반복한다.

좋은 에너지를 지닌 사람과 어울리면 긍정 에너지가 강화되어 서로를 좋은 운명으로 이끈다고 한다. 하지만 스스로 불행하게 생각하고 부정적인 에너지를 지닌 사람은 상대에게 상처 주는 말을 하거나 의도와 무관하게 상처를 입히곤 한다. 남에게 주는 상처는 사라지는 것이 아니라 상처를 받은 사람의 내면에 똬리를 틀고 있다가 어떤 계기가 생기면 표면으로 튀어나온다. 자신이 주었던 상처가 부메랑이 되어 돌아오는 것이다. 사람들과 어울려 생활할 때는 자신이 혹시 에너지 뱀파이어 역할을 하고 있지나 않은지, 나르시시스트가 되어 주변 사람을 괴롭히지나 않은지, 수동공격성 성격장애로 남에게 피해를 주고 있지나 않은지, 내 입에서 나온 말이 칼날이 되어 남을 겨누고 있지나 않은지 잘 살펴볼 일이다.

선과 악?
심리학적 오류들

자라 보고 놀란 가슴 솥뚜껑 보고도 놀란다

오늘 어떤 목표를 세웠는데 좌절했을 경우, 어떤 사람들은 그 실패를 다른 데까지 연결시킨다. 과잉일반화의 오류를 범하는 것이다.

오늘부터 담배를 끊으려고 했는데 유혹을 참지 못하고 담배를 피웠다고 해서 인생까지 실패하는 것은 아니다. 최선책이 통하지 않았으면 차선책을 택하면 된다.

과잉일반화의 오류는 논리학의 오류 중 하나로, 단 몇 개의 데이터를 가지고 지나치게 큰 범위에 대해 잘못된 판단을 내리는 경우를 말한다. 일부의 공통점만 보고 전체를 판단하는 오류다. 사람들은 보통 자신의 개인적인 경험을 통해 가치관을 형성한다. 그리고 경험하거나 배운 것을 다른 상황에도 적용하려는 경향이 강한데, 이런 현상을 '일반화'라고 한다. 과잉일반화의 오류는 이 '일반화' 과정이 잘못되어 있다. 한두 개의 사건만으로 일반적인 결론을 내린 후, 그 상황과 무관한 사건에도 같은 결론을 적용시키기 때문이다.

과잉일반화의 오류를 몇 가지 들어보자. 어떤 여자가 연인에게 헌신적인 사랑을 주고 돈도 빌려줬는데 두세 번 배신을 당했다 치자. 그러면 그 여자는 '남자란 존재는 전부 믿지 못할 도둑놈들'이라고 생각하게 된다. 자신이 사귀었던 두세 남자들의 특성을 전체 남자들의 특성으로 확대해석하는 오류를 범하는 것이다. 귀납적인 추리를 하거나 더 많은 사례를 통해 공통점을 찾아 일반화하는 것이 아니라, 두세 번의 경험이나 일부 사건만으로 전체 남자들을 판단하는 것이다.

두세 명의 여학생에게 데이트 신청을 했다가 거절당한 남학생이 자신감을 잃고 '나는 여학생들에게 항상 거절당해왔어. 여학생들은 전부 나를 싫어해.'라고 생각하는 것도 과잉일반화다. 사업에 몇 번 실패한 사람이 '어떤 사업을 하든, 내가 아무리 노력해도 나는 사업에 또 실패하게 될 거야.'라고 생각하는 것도 마찬가지다. 이렇게 과잉일반화의 오류를 범하는 사람은 대인관계가 원만하지 않게 된다. 한두 명에게서 비난을 받으면 모든 사람이 나를 적대시한다고 생각하고, 자신의 기사에 달린 악플 몇 개를 읽은 연예인이 과잉일반화를 하면 대중들은 스스로를 전부 싫어한다고 생각하게 된다. 이렇게 과잉일반화의 오류를 범하게 되면 한두 번의 경험 때문에 모든 이성에 대한 분노 감정을 지니게 되거나, 불안장애 등 심리적인 고통을 겪게 되기도 한다.

섣부른 예단과 흑백논리적 사고

과잉일반화의 오류 외에도 우리는 살아가면서 여러 가지 오류를 범한다. 예를 들어 어떤 사람이 굉장히 큰 잘못을 저지르면 우리는 그 사람을 '죽일 놈'이라고, 섣부른 예단을 한다. 특히 사회적인 분노를 일으키는 성범죄자나 살인자, 아동학대 등 범죄자들에게는 국민들 모두 분노하며 인터넷에 '사형시켜라.', '사람도 아니다.' 등의 온갖 험한 말을 퍼붓는다. 그런데 기자들이 동네에 가서 주민들과 인터뷰를 하면 자주 나오는 이야기 중 하나가 바로 "착해요. 법 없이도 살 사람이었어요. 그 사람이 이런 범죄를 저지르다니 믿어지지 않아요."라는 것이다. 반대로 첫인상이 좋다는 이유만으로 평생 상대에게 호감을 갖거나, 골목길을 청소한다는 이유로 정말 훌륭한 사람으로 생각하는 경우도 많다.

우리가 흔히 범하는 오류 중에는 세상을 오직 흑백논리로만 판단하는 흑백논리적 사고도 있다. 이것 아니면 저것일 뿐, 중간을 인정하지 않는 것이다. 결심을 했으면 성공 아니면 실패요, 사람들은 나를 싫어하든지 좋아하든지 둘 중 하나고, 마음에 드는 이성과는 사귀든지 헤어지든지 둘 중 하나다. 하지만 흑과 백 사이에는 회색지대가 있다. 마음에 드는 이성과 사귀지 않더라도 친구로 지낼 수 있으며, 지금 당장 실패한 결심도 나중에 다시 도전해 성공시키면 된다.

H 군은 경비실 앞을 지나갈 때마다 기분이 나쁘다. 경비 아저씨가 자신을 보고 웃지 않기 때문이다. 경비 아저씨가 마주치는 모든 입주

민들에게 웃어 보일 수는 없다. 오히려 웃을 때보다도 중립적인 표정을 지을 때가 더 많다. 그런데도 H 군은 웃으면 자신을 좋아하는 것이고, 웃지 않으면 자신을 싫어하는 것으로 생각한다. 이 또한 잘못된 오류다.

독심술적 오류와 예언자적 오류

다른 사람의 마음을 제대로 읽지 못하고, 마치 독심술사나 된 양 충분한 근거 없이 자기 마음대로 추측하고 단정하는 것을 독심술적 오류라고 한다. 인기를 끈 TV 시리즈 「응답하라 1988」에 대표적인 독심술적 오류가 등장한다. 공부 잘하는 전교 학생회장 선우가 덕선의 집에 자꾸 찾아와 물건을 빌려간다. 분식집에서 라면을 사주거나 어깨를 짚기도 한다. 그러자 덕선과 친구들은 선우가 분명히 덕선을 좋아한다고 확신한다. 하지만 선우가 좋아하는 사람은 덕선의 언니, 연상의 대학생 보라다.

독심술적 오류를 범하는 사람들은 자신이 눈치가 빠르고 타인의 마음을 정확하게 들여다본다고 믿는다. 예를 들어 김 부장이 자신을 바라볼 때마다 눈을 찡그리는 것을 본 이 대리는 김 부장이 분명 자신을 싫어한다고 판단한다. 그래서 자신도 내심 김 부장을 싫어하게 되고, 김 부장이 시키는 일은 왠지 열심히 하지 않게 된다. 그리고 인사발령 때 보니 아니나 다를까 자신은 승진에서 누락되었다. '역시 김 부장이 나를 싫어하고 있었어! 열심히 해봤자 승진됐을 리가 없지.'라는 결론을 내린다. 하지만 사실 김 부장은 안구건조증과 노안 때문에 눈을 찡그린 것이었는데, 이 대리가 지레짐작으로 인사고과를 잘 받지 못할 정도로 대충 일한 것이다.

예언자적 오류는 충분한 근거 없이 미래에 어떤 부정적인 일이 일어날 것이라고 확신하는 오류다. 예를 들어 K 양은 미팅에 나갈 때마다 이상한 파트너를 만난다고 철석같이 믿고 있다. 이른바 '폭탄 파트너'를 몇 차례 만난 기억 때문이다. 그래서 아예 미팅에 나가지 않는다. 그런데 황당한 것은 그런 이유로 미팅에 나가지 않기 때문에, 정말로 좋은 파트너를 만날 기회를 놓친다는 사실이다. 물론 본인은 이런 사실을 알지 못한다.

이런 오류는 경솔하거나 교육수준이 낮거나 나이가 어린 사람만 겪는 것이 아니다. 교육수준이나 지능지수, 남녀노소를 가리지 않는다. 매우 철저한 논리학자도 사적인 부분에서는 이런 오류를 얼마든지 범할 수 있다.

과잉일반화의 오류는 바보와 같다

어느 동네에 바보가 살았다. 친구들이 걸핏하면 바보를 놀리고 때렸다. 아들이 하도 맞고 다니니 아빠가 바보를 위로하기 위해 "맞는 사람보다 때리는 사람이 더 아픈 거야."라고 조언했다.

그러자 바보가 "어떻게 그래요? 친구가 때리면 내가 아파요." 했다.

아빠가 "그럼 네가 아빠를 한번 때려보렴." 하고 말해놓고, 방바닥에 손을 펼쳤다. 그리고 아들이 때리려고 할 때 방바닥의 손을 얼른 치웠다.

"아야!" 방바닥을 때린 아들이 비명을 지르자 아빠가 말했다.

"봐라, 맞은 아빠는 안 아픈데 때린 네가 아프잖아."

"아하! 그렇구나."

바보는 신이 나서 다음 날 학교에 가서 친구들에게 때리라고 했다. 그리고 자신의 손바닥을 얼굴 위에 올려놓았다. 친구가 '이 녀석이 왜 이러나.' 싶어서 망설였지만 때리라고 하니 때릴 수밖에. 친구가 세게 때릴 때, 이 바보는 얼른 손을 치웠다. 당연히 얼굴을 정통으로 맞아 다른 때보다 훨씬 더 아프고 코피까지 났다.

바보의 이런 행동이 어리석다는 것은 누구나 다 안다. 보통 사람이라면 절대 그런 행동을 하지 않는다. 하지만 사실은 자신도 모르게 바보와 똑같은 행동을 하는 사람이 많다. 결심에 한두 번 실패했다고 해서 과잉일반화의 오류를 범하는 것은, 바로 바보가 한 행동과 한 치도 다름이 없는 행동이다.

과잉일반화의 오류는 우리 대부분이 한두 번 경험하는 흔한 일이다. 하지만 과잉일반화의 오류를 자주 범하게 되면 삶에 대해 지나치게 부정적으로 해석하게 된다. 실연 몇 번 당하면 세상 모든 이성이 나를 싫어하고, 사업 두어 번 실패하면 평생 사업해도 절대 성공할 리 없는 사람이 되고, 누군가 나를 비난하면 세상사람 모두가 나를 비난한다고 생각하는데, 그 사람의 삶이 과연 행복하고 긍정적일 수가 있을까? 그런 사람들은 결심중독에 빠질 가능성이 높다.

과잉일반화가 습관으로 굳어지면 작은 상처도 크게 받아들이고, 아직 결과가 나오지 않았는데도 미리 부정적으로 판단해버린다. 객관적인 관점에서 보면 아무런 문제가 없는 사건도 혼자서 부정적으로 일반화하기도 한다. 예를 들어 외국어고등학교를 거쳐 명문대 진학을 목표로 공부하던 중학생이 영어시험을 망쳐 목표했던 외고에 진학하지 못하게 되면, 과잉일반화의 오류를 범한 학생은 인생이 끝났다고 생각한다. 하지만 오류에 빠지지 않고 올바른 판단을 내리는 학생이라면 실패를 받아들이고 절치부심 노력해 새로운 목표를 설정하고 그 목표를 향해 저돌적으로 돌진한다.

논리 구조가 잘못된 과잉일반화의 오류는 결심중독자들에게도 나타난다. 한두 번 실패하면 전체가 다 실패한 것이 되고, 앞으로도 실패할 것처럼 되어버리는 것이다. 과잉일반화의 오류 중 대표적인 것이 '자라 보고 놀란 가슴 솥뚜껑 보고 놀라는' 현상이다. 자라를 보고서 한 번 놀랄 수는 있다. 그러나 솥뚜껑을 보고 자라를 본 것처럼 흠칫 뒤로 물러서거나 도망갈 것이 아니라, 자라를 관찰해보고 뒤집어보고 자라의 습성을 연구해보면 그만이다. 그것을 보고 놀랄 일이 무엇이란 말인가? 실패도 마찬가지다. 한 번 실패했다고 놀라서 다음부터 결심 자체를 회피해서는 안 된다.

빅데이터를 활용하라

빅데이터 분석은 무의식의 설문조사

요즘 빅데이터 분석이 다양한 분야에 활용되는 추세다. 빅데이터 분석을 활용하면 기존의 데이터를 넘는 새로운 가치를 볼 수 있다. 빅데이터 전문가 송길영에 따르면 빅데이터로 분석하면 커피 한 잔의 의미도 달라진다. 커피는 단순히 커피콩으로 만든 음료에 그치는 것이 아니라 심리적인 가치도 있다. 그래서 사람들은 집에서 인스턴트 커피를 마시는 것이 아니라 굳이 스타벅스나 카페베네를 찾아가 아메리카노를 테이크아웃한다. 시간대에 따라 커피를 마시는 심리적인 이유도 달라진다. 아침에 마시는 커피는 정신 차리고 하루를 시작하기 위한 생존의 커피요, 오후 1시에 마시는 커피는 직장생활을 하는 것에 대한 자랑질의 의미요, 4시에 마시는 커피는 업무 중에 잠깐 짬을 낸 상사 뒷담화용 매개체가 된다.

빅데이터는 실시간으로 발생하는 방대한 양의 비정형화된 데이터다. 방대한 자료를 이용해 다양한 분석을 할 수 있기 때문에 요즘은 결심할 때도 빅데이터 분석을 활용한다.

빅데이터가 주목받게 된 배경에는 스마트폰 보급이 있다. 빅데이터 분석을 흔히 '무의식의 설문조사'라고 하는 이유는 사람들의 무의식적인 소비 형태나 행동을 대량의 데이터를 분석하면 도출해낼 수 있기 때문이다. 모바일 환경이 발달하면서 인터넷 접근성이 대폭 좋아지고, 사물인터넷 등을 통해 사람과 사물, 사람과 사람, 사물과 사물 간의 연결이 급증하면서 데이터의 양적 폭발이 일어났기 때문이다.

빅데이터를 분석하면 사람들의 심리 흐름을 알 수 있다. 심리를 알면 어떤 행동으로 이어질지 동기를 찾을 수 있고, 행동을 지속할 이유를 찾을 수 있다. 그래서 인터넷에서 우리가 무엇인가를 사면 아무런 조작을 하지 않아도 연관 있는 추천 상품이 배경화면에 배치된다. 서적도 마찬가지다. 책 한 권을 주문하면 해당 책을 주문했던 고객들이 함께 구입한 책 목록까지 화면에 배치된다.

사람들의 심리 흐름은 이렇다. 어떤 음식이 어떤 건강에 좋다고 하면, 그 음식을 그다지 좋아하지 않아도 건강을 위해 지속적으로 먹을 수 있다. 고삼차나 미나리 생즙이 맛있어서 꾸준히 먹는 사람은 없을 것이다. 그러나 그런 사람들의 심리를 분석하면 특정 물건이나 음식을 사람들이 구입하도록 부추길 수 있다. 소비의 방향을 바꿀 수 있게 되는 것이다.

예를 들어보자. 블루베리에 항산화물질이 풍부해 건강에 좋다는 빅데이터를 활용해 블루베리보다 오디가 더 좋다고 분석을 한다면, 사람들로 하여금 오디를 먹게 하는 데 큰 도움이 될 것이다. 또 빅데이터 분석은 어떤 정보에 가치와 의미를 더 많이 부여할 수 있게 한다. 삶의 의미와 결심의 의미도 달라질 수 있다. 예를 들어 몸무게와 키와 급여의 관계, 몸무게와 승진의 관계 같은 것을 분석해 결과를 내놓으면 그 자료를 보고 자극을 받은 사람들이 외모에 좀 더 신경을 써야겠다는 식으로 반응이 온다. 취업면접을 볼 때는 어떤 색깔의 옷이 더 성공적이다라는 식의 빅데이터가 나올 수 있다.

빅데이터는 사람들이 결심할 때 중요한 결정 변수가 된다.

소비자의 결심은 빅데이터에 담겨 있다

빅데이터를 잘 가공하면 마케팅에도 활용할 수 있다. 예를 들어 보험 가입을 망설이는 소비자들에게 보험 상품이나 연금 상품에 가입한 사람의 삶의 질과 그렇지 못한 사람의 삶의 질을 빅데이터 분석을 통해 제공하면, 그 자료를 접한 사람들은 접하지 않은 사람들보다 보험 가입률이 훨씬 높아진다. 음식도 마찬가지다. 빅데이터를 활용해 음식 데이터를 제공하면 구매욕구를 불러일으키는 데 큰 도움이 된다.

빅데이터로 분석하면 화장품이 잘 팔리는 시간을 분석할 수도 있다. 송길영 빅데이터 전문가에 따르면 화장의 의미도 달라진다.

여자들이 화장을 하는 목적은 더 예뻐지고 남들에게 아름다워 보이기 위한 것이기 때문에, 보통은 아침 출근 시간이나 낮에 외출할 때 화장을 할 것이라고 판단한다. 하지만 좀 더 깊이 파고들어 그 심리적 이유를 살펴보면 시간대별로 화장하는 이유가 조금씩 다르다는 사실을 알 수 있다. 아침에 하는 화장은 사회생활에서 생존하기 위한 화장이요, 퇴근 시간이나 밤 시간대에 하는 화장은 이성과 사회적 평가를 위한 화장이다. 그런데 아침도 아니고 퇴근 시간도 아닌 밤 10시에 홈쇼핑 화장품이 잘 팔린다. 그 이유가 무엇일까? 왜 그 늦은 시간에 화장을 하고자 하는 걸까? 바로 셀프카메라를 찍기 위해서다. 이런 심리를 간파한다면 소비자의 결심을 이끌어내는 데 훨씬 더 도움이 된다.

그 외에도 빅데이터 분석은 다양한 방면에서 활용된다. 약국이나 병원의 데이터를 활용해 전염병을 미리 예측하기도 하고, 달리는 자동차에 센서를 부착해 자동차의 움직임을 통해 도로가 얼마나 파손되었는지 데이터를 수집·분석해 도로의 포트홀 예방에 활용하기도 한다. 신용카드를 사용하는 사람들의 구매내역을 분석해 카드 사용 패턴 데이터를 토대로 유익한 정보를 제공하기도 하고, A제품을 산 사람은 B제품도 구입했다는 식의 자료를 수집·분석하면 백화점이나 할인마트의 상품을 더욱 효율적으로 진열하는 것이 가능하다.

빅데이터는 현재 정치·사회·경제·스포츠 등 각 분야에 활용되는데, 그중에서도 기업이 빅데이터 활용에 가장 적극적이다. 앞에서 언급한 것처럼 빅데이터 분석을 활용해 다양한 마케팅을 함으로써 수익을 높이기 때문이다. 세계적인 인터넷 서점 아마존에서도 빅데이터를 적극적으로 활용해 데이터 분석에 기반한 마케팅을 적극적으로 추진 중이다. 특정 책을 구매한 사람이 추가로 구매할 것으로 예상되는 도서 추천 시스템을 개발한 것이 그런 사례다. 전 세계적으로 하루 40억 회 이상 동영상이 검색되는 유튜브에서도 빅데이터를 활용한다. 유튜브에 접속하면 자신이 좋아할 만한 영상들이 맨 앞에 배치된다. 바로 빅데이터를 활용해, 유튜브에 접속한 사람이 영상을 하나라도 더 보도록 개발한 것이다.

빅데이터 활용은 통계생산뿐 아니라 경제사회 분야는 물론 우리 생활을 전반적으로 크게 바꿔놓는 중이다. 인터넷 검색결과를 분석해 독감 유행을 사전에 예측하고, 추석 귀향길에 다양한 분야에서 수집한 교통정보를 활용해 막히지 않는 도로를 알려주기도 한다.

빅데이터란 단순히 다량의 데이터를 의미하지 않는다. 빅데이터는 기존에 주로 사용되던 문서 형태가 아니라 동영상, 음성, 사진, 위치정보 등 여러 형태의 정보로 이루어진다. 따라서 그 정보의 양이 너무나 많아 기존의 방법으로는 데이터를 검색하고 모으고 저장하고 분석하는 데 한계가 있다. 따라서 이러한 빅데이터를 효과적으로 활용하기 위한 연구가 활발히 진행 중이다.

점심(點心)은 원래 아침과 저녁 사이에 먹는 간단한 음식을 말하며, 중국에서 유래한 말이다. 그래서 점심을 광둥어(廣東語)로 읽으면 딤섬이 된다. 딤섬은 중국 광둥요리 중 하나로 밀가루 또는 메밀가루를 반죽하여 얇게 민 피에 속을 채워 찌거나 기름에 튀겨 먹는 일종의 만두다. 유래로 따지면 점심은 아주 간단히 먹는 요깃거리인 셈인데, 아침을 거르거나 간단하게 먹고 집을 나서는 사람이 많은 우리 한국인들에게는 점심이 오후 내내 일할 에너지를 주는 제대로 된 끼니가 되는 경우가 많다. 그래서 학생들이나 직장인들에게 점심은 의미가 크다. 이 점심을 빅데이터로 분석하면 흥미로운 결과가 나온다.

2015년 〈세계일보〉가 신한카드 빅데이터 센터와 취업포털 잡코리아에 의뢰해 빅데이터와 설문으로 직장인의 점심시간을 분석했다. 젊은 세대는 햄버거를 좋아하고 남성은 해장음식, 여성은 카페로 몰리는 등 나이와 성별에 따라 선호가 달랐다. 직장인 10명 중 7명은 점심시간이 부족하다고 답변했으며, '점심에 뭐 먹을까.'는 직장인들의 큰 고민거리 중 하나다.

또 하나 예를 들어보자. 홈쇼핑에서 갈비나 삼겹살은 오후 5~6시에 잘 팔린다. 저녁시간이 다가오니 슬슬 배가 고파질 것이고, 가정주부 입장에서는 곧 가족들이 귀가할 것이고, 직장인들의 경우에는 퇴근시간이 되므로 주문을 위해 전화를 할 가능성이 높다. 짜장면 이야기를 하면 점심은 짜장면을 먹을 가능성이 높다. 갈비를 팔고 있으면 그 갈비가 의사결정에 영향을 미친다. 이런 현상을 인쇄효과(print effect)라고 한다. 직전의 어떤 사건이 바로 결심과 행동으로 이어지는 현상이다.

사람은 무의식적인 존재다

사람들은 합리적으로 결심하는 존재가 아니다. 사람이 얼마나 무의식적인 존재인지를 알게 해준 네덜란드 암스테르담 공항의 일화를 소개한다.

암스테르담 공항의 남자 화장실 관리자들은, 남자들이 소변기 사용을 잘못해 더러워지자 남자의 본성을 이용하기로 했다. 남자들은 원래 목표지향적인 본능이 강한데, 남자 소변기에 파리를 그려놓으면 남자들이 무의식적으로 파리를 겨냥할 것이고, 결국 화장실이 깨끗해질 것이라는 가설을 세웠다. 그 결과 남자들은 무의식적으로 자신도 모르게 파리를 집중 공략하느라 소변을 흘리지 않게 된다는 것이 실제 활용 결과 사실로 드러났다. 전자 감응 장치로 분석해보니 소변 적중률이 80% 이상 높아졌다.

이런 현상을 넛지(nudge)라고 한다. 즉 팔꿈치로 툭 치기만 해도 사람을 움직일 수 있다는 것이다.

무의식이 사람을 움직이는 현상을 이용한 예 가운데 하나가 스페인의 장기기증이다. 『넛지』에 나오는 이야기인데, 스페인에서는 온 국민이 의무적으로 장기기증을 하게 하고 장기기증을 하기 싫은 사람에게는 서류를 제출하도록 했다. 사실 공공기관에 서류 하나를 제출하는 것은 경우에 따라 굉장히 귀찮은 일이 될 수 있다. 그 결과 스페인에서는 국민 대부분이 무의식적으로 장기나 조직 기증을 하는데, 우리나라는 그에 반도 되지 않는다.

결심은 무의식적인 것을 끌어와 의식적으로 만들어주는 것이 중요하다. 무의식적인 욕망이나 의지를 의식적으로 끌고 와서 구체적인 계획을 세우고 자연적으로 몸에 배게 하면서 습관으로 나타나게 됐을 때 성공하는 것이다.

지나치게 많은 정보는 오히려 결심을 방해한다

　정보가 유력한 자원이 되는 정보사회에서는 산업구조 역시 정보산업 중심으로 변화해가고 있으며, 기업들 역시 정보화를 내세우고 있다. 이에 따라 인터넷·전자우편 등 컴퓨터를 통한 정보업무 처리량이 폭증해 직장인들이 심한 정신적·육체적 스트레스와 피로감에 시달리고 있다. 또 컴퓨터 사용 능력이 떨어지는 직장인들은 컴퓨터를 통한 정보검색이나 업무 때문에 압박감을 받을 수밖에 없다. 직장인이 아니더라도 정보가 너무 많으면 오히려 결심을 방해하기 때문에, 우리는 쏟아지는 정보 속에서 지혜롭게 취사선택해야 한다.

　너무 많은 정보가 쏟아져 들어오면 분별능력이 마비되고 불안감과 자기회의감 증가, 책임전가 경향 등이 나타나게 된다. 그래서 정보의 홍수 속에서 새롭게 생겨난 현대병을 정보피로증후군이라고 한다.

　정보피로증후군(information fatigue syndrome)은 1996년 신경과학자 데이비드 루이스 박사가 주장한 현대병이다. 여기에는 SNS 정보피로증후군도 포함된다. 결국은 정보도 과유불급이다. 지나침은 부족함만 못하다는 이야기다.

지나친 긴장은 초크를 일으킨다

긴장도 마찬가지다. 너무 지나치게 긴장하거나 긴장하지 않아도 결심을 달성하는 데는 방해가 된다.

최적각성수준(optimal level of arousal)이란 이론이 있다. 마음속에 생기는 일종의 긴장을 각성이라고 한다. 그런데 각성도 적당해야 한다. 각성이 너무 지나쳐도 안 되고 너무 부족해서도 안되며, 각성 수준이 적당할 때 가장 효율이 높다는 것이다. 이를 최적각성수준의 효율성이라고 한다. 너무 긴장하고 목숨을 걸고 달려들어도 목표달성이 힘들고, 긴장이 너무 낮거나 방심해도 안 된다.

결심도 적당한 수준에서 이루어져야 실천 가능성이 높아진다. 순발력을 생명으로 하는 운동선수들도 마찬가지다.

스포츠 심리학 용어 중에 '초크(choke : 목 졸림, 질식)' 현상이 있다. 시합 중에 심한 심리적 압박감을 느낀 선수는 중요한 순간에 초보자도 저지르지 않는 결정적 실수를 하게 된다.

2015 국제축구연맹(FIFA) U17 한국과 벨기에의 월드컵 16강전에서 한국의 에이스 이승우가 어이없는 페널티킥 실축을 했다. 벨기에의 골키퍼가 이승우를 바라보며 손으로 골대 오른쪽을 가리켰다. 자신이 그쪽으로 몸을 날리겠다는 메시지를 전한 것이다. 물론 심리전이다. 이승우는 슛을 하려고 스텝을 밟다가 잠시 멈칫했다. 타이밍을 빼앗아 골키퍼를 속이려는 의도된 동작이었다. 하지만 대표팀에서 가장 PK가 정확한 선수로 평가받는 이승우는 골키퍼를 속이기는커녕 그

가 지시한 방향으로 공을 차고 말았다. 절호의 기회를 날린 이승우는 그 자리에서 무릎을 꿇었다.

프로골퍼 배상문 역시 2015년 프레지던츠컵 골프 대회 최종 라운드에서 미국팀과 세계선수팀 양 팀이 동점인 상황에서 마지막 홀 그린 주변에서 골프 초보자 같은 칩샷 실수를 저지르고는 그 자리에 주저앉았다.

둘 다 압박감을 이기지 못하고 '초크'에 발목이 잡혀 승리의 문턱에서 좌절한 것이다. 절호의 순간에 예기치 못한 초크 현상을 예방하려면 루틴(routine)을 만들어 평소와 똑같이 하는 것이 가장 좋다. 루틴은 선수들이 최상의 운동 수행을 위해 반복하는 고유한 동작이나 절차를 말한다. 초크 예방의 가장 좋은 방법은 평소 하던 대로 하는 것이다.

놀이공원에 가면 머리끝이 쭈뼛 서는 각종 놀이기구를 섭렵하는 사람이 있는 반면, 회전목마만 타도 충분히 즐거운 사람이 있다. 이것은 사람들이 각자 적정수준이라고 느끼는 자극 추구의 정도, 즉 각성의 적정수준이 다르기 때문이다.

사람들은 가장 적절하다고 느끼는 각성수준뿐 아니라 저마다 다른 기준이 있다. 시험을 치를 때도 너무 긴장하면 안 되는 것처럼 결심도 너무 긴장하면 안 되고 너무 절체절명으로 해도 지속하기가 어렵다. 쉽게 지칠 수 있고 쉽게 망하거나 지치거나 포기할 수도 있다.

결심의 종류에 따라 긴장 수준도 달라진다. 쉬운 과제는 적당히 긴장할 때, 어려운 과제는 긴장이 낮을 때 효율이 높다. 예를 들어 담배를 끊기로 결심했을 경우, 담배를 끊은 채 견디는 것이 너무 피곤하고 힘들면, 차라리 담배를 피우는 편이 더 낫겠다 싶어 포기하는 경우가 생긴다. 다이어트 역시 무리하게 목표를 세우고 지나치게 강도를 높이면 그 자체가 너무 힘들어 오히려 포기하고 먹는 게 낫겠다는 쪽으로 방향이 돌아설 가능성이 높기 때문에 무리한 결심을 하지 말라는 것이다.

너무 안이한 결심도 바람직하지 않다. 적당하다는 것이 쉬운 단어는 아니다. 최적의 결심수준이라고 하는 것은 너무 극단적인 생리적 흥분이나 극단적인 쾌감을 주는 결심보다는 평온한 결심을 말한다. 호르몬적으로 표현하면 도파민 수준의 결심보다는 세로토닌 수준의 결심을 하라는 것이다. 도파민은 격렬한 반응을 주고 쾌감을 준다. 반면에 세로토닌은 흐뭇하고 만족스럽고 평온한 느낌을 주는 그런 결심이다.

너무 자극적이고 극단적인 결심을 하면 몸도 지치고 마음도 지친다. 실제로 실천력이 떨어지면서 위험 감수의 상황을 초래한다. 최적의 결심수준은 시험 치기 전 밤샘을 한다거나 골프 타수를 줄이기 위해 무리한 훈련을 하는 것이 아니다. 지금보다 한 단계나 두 단계 정도 더 높은 수준의 결심을 말한다.

물론 아닌 경우도 있다. 예를 들어 담배를 끊을 때는 점진적으로 줄여나가는 것이 아니라 단번에 끊어야 한다. 흡연자가 전자담배를 피우거나 담배 개비 수를 줄여가면서 끊는 것은 굉장히 어렵다.

자존감이
변수다

자존감(self esteem)이란 자신의 가치를 스스로 느끼는 사회적·심리적 자기 존중감이다. 자기에 대한 확신을 의미하는 자신감(self confidence)이나, 그저 심리적으로 혼자서 느끼는 자기애와 비슷한 자존심(self respect)과는 다르다.

결심중독자들은 자존감이 낮다. 자존감이 낮은 사람들은 다른 사람들이 자신을 어떻게 생각할까에 신경을 많이 쓰며, 다른 사람의 비판에 상처를 많이 받는다. 자신감이 없어 사람들 앞에서 의견을 자신 있게 표현하지 못하며, 자기 비하적이다. 결심중독자들에게 반드시 필요한 것은 바로 자존감을 높이는 것이다.

결심중독자들에게 필요한 것은 바로 자존감을 높이는 것

자존감이란 자기 존중감, 즉 '자신은 소중하고 가치 있고 가능성과 능력이 있다고 믿는 태도'를 의미한다. 다른 사람의 시선을 의식하거나 눈치 보지 않고 자신을 외부로 드러내는 능동적인 감정이다.

자존감은 다른 사람들이 무엇이라고 하든 어떤 눈으로 바라보건 상관없이 자기 자신을 존중하고 사랑하는 마음이다. 우월감과는 다른 개념이며, 다른 사람의 시선과 평가로 나타나는 자존심과도 다른 말이다. 자존감이 높은 사람은 가난하게 살든 부유하게 살든, 타인들과 잘 섞이든 외톨이든, 그 어떤 상황에서도 마음이 건강하다. 자신에 대한 믿음과 만족감이 외부가 아니라 자신의 내부로부터 나오기 때문이다. 반면 자존감이 낮은 사람은 아무리 돈이 많고 주변에 사람이 많아도 결코 행복하지 않다. 타인의 반응이 내 존재감이기 때문에, 자신보다 많이 가진 사람 앞에서는 낮아지고, 자신보다 힘이 센 사람에게는 비굴해지고, 자신보다 더 많이 아는 사람에게는 주눅 들기 때문이다.

정보화 시대는 우리의 모습을 이원화시키는 경향이 있다. 인터넷 속에 존재하는 사이버적인 나와 실체적인 나. 실체적인 자기(self)는 사회적 자기, 신체적 자기, 심리적 자기로 이루어진다. 그에 비해 사이버상의 자기는 가상적인 상상의 자기다. 실체적인 나는 짧은 시간 내에 변화시킬 수 없지만 인터넷에서의 나는 얼마든지 미화하고 일부를 선별하여 보여줌으로써 그럴 듯하게 포장이 가능하다. 세계적으로 하루

평균 3억 5000장의 셀카 사진이 업데이트된다고 한다. 사진을 올리는 사람들은 '좋아요'가 많을수록, 부럽다는 반응이 많을수록 존재감을 확인받는 기분이 든다. 하지만 명심해야 할 것은 이때 느끼는 나의 존재감은 실제 나의 존재감과는 괴리가 있다는 것이다. 멋진 여행지를 다녀오거나 명품을 구입하고 인증 샷을 올려서 얻는 존재감은 어디까지나 설정한 가상적인 존재감이다. 결국 실제 자신의 모습과 괴리가 클수록 자존감은 떨어지고 자괴감이 몰려오기 시작한다.

결정장애도 자존감이 낮아 생기는 증상 가운데 하나다. 이직할 회사나 자신의 대학 전공, 아니 식사 메뉴까지 스스로 결정하지 못하고 다른 사람들의 눈치를 본다. 전적으로 자신에게 속한 일들을 다른 사람의 의견대로 결정했을 때, 그 결과는 누가 책임져야 할까? 그 결과도 결국은 스스로 져야 한다.

나의 자존감은 낮은 수준인가, 높은 수준인가?

내 자존감은 높을까, 낮을까? 자신의 심리와 행동을 잘 설명하는 항목에 체크해보자.

□ 나는 장점보다 단점을 더 많이 갖고 있다.

□ 내 외모에 대해 매우 불만족스럽다.

□ 때때로 나 자신이 쓸모없는 존재 같다.

□ 아무것도 하지 않고 가만히 있으면 불안해서 참을 수 없다.

☐ 외모 때문에 사람들 앞에 나서기 싫어 약속을 취소한 적이 있다.

☐ 내 어려움에 대해 친구나 지인에게 얘기하고 싶지 않다.

☐ 작은 실수에도 마음이 쓰여 밤잠을 못 잔 적이 있다.

☐ 최근에 거절을 못해 스트레스를 받은 적이 있다.

☐ 다른 사람이 나를 칭찬하면 갸우뚱하게 된다.

☐ '이게 아닌데.'라고 생각하면서도 아니라고 말 못한 적이 많다.

위의 선택지 중에서 다섯 항목 이상이 자신에게 해당된다면, 자존감이 현저히 낮다. 그러나 의식적으로 자신은 자존감이 높다고 생각하는 사람도 알고 보면 자존감이 낮을 수 있다. 그런가 하면 자존감이 높은 사람도 상황에 따라 흔들릴 수 있다. 한두 번의 판단이 절대적인 것은 아니다. 자존감은 꾸준히 유지되는 것이 좋다.

낮은 자존감을 높이는 셀프 처방

흔히 외모를 중시하는 사람일수록 자존감이 낮을 가능성이 많다. 자신보다 예쁘거나 아름답거나 몸매가 좋거나 키 큰 사람은 얼마든지 존재하기 때문에, 자존감의 기준을 외모에 두는 사람은 거울을 들여다볼수록 자존감이 낮아진다. 자존감이 낮은 사람은 자신의 의견을 당당히 피력하지 못하고 대부분 다수의 의견에 동조한다. 남들이 나를 어떻게 볼지 몰라서 별난 사람보다는 대중 속에 묻어서 가고 싶기 때문이다. 타인의 칭찬을 그대로 받아들이는 것이 아니라 입에 발린 말로 생각하며, 실패가 두려워 낯선 일이나 새로운 도전을 꺼린다. 사랑을 할 때도 상대가 눈앞에 보이지 않으면 불안해서 집착하기 쉬우며, 무언가를 잘해야 인정받을 것으로 생각하기 때문에 느긋하게 쉬지도 못한다.

이렇게 자존감이 낮은 사람은 스스로 자존감을 높이기 위한 노력을 의도적으로 해야 한다. 예를 들어 다른 사람들이 자신에 대한 평가를 할 때, 받아들여야 할 만한 중요한 비판은 속상해도 받아들이고, 근거 없는 비난은 무시해버리면 그만이다. 외모에 대한 고민은 자신의 매력을 스스로 찾아내고 장점을 스스로 칭찬함으로써 줄일 수 있다. 아름다운 사람이 아니라 매력적인 사람이 훨씬 더 만족스러운 삶을 영위한다는 사실을 명심하자.

자신의 희망목록 리스트를 정리해, 그중 실현 가능한 몇 가지만 이루기 위해 최선을 다해보자. 사소한 일이라도 자신의 마음을 바로바로 표현하는 습관을 들이고, 실패하더라도 다시 일어서야 한다.

자존감을 회복하기 위해 가장 중요한 일은, 부정적인 생각으로 가득차 힘들어지면 하던 일과 하던 생각을 멈추고 자리에서 일어서는 것이다. 그대로 멈춰라(stop the action)! 그리고 산책을 하거나, 취미 활동, 집안일을 하는 것이 좋다. 긍정적인 내용이 담긴 책을 항상 곁에 두고, 어려울 때 읽는 것도 좋다. 자존감이 낮아지고 왠지 자신의 모습이 작게 보일 때, 스스로에게 위로의 말을 건네보자.

"나는 훌륭하다. 무엇이든 도전할 수 있다!"

"내 삶에 가장 중요한 것은 나다."

"내 삶은 나의 선택으로 이루어져 있다."

"나는 늘 사랑받고 있다."

스스로 위로하고 자신을 격려하게 되면 자존감과 자기효능감(self efficacy)이 높아진다. 자기효능감이란 어떤 일을 앞에 두고 '자신이 잘 해낼 수 있는 능력이 있다는 믿음'이다. 능력 그 자체가 아니라 능력에 대한 믿음이라는 것이 중요하다. 20여 년 전 한국 심리학회를 방문했던 유명한 미국의 심리학자 앨버트 밴듀라(Albert Bandura, 스탠퍼드 대학교 심리학과)는, 사람은 자신이 능력이 있다고 믿으면 실제로 능력을 발휘하게 됨을 누차 강조했다. 그러나 결심중독자들은 그런 믿음이 약하다.

3장

결심중독의 행동학

돈키호테처럼 가라

달팽이

갑니다
나의 길을

꾸준히
천천히

가다
지치면
잠시 멈추어

'힘내자'
다짐하며
더듬이 들어 보이는

승리의
브이(V)

갈 길 멀어도
멀리 보며
갑니다
— 김춘남

실천력 있는
성공지능 SQ

달팽이가 간다. 등에 무거운 집을 메고 힘겹게 앞으로 밀고 나아간다. 그러나 두 개의 더듬이는 마치 승리의 브이(v)자 모양으로 뻗어 있다. 그 모양은 마치 삶의 모든 무게를 짊어지고 고행의 순례 길을 걸어가는 것처럼 보인다. 달팽이는 결코 서두르지 않고 천천히 움직인다.

행동은 느려터지고 좀처럼 속도는 나지 않지만, 마치 어리석은 우공이 산을 옮기듯(愚公移山, 우공이산), 쇠공이를 갈아 바늘을 만들 듯(鐵杵磨針, 철저마침), 아무리 어려운 일이라도 끝까지 노력해야 목적을 달성할 수 있다.

아이디어만으로는 한 푼의 돈도 벌 수 없다

아이디어 뱅크로 유명한 개그맨 전유성이 『조금만 비겁하면 인생이 즐겁다』라는 책에서 재미있는 얘기를 쓴 적이 있다.

"우리나라 축구대표팀은 외국에서 지고 오면 맨날 인조구장, 천연 잔디구장이 없어서 연습을 제대로 못해서 그렇다고 투덜댄다. 그래서 내가 제안하는 것은 잔디구장 만드는 데는 돈이 많이 드니 차라리 맨 땅에서 공을 차더라도 잔디구장 효과를 볼 수 있는 신발을 만드는 것은 어떨까? 운동화 밑바닥에 인조잔디를 붙이면 되잖아!"

조금 엉뚱하다 싶긴 해도 주변 사람들에게 별로 호응을 못 얻자 이 번에는 한 발 더 나간다.

"제주도 성산 일출봉 앞에서 연날리기를 해봐! 신혼부부들이 오면 같이 연을 날리게 하고 연이 하늘로 치솟으면 그 연줄을 끊어. 미리 바다에 거리에 따라 부표를 띄워놓고 그 근처 100m 지점에 떨어지면 백년해로 할 것이라고 말해주고 막 축포를 쏘고 팡파레를 울려. 그러나 10m 앞에 떨어지면 10년은 행복하지만 그 후에 불행하니 부적을 쓰라 해. 그러다가 환경단체에서 바다 더럽힌다고 뭐라 하면 연을 말야 종이나 비닐 말고 물에 녹는 김과 다시마로 만들면 되잖아!"

그러나 얼마 후 전유성 씨는 이런 책을 냈다. 『아이디어로 돈 벌 궁리 절대로 하지 마라』.

요즘에는 청도에서 짜장면 극장을 하며 후배들을 키우고 있는데 최 근에 방송에서 만났더니 아이디어는 사업에서 10%도 안 되더라고 했다. 그만큼 그분은 시대를 읽어내는 능력이 탁월하다. 심리학에서도 이미 IQ나 창의적인 CQ보다 실천력이라는 개념이 등장해 새로운 개념의 성공지능, 즉 SQ가 등장한 것을 예측한 듯한 분석을 이미 하고 있었다.

작심삼일은
습관이다

"우리가 생각의 씨앗을 뿌리면 행동의 열매를 얻게 되고, 행동의 씨앗을 뿌리면 습관의 열매를 얻는다. 습관의 씨앗은 인성을 얻게 하고, 인성은 우리의 운명을 결정짓는다."

－미국 격언

우리 속담에는 유난히 습관에 관한 속담이 많다.

화로 불을 쬐던 사람은 요강만 봐도 쬔다.

들어서 죽 쑤는 놈은 나가도 죽 쑨다.

세 살 버릇 여든 간다.

어려서 굽은 나무는 커서도 굽는다.

제 버릇 개 못 준다.

한량이 죽어도 기생집 울타리 밑에서 죽는다.

중은 무엇을 해도 무릎을 꿇고 한다.

놀던 계집이 결딴이 나도 엉덩이짓은 남는다.

클린턴 미국 전 대통령은 이른바 지퍼게이트가 발생했을 때 심문을 당하면서 곤혹스럽게 코를 만졌다. 거짓말을 하면 코가 커지는 피노키오처럼 클린턴도 무언가 불안한 상태에서 코를 간지럽게 하는 히스타민 분비가 많아져 무의식적으로 코를 만지게 된 것이다. 이처럼 습관은 불안할 때, 위험에 처했을 때, 삶이나 사고, 행동에서 지름길을 찾으려고 할 때 무의식적·자동적·즉각적으로 나타난다.

사람의 인성 발달에는 다양한 요인들이 영향을 미친다.

유전, 환경, 경험, 지식, 습관, 패러다임 등등.

그러나 인성에 영향을 미치는 가장 중요한 요소는 습관이다.

성공하는 사람들의 특성은 'KASH' —'지식(knowledge)', '태도(attitude)', '기술(skill)', 그리고 '습관(habit)'— 다. 그중에서도 습관은 실천 강령으로서 매우 중요하다.

앞의 미국 격언을 분석하면 이런 의미가 담겨 있다. "우리가 생각의 씨앗을 뿌리면 행동의 열매를 얻게 되고, 행동의 씨앗을 뿌리면 습관의 열매를 얻는다. 습관의 씨앗은 인성을 얻게 하고, 인성은 우리의 운명을 결정짓는다."

이 말인즉, 생각 → 행동 → 습관 → 인성 → 운명의 중요성을 강조하는 것이다.

우리나라 속담에도 "세 살 버릇 여든 간다."는 말이 있듯이 습관은 우리 삶을 결정하는 중요한 변수다. 그러나 세 살 버릇이 여든 갈 때까지 고루한 타성에 젖어 살아갈 수는 없다. 새로운 시대의 습관을 받아들여야 한다.

습관은 영구불변의 고정된 것이 아니다. 습관이 형성되는 것은 하나의 과정이고, 당사자의 무한한 결의와 몰입을 통해 얻어질 수 있는 것이다. 우리의 삶과 행동을 바꾸려면 우선 사고방식과 습관을 바꾸어야 한다.

『성공하는 사람들의 7가지 습관』의 저자 스티븐 코비는 습관을 '지식, 기술, 그리고 욕망의 혼합체'라고 정의했다. 이런 습관은 인성을 형성하고, 인성은 다시 패러다임에 영향을 미치며, 패러다임은 다시 인성에 영향을 미치고, 인성은 다시 습관을 변화시키는 순환론적 과정을 되풀이한다. 쉽지는 않지만 이런 과정을 통해 습관이 바뀌고 인성도 바뀌고 패러다임도 변화할 수 있는 것이다.

신경생리학, 특히 대뇌생리학에서는 습관을 잉그램(engram)으로 설명한다. 하나의 뉴런에서 다른 뉴런으로 메시지(사고, 기억)가 전달되면 '기억 흔적'이라 부르는 신경통로를 형성하는데, 이러한 통로는 자주 사용할수록 분명하고 강력한 '형태(pattern)'를 만든다. 이런 과정을 통해 수많은 작은 형태가 만들어지고 이들이 다시 모여 여러 가지 수준의 거시적 형태들을 창조하고 사용하게 된다. 다시 말하면, 인간의 대뇌는 무수한 형태의 '마음의 지도(maps of mind)'를 만들고 있다. 이러한 뉴런의 네트워크를 에클레스(Eccles)는 잉그램이라고 불렀다.

잉그램은 뉴런의 네트워크로 고도의 정신과정을 매개하며 대뇌피질에 넓게 퍼져 있다. 인간의 정신적 발달은 잉그램 형태의 발전 및 기능의 변화 과정, 분화 과정이다. 습관은 이런 잉그램의 표현이므로 습관에 빠진다는 것은 두뇌 세포의 네트워크를 새롭게 만드는 과정이다. 그러므로 창의적 습관에 빠지려면 다이어트보다 훨씬 많은 에너지와 지속적이고 반복적인 노력이 필요하다.

사람들은 불안하고 위험할수록 습관적으로 사고하고 행동하려고 한다. 그럴수록 논리적·합리적·이성적 사고와 행동보다 우선적으로 작용하기 때문이다. 그래서 위기에 처한 리더일수록 자기의 습관에 맞는 사람과 대화하고 자기의 습관에 맞는 스타일의 사람과 어울리려고 한다. 그러나 그런 습관적 사고와 행동은 사람을 순간적으로 편하게 하지만 결국에는 사람을 망치는 지름길로 인도한다.

21세기는 창의성 패러다임 시대다. 이 시대에 새로운 습관을 계발하지 못하고, 구태에 젖은 사고와 행동을 한다면 그것은 바로 도태를 의미하는 것이다.

습관적으로 생각하고 행동하는 이유는 사람들을 긴장시키지 않고서도 자동적인 해결방식을 제공하고 무의식적인 행동을 촉발하며 편하기 그지없기 때문이다. 그러나 그런 자동적·무의식적 사고방식은 고정관념, 편견, 선입관으로 이어져 창의적 아이디어를 죽이고, 습관적 행동은 사람을 결심중독에 빠뜨려 창의적 삶을 방해하는 장애물이 될 수 있음을 염두에 두어야 한다.

비언어적인
결심의 힘

성공하는 사람들은 타인의 지지를 얻어내는
무의식적 기술이 있다

커뮤니케이션 이론 중에 메라비언 법칙(the law of Mehrabian)이라는
것이 있다. 사람들의 의사소통 중에 콘텐츠 내용, 즉 언어적인 내용은
비언어적인 요소에 비해 현저히 낮다는 이론이다.

한 사람이 상대방으로부터 받는 이미지는 시각이 55%, 청각이
38%, 언어가 7%로 구성된다는 법칙이다. 캘리포니아 대학교 로스
앤젤레스캠퍼스(UCLA) 심리학과 명예교수인 앨버트 메라비언(Albert
Mehrabian)이 1971년에 출간한 저서 『조용한 메시지(Silent Messages)』에
발표한 중요한 커뮤니케이션 이론이다. 특히 짧은 시간에 좋은 이미

지를 주어야 하는 연예인이나 세일즈맨들에게는 아주 중요한 이론이다.

시각 이미지는 자세·용모와 복장·제스처 등 외적으로 보이는 부분을 말하며, 청각은 목소리의 톤이나 음색(音色)처럼 언어의 품질을 말하고, 언어는 말의 내용을 말한다. 이 이론에 따르면, 대화를 통하여 상대방에 대한 호감 또는 비호감을 느끼는데 상대방이 하는 말의 내용이 차지하는 비중은 7%로 그 영향이 미미하다. 반면에 말을 할 때의 태도나 목소리 등 말의 내용과 직접적으로 관계가 없는 요소가 93%를 차지해 상대방으로부터 받는 이미지를 좌우한다는 것이다. 이 이론대로 비율이 딱 정해지는 것은 아니겠지만, 그만큼 비언어적인 커뮤니케이션의 비중이 높다는 것만은 확실하다.

성공한 사람들은 혼자서 모든 것을 해내지 않는다. 엄홍길 대장처럼 높고 험한 산을 정복하든, 김연아 선수나 박지성 선수처럼 끝없는 연습과 훈련과 강한 체력으로 스포츠계에서 정상에 오르든, 이건희 회장이나 정주영 회장처럼 기업을 잘 운영해 글로벌 기업으로 키우든, 빅뱅이나 싸이, 엑소처럼 예능으로 이름을 날리든 간에, 모든 성공 뒤에는 그들을 도와 성공으로 이끌었던 수많은 사람들이 있다.

굳이 남들이 존경하고 알아주는 거창한 성공을 거두지 않은 사람이라 할지라도, 건실하게 자신의 커리어를 쌓으면서 점점 나아지는 삶을 사는 사람들, 원하고 결심한 것을 이루고 점점 큰 목표를 향해 나아가는 사람들은 모두 주변에 '도와주는 사람들'이 있다. 인맥일 수도, 친구일 수도, 가족들일 수도, 직장 동료일 수도 있지만, 공통점은 사람들이 그를 기꺼이 돕는다는 것이다.

반면에 어떤 사람들은 같은 일을 하고도 왠지 남에게 호감을 얻지 못하고 주위에 사람이 없는 경우도 있다. 그 차이점은 객관적으로 외모가 훌륭하다거나 잘산다거나 높은 지위에 있어서가 아니라, 사람들을 대하는 마인드와 태도다. 누군가가 자진해서 기꺼이 돕는 사람들에게는 몇 가지 특징이 있다.

그들은 어떤 행동을 할 때 무의식적으로 상대방의 경계를 허물고 호감과 조력을 이끌어내는 어떤 행동을 한다. 사람의 행동은 비언어적인 것이지만 때로 말보다 더 강한 힘을 지니고 상대를 평가하고 설득하고 움직이게 한다. 그래서 비언어적인 것들의 힘을 잘 아는 사람들 중 일부는 의도적으로 남들의 조력을 이끌어내는 데 비언어적 의사표시를 이용하기도 한다.

사회적으로 힘을 얻으려는 사람들이 일부러 몸짓의 대화를 이용하는 경향이 많다. 예를 들어 대통령 선거에 나갈 때 대통령이 되는 길을 도와주는 비언어적인 요소가 많다. 정치후원금을 많이 받기 위해 후보들은 대화할 때 유권자들 또는 지지자들과 마주 앉아서 대화하지 않는다. 마주 앉기보다는 옆에 앉는 경우에 우호적인 사람을 더 얻을 수 있고, 악수할 때 팔꿈치를 만져주면 후원금이 더 많아진다고 한다. 실제로 미국 오바마 대통령은 이렇게 해서 정치 후원금을 더 많이 거둬들였다.

경쟁보다
초경쟁하라

경쟁보다는 초경쟁, 새로운 '독점 가치'를 창조하라

결심을 할 때도 누군가를 이기려 하기보다는 보다 높은 가치를 공유해야 한다. 소유의 목표보다는 존재의 목표를 가져야 하는 것과 마찬가지다. 누군가를 앞서려 하지 말고 보다 높은 가치를 추구하면, 경쟁자를 앞서려고 노력할 때보다 훨씬 더 높은 수준의 성취를 얻을 수 있다.

'수평적 사고'의 창시자 에드워드 드 보노(Edward de Bono)는 "미래에는 경쟁(competition)이 아니라 초경쟁(surpetition)을 해야 한다."고 주장했다. 초경쟁이란 새로운 '독점 가치(value monopolies)'를 창조하는 것이다. '최고 기업'이 되거나 '보다 싼값에 서비스를 제공하는 기업'이 되려고 노력한다면, 그 기업은 장기적으로 결코 성장할 수 없다. 자신이나 기업의 특장점을 찾아내어 남들은 할 수 없는 '독특한 가치'를 포지셔닝해야 한다. 기업이든 사람이든, 앞으로 살아남기 위해서라면 남과 똑같아서는 안 된다.

이제 기업이든 사람이든, 넘버원이 아닌 온리원이 되어야 살아남을 수 있는 시대가 되었다. 현재 있는 직업의 40%가 조만간 없어진다고 한다. 미래에는 사람들의 직업이 로봇과 컴퓨터의 자리로 바뀐다. 그래도 분명 유지되는 직업과 사라지는 직업으로 나뉘겠지만, 나중에 어떤 직업이 새로 등장할지, 어떤 직업이 없어질지는 아무도 정확히 모른다. 확실한 것은 불과 10년, 20년이 지나기 전에 그런 일들이 진행될 것이기 때문에, 우리는 변화에 적응할 수 있는 능력을 키워야 한다는 것이다.

이를 위해서는 지금까지와는 다른 방식의 결심이 필요하다. 창의와 상상의 힘으로 사업 기회를 발굴하고, 효율성과 유연성을 동시에 갖춘 사업방식을 선택하며, 임직원의 창의성을 극대화하는 조직문화를 구비해야 한다. 그린 기술(green technology : GT)이라는 신시장을 개척해 설립 5년 만에 매출을 540배나 늘린 독일의 큐셀, 게임과는 거리가 먼 여성과 중장년층까지 고객으로 끌어들이는 '발상의 전환'을 통해 닌텐도DS와 Wii라는 대박상품을 만들어낸 일본의 닌텐도, 매출의 25%를 차지하던 섬유부문을 과감히 버리고 종자회사를 인수해 생명공학과 산업소재 등을 중심으로 한 '종합 과학기업'으로 탈바꿈 중인 듀폰 등이 대표적이다.

세린디피티(serendipity)!

이 말은 위대한 발견의 핵심적인 아이디어는 우연한 기회에 이루어진다는 뜻이다. 뉴턴은 사과가 떨어지는 것을 보고 만유인력을 발견해냈고, 아르키메데스는 목욕탕에서 부력에 관한 물리법칙을 알아냈고, 윌리엄 퍼킨은 키니네를 합성하는 과정에서 인조염료의 원료가 되는 청 아닐린을 발견했다. 이렇듯 위대한 발견들은 세린디피티라는 말처럼 정말로 우연한 기회에 얻어졌을까? 대답은 "아니다." 그것은 우연이 아닌 필연적 결과다. 뉴턴은 정신병자라는 소리를 들을 정도로 몰입했고, 퍼킨의 업적도 끊임없이 오랜 시간 계속해서 골몰히 연구하고 노력한 필연적 결과다.

몽중일려 염염생생(夢中一慮 念念生生)이란 말이 있다. 꿈에서도 오직 하나만을 생각하고 또 생각하면 얻어낼 수 있다는 것이다. 이렇게 위대한 발견은 결국 연속되는 연구와 노력의 결과이며, 기업 또한 생존과 번영을 위해서는 끊임없는 연구와 노력이 필요하다.

이미 21세기는 초(超)경쟁시대다. 'surpetition'이라는 새로운 영어가 탄생하듯 '경쟁을 뛰어넘어'야 생존이 가능하고, 경쟁 없이는 경쟁력을 키울 수 없다.

당신은 창조형인가, 순응형인가, 경쟁형인가, 초경쟁형인가?

자가진단을 통해 나는 어떤 유형에 속하는지 체크해보자.

다음 문항을 읽고 동의하는 정도를 체크하시오.

전혀 그렇지 않다	그렇지 않다	보통	그렇다	매우 그렇다
-2	-1	0	+1	+2

[가]

1. 신호 없이 불쑥 끼여드는 차를 봐도 별로 열 받지 않는다.

2. 입사 동기나 또래가 나보다 앞서가도 초조하지 않다.

3. 나에게 주는 것도 없이 미운 놈은 없다.

4. 경기를 하든 내기를 하든 승패에 연연하지 않는다.

5. 게으르고 욕심 없는 사람을 봐도 그럴 수 있다고 생각한다.

6. '느림'의 미학이라는 말은 나에게 어울린다.

7. 말을 많이 하기보다는 다른 사람의 말을 경청하는 편이다.

8. 생산성과 효율성이 떨어지는 아이디어도 가치가 있다.

9. 약속 시간에 여유 있게 도착하는 편이다.

10. 경쟁적이란 말은 나에게 어울리지 않는다.

[가] 점수 합계 _____

[나]

1. 부부든 팀원이든 서로 다른 개성을 가진 사람들을 만나야 좋다.

2. 튀는 고기가 되는 것이 두렵지 않다.

3. 아이디어 발상이나 일을 할 때 독특한 워밍업 습관이 있다.

4. 모험적이고 도전적인 일을 좋아한다.

5. 내가 달성하고자 하는 꿈과 비전이 분명하다.

6. 나만의 창조 공간이나 시간을 가지고 있다.

7. 일과 관련 없는 사람들을 만나서 얘기하는 것을 좋아한다.

8. 조직 규범이나 가치를 무시할 때가 많다.

9. 내가 하고 싶은 일을 즐겁게 하고 있다.

10. 나는 유치한 구석을 가지고 있다.

[나] 점수 합계 _____

평가

'가' 테스트 합계: −20부터 0까지: 경쟁자

0부터 20까지: 초(超)경쟁자

'나' 테스트 합계: −20부터 0까지: 순응자

0부터 20까지: 창조자

채점이 끝났으면 자신의 유형이 어디에 해당되는지 살펴보자.

구 분	경쟁자	초경쟁자
순응자	A형 동네 미인 유형	C형 그림자 인생 유형
창조자	B형 미운 오리 유형	D형 우아한 백조 유형

A형: 동네 미인 유형(순응자 & 경쟁자)

당신은 동네에서 '미인'이라는 소리를 자주 듣지 않는가. 윗사람의 사랑을 듬뿍 받는 당신. 그러나 그것이 당신의 인생을 정체시키고 있다는 것을 알아야 한다.

당신은 다른 사람과의 경쟁에서 이기려고 하는 투사적 기질을 가지고 있는 B타입의 성격일 가능성이 높다. B타입의 성격은 경쟁적이고 성격이 급하고 성취 지향적인 사람을 말한다. 그러나 자신에게 주어진 운명에 순응하며 조직 규범이나 타인의 평가에 동조하려는 경향이 높다. 끊임없이 경쟁을 추구하기 때문에, 조직의 다른 사람들이 보기에는 너무 열심히 일하기 때문에 오히려 고춧가루 역할을 할 가능성이 높다. 당신은 가신(家臣)으로 남고 싶은가. 그래도 좋다면 그렇게 해야 하지만, 그렇지 않다면 자신의 모습을 바꾸어야 할 것이다.

이런 사람들은 생산성 패러다임 시대에는 조직의 목표와 리더의 지시에 맹종하려고 하기 때문에 윗사람들로부터 인정받고 승진할 가능성이 높았다. 그러나 이런 유형의 사람들이 득세하는 조직은 창조적이지 못하며, 조직이 정체할 가능성이 높고, 시기와 질투로 조직 내 갈등이 항상 잠재되어 있다. 우물 안 개구리에서 벗어나 조직 내 구성원과 경쟁하려고 하지 말고 조직의 규범과 전통 유지에 너무 많은 에너지를 투자하는 것은 아닌지 돌이켜보아라. 자신의 동네를 벗어나 다른 동네에서도 인정받을 만한 '미인'이 되자. 그리고 창조적인 마인드를 받아들이도록 노력하라.

B형: 미운 오리 유형(창조자 & 경쟁자)

당신은 '미운 오리 새끼'라는 소리를 자주 듣지 않는가. 당신은 조직에서 없어서는 안 될 존재이기는 하지만 당신에게는 늘 '트러블 메이커'라는 꼬리표가 따라붙는다.

당신은 남보다 앞서려는 경향이 강하고, 무엇이든지 하면 튀어야 하고, 누구의 지시가 있어서 열심히 하기보다는 자신의 내면으로부터 불끈 샘솟는 힘에 의해 움직이는 사람이라고 할 수 있다. 그러나 자신이 하기 싫으면 목에 칼이 들어와도 하지 않으려고 하고, 억지로 하게 되면 실수하는 일이 많다. 조직 규범이나 반복적인 일에 싫증을 느끼기 쉽다. 게다가 게으른 다른 사람들을 보면 답답하게 생각하기 때문에 잔소리가 많고 무시하는 행동을 할 수 있다.

당신은 성공을 꿈꾸는 세속적인 창조자라고 할 수 있다. 그래서 당신은 성공할 가능성이 있다. 그러나 지나치게 경쟁을 추구하기 때문에 '고독한', '외로운' 창조자일 수 있다. 당신의 창의성은 아직 홀로 서기에는 너무 약하다. 주변 사람들의 말 한마디에 창의성을 다칠 수 있다. 지나치게 경쟁하다가 당신의 순수한 창의성이 다칠 수도 있다. 경쟁을 넘어 초경쟁을 추구하는 삶을 추구하라. 그것이 당신의 창의성에 빛을 더할 것이며, 당신을 외로움으로부터 구제할 수 있을 것이다. 백조의 날갯짓을 마음껏 펼칠 수 있는 만남을 기대하며 당신의 창의성을 단련하라.

C형: 그림자 인생 유형(순응자 & 초경쟁자)

당신은 혹시 "나보다 더 실속 있는 사람 있으면 나와 보라고 해!"라고 큰소리치지는 않는가. 그것도 다른 사람들은 듣지 못하게 혼잣말로만. 당신은 다른 사람과 경쟁하는 것을 좋아하지 않으며 자신의 삶의 기준에 맞춰 살아가려는 경향이 있는 A타입 성격일 가능성이 높다. A타입은 여유가 있으며 조급하지 않고 경쟁적인 것을 좋아하지 않는 성격을 말한다. 그러나 당신은 조직 규범이나 다른 사람들의 평가에 자신을 맞추려는 타입에 속한다. 당신은 나서서 어떤 일을 추진하는 것을 좋아하지 않으며 그림자와 같은 존재로 남아 있길 원한다. 언뜻 보기에 당신은 높은 자기실현을 향한 욕구를 가지고 인생을 여유 있게 살아가려는 강점이 있다. 그러나 자신의 삶이나 창조적 조직 풍토에 저항하며 자신의 목적과 이익에만 관심이 많다.

개인주의자 또는 이기주의자라는 평가를 들으면 그런 얘기를 하는 사람들의 삶을 오히려 비웃고, 자기의 삶의 패턴을 바꾸려고 하지 않는다. 혼자만 살아남고 적응하는 것만이 사회와 조직 생활의 전부는 아니다. 나에 대한 관심의 일부를 타인과 조직에 나눠줄 수 있도록 노력하면 좋을 것이다. 더 이상 그림자 인생을 살지 말고 자신의 실체를 찾아 자신의 본모습대로 살아가야 할 것이다.

D형: 우아한 백조 유형(창조자 & 초경쟁자)

당신은 우리 사회에서 매우 드문 진정한 창조자다. 당신은 이런 테스트를 하며 즐거워하고, 재치 넘치는 사람일 가능성이 높다. 당신은 우물 안 개구리와 거리가 멀고, 미운 오리 새끼의 시기도 지났다. 당신은 겉으로는 온화하지만, 당신이 꿈꾸는 세상, 당신이 이루고자 하는 목표를 향해 우아한 백조의 발놀림처럼 당신을 끊임없이 채근하는 사람이다. 우아한 백조의 모습은 가식적인 것이 아니라 타인을 배려하려는 마음의 표현이며, 발놀림은 끊임없이 창조하려는 노력의 표현이다. 자신을 완전히 실현하는 사람, 자기를 완성하는 사람, 그런 사람은 드물다. 그러나 인본주의 심리학을 제창한 매슬로는 그렇게 하기 위해 노력하는 사람들이야말로 건강한 사람이라고 주장했다. 당신은 자기실현을 위해, 자기완성을 위해, 타인을 위해 창조하려는 욕구가 강한 사람이다. 타인의 평가보다는 자기 내면의 기준과 타인의 입장을 배려하는 창조자다. 아웅다웅 밥그릇 싸움이나 하며, 다른 사람들의 존재와 아이디어의 가치를 무시하고, 독불장군으로 밀어붙이는 인간관계 스타일은 아름답지 못하다. 다른 사람들의 존재를 인정하고 그들의 아이디어를 존중하며, 자신의 꿈과 목표를 향해 나아가려고 끊임없이 노력하는 사람이 진정한 창조자라고 할 수 있다.

사람들의 유형은 다양하다. 커튼(Kirton)은 사람의 유형을 혁신자와 순응자로 구분했다. 혁신자는 자신의 삶을 꾸준히 창조하고 위험을 감수하려는 느낌을 즐기는 사람인 반면에, 순응자는 적응력이 뛰어나지만 새로운 것에 대한 저항이 강한 사람이다.

드 보노는 창의성 패러다임의 시대는 경쟁보다는 초경쟁의 시대라고 주장했다. 경쟁은 두 사람이 서로 더 많이 가지려고 다투는 삶이고, 초경쟁은 다원주의적 가치관을 인정하고 두 사람 모두 윈윈(win-win)하는 삶이다.

우리가 여기서 해보는 체크리스트는 커튼과 드 보노의 이론을 바탕으로 필자가 재구성한 것이다. 구조화된 테스트는 아니지만 자신의 경향성을 진단해보는 데 도움이 될 것이다.

원점을 중심으로 자신의 점수를 그려봐라. 그러면 원점을 중심으로 네 개의 삼각형이 만들어질 것이다. 네 개의 삼각형 중 가장 넓은 곳이 자신의 창의적 삶의 자세와 인간관계 경쟁 유형이다. A유형과 C유형이 생산성 패러다임에 적응력이 뛰어난 사람이라면, B유형과 D유형에 가까울수록 창의성 패러다임 시대에 맞는 창의적인 사람일 가능성이 높다. 어떤 사람이 더 나은지는 조직 풍토, 역할, 문화, 개인의 특성에 따라 달라질 수 있음을 염두에 두고 해석을 참고해보자.

오늘에만 충실해야 이기는 결심

카르페 디엠! 이 순간을 즐겨라

카르페 디엠(carpe diem)은 영화 『죽은 시인의 사회』에서 키팅 선생님이 학생들에게 자주 외치는 말로 "현재에 충실하라."라는 뜻의 라틴어다. 미래를 위해 현재의 낭만과 즐거움을 포기해야 하는 학생들에게 지금 이 순간이 무엇보다도 중요함을 일깨워주는 말이다.

이 문구를 읽으면 언제나 가슴 속에서 뭔가 뭉클한 기운이 올라오는 것 같다. 대입만을 향해 달려가는 '설국열차'에 올라탄 학생들은 아침부터 밤까지 학교와 학원에 청춘을 저당 잡히고, 직장인들은 집 대출금에 자녀들 교육비, 노후자금 걱정까지 온통 짊어진 삶의 무게로 아침부터 밤까지 직장에 얽매인다. 이러한 현대인들에게 너무나 절실히 해주고 싶은 말이기 때문이다.

학생들은 학생들대로, 직장인들은 직장인들대로, 우리는 누구나 미래를 위해 현재를 저당 잡힌 채 살고 있다. 아이들만 대학에 보내면 걱정 하나도 없을 것 같은 조급함, 아이들이 커서 직장에 취직해 경제적으로 독립하기만 하면 부부가 함께 여행 다니면서 노후를 즐기려는 소망, 하늘 높은 줄 모르고 치솟는 전셋값 올려주는 일 그만하고 어서 빨리 내 집을 마련하고 싶은 간절함, 이 부장보다 더 빨리 승진해 인격모독 좀 그만 당하고 싶은 치욕감, 우리는 누구나 지금 이 순간을 참고 견디면 다가올 것 같은 행복을 기다리며 세상을 버틴다.

그런데 과연 그럴까? 오늘 고대하던 내일이 정말 올까? 하룻밤 자고 나면 내가 갈망하던 내일은 오늘이 되고, 내일은 영원히 오지 않는다. 생각해보면 그 슬픈 내일, 오지 않는 내일을 위해 현대인들은 오늘을 너무 불행하게 산다. 오늘은 어제의 내일이지만, 오늘이 내일인 것은 결코 아니다. 영원히 오지 않는 '내일'이라는 종착역, 가장 현명한 것은 역시 카르페 디엠이다. 지금 이 순간 가장 행복하게 사는 것이 가장 오래오래 행복해지는 길인 것이다. 그러므로 지금 이 순간을 즐겨야 한다. 지금 이 순간 행복한 사람이 '내일' 행복한 바로 그 사람이다.

설사 오늘 직장에서 하루 종일 열심히 일한 사람이라 할지라도, 그 직장에서 층층시하 상사들 눈치가 보여 화장실 갔다 오는 길에 커피 한 잔 마음대로 마시지 못했어도, 지금 이 순간에서 찾을 수 있는 최대치의 행복을 찾아서 즐기자. 직장생활이 아무리 힘들다 한들, 취업을 못해 연로하신 부모님들에게서 용돈 받으며 살던 백수시절에 비하겠는가! 동기들보다 적은 보수에 친구들보다 오랜 시간 일하는 직장이라 할지라도, 직장에 출근해 근무하는 이 순간을 즐겨라. 백수생활을 해본 사람만이 직장에 다니는 행복감을 알 수 있고, 회사 생활이 얼마나 소중한 순간순간인지를 알 수 있다.

우리는 왜 현재를 행복하게 살아야 하는가?

대부분의 사람들은 멋진 미래를 위해 현재를 희생하며 산다. 시선을 미래에 맞추면 현재는 힘들고 불행할 수밖에 없다. 힘든 현재를 버틸 수 있게 해주는 것이 바로 미래의 행복이다. 우리가 늘 마음속에 두고 있는 것은 언젠가 도착하게 될 목적지다. 벤츠 승용차를 사면, 막내를 대학 졸업시키고 나면, 고시에 합격하기만 하면, 대기업에 취업만 되면, 은퇴를 하고 귀향하면 나는 행복해질 거라고 믿는다. 하지만 과연 그날이 올까? 하룻밤 자면 내일이 오지만, 내일이 과연 우리가 기다리던 '내일'인가 말이다.

우리가 탄 인생기차는 '내일'이라는 역에 도착하지 않는다. 우리가 즐겨야 할 것은 기차여행을 하는 바로 그 순간, 창밖으로 지나가는 들과 산, 파란 하늘, 옆 사람과의 즐거운 대화, 해야 할 일이라고는 기차에 있는 이 순간을 즐기는 것밖에. 바로 이것이 우리가 즐겨야 할 '지금 이 순간'이다. 지금 이 순간을 즐겨라. 시선을 멀리 두지 말고 인생의 여정 속에서 행복과 삶의 즐거움, 의미를 찾을 일이다. 현실에 최선을 다하라. 그렇지 않으면 실패할 것이다. 과거에 집착하지 마라. 과거는 변화시킬 수 없지만, 과거로부터 배워 똑같은 실수를 범하지 않으면 미래는 변화한다.

이미 지나버려서 아무리 노력해도 돌이킬 수 없는 과거에 대한 집착이나 어떻게 전개될지 모르는 미래에 대한 막연한 희망 때문에 현재의 삶에 불충실한 것만큼 어리석은 일은 없다. 현재의 삶에 최대한 충실한 사람은 미래의 삶도 풍성하다. 과거에 대한 집착이나 미래에 대한 막연한 희망 같은 것들은 결심을 실천하는 데 방해요소다.

많은 사람들이 지금 여기서의 삶을 강조한다. 결심을 한 사람들도 마찬가지다. 지금 이 순간을 즐기지 못하는 사람은 과거의 생활습관, 편리함, 안주, 그리움, 퇴행심리가 있다 보니 과거에 집착하고 과거에서 못 벗어난다. 그리고 그것이 결심의 발목을 잡게 된다. 미래에 대한 막연한 희망도 마찬가지다. 막연한 희망이란 '마지막 순간이 되면 잘될 거야, 엄청난 괴력을 발휘할 거야.'라는 착각을 일으키지만, 이런 막연한 희망이 아니라 하루하루를 알차게 충실하게 보내면서 준비된 미래는 다르다.

현재를 중시하는 사람들, '지금 여기서(Here and Now)'를 즐기는 사람들은 지금 이 순간 하는 일에 몰입한다

사람들은 몰입해서 성취하면 플로우(flow)라는 느낌을 갖게 된다. 칙센트 미하이의 『플로우: 미치도록 행복한 나를 만나다』『몰입의 즐거움』에 나오는 용어다. 이것은 몰입해본 사람만이 알 수 있는 일종의 희열감이다. 마이크로소프트의 빌 케이츠는 몰입을 어린아이가 장난감에 빠져 침을 흘리는 상태라고 표현한다. 현재 하는 일에 심취한 무아지경의 상태가 몰입이다. 그런데 결심중독자들은 몰입을 못한다. 몰입해보지 않았기 때문에 몰입의 즐거움도 물론 모른다.

몰입 상태에서는 현재와 과거에 대해 강력한 주의집중이 일어난다. 다른 활동에 대한 인식은 떨어지지만, 몰입이 되면 무아지경 또는 몰아지경 상태에 빠지고, 몰입해서 한 일은 놀라운 성과를 가져온다. 결국 우리가 결심중독에서 벗어나려면 심리적으로 몰입의 상태를 만드는 연습을 해야 한다.

몰입을 잘하는 사람의 특징은 자기 목적적인 성격을 가지고 있다는 점이다. 그러려면 분명한 목표가 필요하고, 과정에 충실해야 한다. 즉각적인 피드백이 있어야 하고, 개인의 능력과 과제 난이도, 결심의 난이도가 적절하게 균형을 이루어야 한다.

끼 있는 놈은
몰입을 즐긴다

몰입의 경험이 있는 사람들에게 '몰입=쾌감'이다

뭘 해도 끼 있는 놈이 잘한다는 말이 있다. 이 말은 끼 있는 놈은 몰입을 할 줄 알고 몰입을 즐길 줄 안다는 것으로 해석할 수 있다.

자신이 하는 일에 몰입하는 사람은 남들은 생각지도 못했던 놀라운 성과를 거두곤 한다. 공부나 사업이나 일이나 취미생활이나 그렇다. 결심도 마찬가지다. 자신이 좋아하고 원하는 목표를 정하고, 그것을 얻기 위해 노력하다가 점점 몰입하게 되면, 그 목표는 반드시 이루어진다. 몰입의 경험이 있는 사람들은 알 것이다. 어떤 일에 몰입해 있을 때는 배고픈 줄도 모르고 시간 가는 줄도 모른다.

사전을 찾아보면 몰입은 영어로 'immersion'이나 'absorption'으로 되어 있는데, 한자의 의미를 보면 몰입(沒入)은 '빠져 들어가다'라는 뜻을 가지고 있다. 하지만 심리학자들은 몰입과 관련해서 flow라는 용어를 즐겨 쓴다. 몰입이라는 현상을 과학적으로 연구한 심리학자 미하이 칙센트미하이(Mihaly Csikszentmihalyi)의 책 『몰입(Flow)』 때문인데, 그에 따르면 몰입은 그 일에 빠져 들어가는 흐름(flow)을 타는 일이라고 정의했다.

하지만 어떤 일에 몰입하기까지의 과정은 결코 쉬운 일이 아니다. 하루아침에 되는 것도 아니고, 계획하고 결심한다고 이루어지는 것도 아니다. 하지만 일단 몰입의 경지에 이르면 세상이 달라진다. 몰입의 경험이 있는 사람들에게 '몰입=쾌감'이다.

공부할 때 몰입하는 학생들은 성적이 좋을 뿐 아니라 부모가 잔소리하거나 시키지 않아도 스스로 공부를 한다. 몰입이 주는 즐거움과 쾌감을 알기 때문이다.

게임을 즐기다 점점 빠져들어 게임중독이 되면 늘 게임에 몰두하고, 담배를 배워서 니코틴중독이 되면 담배를 피우지 않고는 견딜 수 없는 것과 같은 현상은 몰입이라고 할 수 없다. 그런 부정적인 것에 빠져드는 것은 중독이라고 표현하는 것이 옳다.

몰입해본 사람은 그 자체로 희열을 느끼고 감동을 느끼고 다시 그 일을 찾고, 그 일에 빠져든다. 눈과 얼음에 뒤덮인 높고 험한 산에서 동료를 잃고 극한 추위 속에서 죽을 고비를 넘기고도 따스한 집에 안주하지 않고 다시 산에 오르는 사람들처럼, 마라톤을 하다가 쓰러질 것 같은 힘든 고비를 번번이 맛보면서도 다시 출발선에 서는 마라토너들처럼 말이다.

데드포인트와 리빙포인트

42.195km를 달리는 마라토너들은 마라톤을 완주하기 전에 반드시 죽음의 지점, 즉 데드포인트(dead point)를 거친다. 사람에 따라 그 위치가 조금씩 다르지만, 결승점을 몇 킬로미터 남겨둔 지점이 보통 데드포인트라고 한다. 수십 킬로미터를 달려오느라 다리는 뻐근하고 숨이 턱턱 막히고 가슴이 답답하고, 한 발짝도 더 나아가지 못하고 죽을 것 같은 데드포인트에 이르면, 많은 사람들이 더 이상 달리지 못하고 주저앉거나 포기한다. 마라토너들에게 1등보다 완주 자체가 자랑스러운 이유가 이것이다. 결승점까지 달린 사람들은 기록에 상관없이 모두가 데드포인트를 이겨낸 것이다.

마라토너들이 고통스러운 데드포인트를 거치면서도 다시 출발점에 서는 이유는 데드포인트를 견뎌내면 리빙포인트(living point, suspended point라고도 함)인 러너스 하이(runner's high) 상태로 들어서기 때문이다.

러너스 하이는 미국의 심리학자 A. J. 멘델이 1979년 발표한 논문에서 나온 말이다. 죽을 것 같은 순간을 이겨내고 나면 거짓말처럼 통증이 완화되고 몸이 다시 가벼워지고 마음이 편해지는 순간이 온다. 우리 뇌가 극도의 고통을 이겨내기 위해 베타엔도르핀(beta endorphin)을 분비하기 때문이다. 베타엔도르핀은 일반 진통제 약물보다 무려 200배의 진통효과가 있다. 마약을 흡입하거나 주사했을 때 분비되는 베타엔도르핀 호르몬이 극도의 고통을 겪은 후에 나오는 것은 정말 놀라운 인체의 신비 아닌가?

게다가 마라톤을 거듭할수록 베타엔도르핀이 더 빨리, 더 쉽게 분비되어, 42.195km를 완주하는 고통을 견디는 것이 더 쉬워진다고 한다. 1시간 이상 소요되는 격한 운동을 하는 사람들은 대부분 데드포인트와 베타엔도르핀 분비 현상을 겪는다. 그래서 운동 싫어하는 사람들이 보면 도저히 이해할 수 없는 사람들, 운동중독자들이 생겨난다. 등산을 하는 사람들도 마찬가지다. 산을 오르다 보면 누구나 힘들고 고통스러운 지점이 있지만, 그 과정을 이겨내는 데에서 오는 쾌감이 있다.

결심을 논하면서 데드포인트를 거론하는 이유는, 이 데드포인트가 꼭 스포츠에만 한정된 이야기가 아니기 때문이다. 우리는 살아가면서 누구나 죽을 것만 같은 고비, 즉 인생의 데드포인트를 맞이한다. 그 데드포인트를 이겨내는 사람만이 결심한 것을 마무리하고 인생을 성공적으로 살 수 있다. 데드포인트는 인생의 위기다. 어떤 사람은 그 위기에서 넘어지고, 어떤 사람은 위기를 기회로 삼아 한 단계 더 높은 곳으로 도약한다.

마라톤 하면 떠오르는 이봉주 선수는 데드포인트를 이겨낸 뚝심으로 인생의 데드포인트를 잘 이겨냈다고 한다. 2000년에 그의 소속사였던 코오롱과 결별했을 때 이야기다. 이봉주 선수의 잘못 없이 벌어진 갈등이었지만, 내막을 잘 알지 못하는 사람들은 그를 오해했다. 그의 기사에는 악플이 달렸고, 사람들의 시선은 차가웠다. 소속사가 없으니 마땅한 훈련장소가 있을 리 없어, 무려 5개월 동안이나 여관방에서 후배들 사이에 끼여서 잠자며 연습을 했다. 그리고 2000년 2월 도쿄국제마라톤에서 2시간 7분 20초로 한국 신기록을 세우며 2위를 했고, 2001년 보스턴마라톤에서는 보란 듯이 우승을 거머쥐었다. 놀고 싶고 쉬고 싶고 편하게 있고 싶은 자신의 본능과 끊임없이 싸워 이겨낸 사람일수록, 데드포인트가 왔을 때 잘 이겨낼 수 있다.

결심의 데드포인트, 몰입으로 이겨내라

스포츠에서는 데드포인트를 이겨내기 위해 끊임없는 훈련과 인내심과 정신력이 필요하지만, 결심의 데드포인트를 이겨내기 위해서는 인내심과 정신력 외에 몰입이 필요하다. 데드포인트를 극복하는 강력한 힘이 몰입에서 나오기 때문이다. 목표를 세우고, 몰입의 힘으로 그 목표를 달성하면, 그 몰입의 쾌감이 더 높은 단계의 목표를 달성할 수 있는 힘을 준다.

우리가 결심을 하고 목표를 세웠는데 도무지 그 목표달성이 어려워 보일 때는 몰입하기 쉬운 환경을 일부러라도 만들어주어야 한다. 예를 들어 공부에 몰입하기 위해서는 옆에서 자꾸 말을 걸거나 주변에서 어슬렁거리지 않는 편이 유리하다. 뇌가 100% 하는 일에 집중해야 하는데, 누군가 옆에서 질문하거나 움직이면 그쪽에 반응하는 데 뇌의 일부분이 사용되기 때문이다. 여러 학생들이 공부하는 독서실 같은 곳에서는 칸막이를 사용하거나 1인용 방을 만드는 것도 그 때문이다.

생각과 집중의 강도가 높은 몰입 상태를 만들기 위해서는, 단백질 위주의 훌륭한 식사를 하는 것이 좋다. 단백질은 두뇌활동을 활발하게 해주기 때문이다. 지나치게 단 음식이나 짠 음식은 가능하면 먹지 않는 것이 좋다. 불필요하게 뇌를 자극하기 때문이다.

무엇보다 피해야 할 것은 스트레스 상황이다. 마음먹은 대로 되는 일 하나 없고, 너나없이 경제적으로 힘들고, 젊은이들은 취업이 안 되고 중장년층은 에듀푸어와 하우스푸어로 허덕이고, 노년층은 노후대비 부족으로 힘든 요즘, 스트레스 하나 없는 사람이 있을 리 없다. 앞서 언급한 진통효과가 있는 엔도르핀은 코티졸, 엔케팔린과 함께 3대 스트레스 호르몬에 해당된다. 우리 신체는 힘들어 하는 인간을 위해 교감신경계를 활성화시킴으로써 스트레스를 경감시켜준다. 교감신경계가 활성화되면 에피네프린, 코티졸 같은 스트레스 호르몬이 분비되고, 근육이 긴장하면서 심박 수와 혈압이 올라간다.

그런데 만약 우리가 이겨낼 수 없을 정도로 큰 스트레스를 받으면, 이러한 호르몬의 작용으로도 스트레스를 경감시킬 수 없다. 그러면 불행한 결과로 귀결될 가능성이 높다. 이와 같은 사태를 막으려면 충분히 휴식을 취하고, 스트레스를 해소하며, 부신피질 호르몬의 분비를 활발하게 해야 한다. 예를 들어 크게 웃거나 간단한 운동이나 산책을 하면 스트레스의 악영향이 많이 줄어들게 된다. 소리 내어 크게 1분만 웃어도 도파민, 세로토닌을 비롯해 엔도르핀, 엔케팔린 등 20가지가 넘는 호르몬이 분비된다. 이 중 엔케팔린은 모르핀보다 진통

효과가 300배 이상 강하다.

하는 일이 마음대로 되지 않고 실패를 반복해서 불안하고 긴장하면 심리적으로나 물리적으로나 에너지가 다운된다. 무언가를 결심할 때 올라갔던 에너지가 점차 다운되어 0으로 가려고 하는 상태가 되면 네겐트로피(negentropy)를 발생시켜야 한다.

열역학 제1법칙은 에너지 보존의 법칙이고, 열역학 제2법칙이 엔트로피 법칙이다. 엔트로피 법칙에 따라 만물은 에너지가 상승하다가 다시 0의 상태로 회귀하려는 속성을 가지고 있다. 이때 부적 엔트로피(negative entropy)를 발생시켜야 도태하지 않고 다시 한 번 상승할 수 있는데, 부적 엔트로피를 네겐트로피라고 한다.

네겐트로피는 조직과 질서가 살아 움직이면서 유지되고 발달할 수 있는 힘을 가진 상태를 말한다. 이렇게 조직이 유지되고 발달할 수 있으려면 새로운 정보와 에너지가 외부에서 들어올 수 있을 만큼 조직이 열려 있어야 한다. 인체도 네겐트로피 상태가 되어야 결심이 성숙해지고 결과를 낼 수 있다. 이런 선순환 구조가 되지 않으면 결심한 지 3일 만에 실패하고 다시 작심삼일 하는 일이 반복된다.

그러니 자신이 작심삼일로 그치는 결심을 많이 해온 사람일지라도, 해답은 어찌 생각하면 간단하다. 결심한 지 3일이 되어 아드레날린과 코티졸이 떨어지면, 다시 한 번 네겐트로피를 발생시켜 결심을 새로이 하면 된다. 특히 몰입의 경험을 통해 업시켜야 한다. 몰입을 경험하는 것은 우리 삶을 풍족하게 만들기 위해 반드시 필요하다.

마무리에
집중하라

첫인상보다는 끝인상이 중요하다

필자가 살아가면서 겪는 어려움 가운데 하나가 바로 시작은 좋은데 마무리를 못하는 점이다. 말로는 시작을 3으로 하고 끝을 7로 맺으라 하면서 반대의 삶을 살아가니 말이다. 이제는 거꾸로 하겠다는 결심에 결심을 해본다.

초두효과(primary effect)란 서로 다른 정보가 시간 간격을 두고 주어질 때, 받아들인 정보를 처리하는 과정에서 초기에 받아들인 정보가 나중에 받아들인 정보보다 더 중요하게 작용하는 것을 말한다. 우리의 두뇌가 처음에 얻은 정보를 나중에 얻은 정보보다 더 잘 기억하는 것이다. 따라서 어떤 일을 시작할 때 상대에게 좋은 정보를 주는 것은 생각보다 중요한 문제다. 초두효과는 첫인상 효과와도 연결된다.

우리는 사람들을 만날 때 첫인상에 신경을 쓴다. 첫인상을 어떻게 느끼는가에 따라 이후 행동에 대한 판단이 달라지기 때문이다. 첫인상은 나중에 들어온 정보를 해석하는 데 큰 영향을 미친다. 두 사람이 똑같은 행동을 하더라도 첫인상이 좋았던 사람이 하는 행동은 긍정적으로 받아들이고, 첫인상이 나빴던 사람의 행동은 부정적으로 받아들이는 것이다.

그렇다면 첫인상이 좋지 않았거나 시작이 매끄럽지 않았던 관계를 뒤집을 수는 없을까? 가능하다. 빈발효과(frequency effect)를 활용하면 된다. 빈발효과란 첫인상이 나빴더라도 첫인상과 다른 모습, 말하자면 상대에게 호감을 줄 수 있는 긍정적이고 진솔한 모습을 계속 반복적으로 보여주면 점차 좋은 인상으로 바뀌는 것을 말한다.

처음에 노출된 정보를 더 잘 기억하는 초두효과와 달리 가장 최근에 들은 정보를 더 잘 기억하고 믿는 신근성 효과(recency effect)도 있다. 같은 사람이나 같은 사안에 대해 여러 가지 상반된 정보를 들었을 때, 가장 최근에 들은 정보를 가장 신뢰하는 것이다.

한편 처음에 좋은 인상을 받았던 사람이 시간이 갈수록 기대치에 미치지 못하면 배신감을 느끼게 되는 기대치 위반효과도 나타난다.

초두효과와 첫인상효과, 신근성 효과가 일관되게 좋은 정보를 주면, 누구나 그 상대에 대해 최상의 평가를 내린다. '굉장히 똑똑한 학생'이라는 정보를 듣고 만난 학생이 첫인상도 좋고 수업시간에 질문과 대답을 잘할 뿐 아니라 성실하게 노력해 기말시험까지 잘 본다면,

선생님들은 아마 그 학생에게 최상의 추천서를 제공할 것이다.

어떤 일을 시작해서 결실을 맺는 사람들의 행동은 용두사미로 일을 끝내는 사람들과 조금 다르다. 비즈니스 측면에서나 인간관계에서나 일을 시작했으면 마지막까지 마무리를 잘해야 한다. 첫인상도 중요하지만 끝인상도 중요하다. 첫인상이 중요한 만큼이나 어떤 과정을 거치면서 어떻게 마무리하는가도 중요하다. 일반적으로 결심을 하고 그 결심을 실천해서 성공으로 이끄는 목표달성자들은 마무리에 더 신경을 쓴다.

야구 경기를 생각해보자. 9회 말까지 시합을 해야 끝이 나는데, 7회나 8회까지 잘 싸우고 이기다가 9회 말에 대량실점을 한다면, 그 경기는 이길 수가 없지 않은가? 9회까지 모든 경기를 마쳤을 때 경기결과가 나오고, 그때 시합이 끝나는 것이기 때문이다. 야구뿐 아니라 모든 스포츠, 나아가 모든 일들이 다 그렇다. 초반에 잘하는 것도, 중반에 잘하는 것도 중요하지만 결국 이기기 위해서는 마지막까지 잘해야 한다. 마무리를 잘해야 경기를 이길 수 있고, 마무리를 잘해야 목표를 달성할 수 있다.

『바보들은 항상 결심만 한다』라는 인상적인 제목의 책이 있다. 어리석은 사람들은 바보처럼 항상 결심만 되풀이하지만, 결심에 성공하는 사람들은 과감하게 버릴 것은 버리고 목표에 매진해 결심의 열매를 취한다.

결심하기보다 마무리가 중요하다

결심하는 것도 중요하지만 마무리가 중요하다. 시작은 미약했으나 끝은 창대하리라! 서비스도 마찬가지다. 사전 서비스보다 사후 서비스를 잘해야 하는 것처럼 결심도 마무리가 중요하다. 보통 성공하는 세일즈맨들의 경우 사전과 사후 서비스 비율, BS와 AS의 비율을 3 : 7로 실천한다.

일반적으로 아마추어들은 첫인상과 BS(before service)에 신경을 쓰고, 프로는 끝인상과 AS(after service)에 신경을 쓴다. 실천하고 성공하는 사람들은 BS보다 AS에 3 : 7 정도로 신경을 더 쓴다. 특히 불황이 장기화되고 경기 활성화가 늦어지면서 기업과 기업인들 사이에서도 BS보다는 AS가 더 중요하다는 인식이 커지고 있다.

정보화 사회에서는 사람들의 입소문이 제품의 성공 여부에 큰 영향을 미친다. 입소문이 좋은 영화가 천만 관객을 동원하고, 입소문이 좋은 제품이 팔리고, 고객과 소통이 잘되는 기업이 고객의 선택을 받는다. 기업이 물건을 만들고 광고를 해서 판매하기도 하지만, 고객이 먼저 제품을 선택하고 스토리를 만드는 경우가 많다.

최근 「백세인생」이라는 노래로 각종 패러디를 만들어내며 폭발적인 인기를 끌고 있는 가수 이애란 씨가 좋은 예다. 오랜 무명가수 생활을 했지만 대중들에게 알려지지 않았던 이애란 씨의 노래를 한 대학생이 '~라고 전해라' 짤방으로 만들어 올리면서 온라인에서 큰 화제가 되었고, 이것이 이애란의 인생을 바꾸어놓았다. 가수 싸이도 마찬가지다. 유튜브에 올린 「강남스타일」이 전 세계적으로 수많은 패러디 영상과 함께 엄청난 조회 수를 기록하면서, 세계적인 스타가 되었다. 이렇게 바뀐 세태를 기업들이 인지하고, 고객에 대한 접근방식을 달리하고 있는 것이다.

문제가 발생한 다음에 대처하는 것도 중요하지만, 문제가 발생하기 전에 고객과 소통하면서 고객의 불만과 불편을 해소하면 기업 이미지나 마케팅에도 큰 도움이 된다. 그래서 SALES라는 단어를 smile(미소), acting out(실천), listening(경청), energy(긍정 에너지), service(서비스)라는 세일즈적인 특성으로 바꾸면서 전사적인 노력을 기울이는 회사도 있다. SALES, 즉 smile, acting out, listening, energy, service는 실천에서 성공한 사람들의 행동 특성을 요약한 것으로, 고객들에게 미소로 대하고 고객들과의 약속을 실천하며, 상대의 말을 경청하고, 긍정 에너지를 가지고 움직이며, 사전·사후에 걸친 최선의 서비스를 제공하라는 조언이다.

대부분의 사람들이 초반에는 열심히 하지만 마무리를 제대로 못한다. 하지만 결심을 구현하는 사람들은 마무리에 신경을 쓴다. 예를 들어 비즈니스 파트너와 함께 골프 접대를 할 때도 어떤 사람들은 골프를 치고 나서 밥과 술을 함께하며 끝내는데, 어차피 상대를 위해 접대하는 것이라면 대리비까지 챙기든지 집까지 직접 또는 기사를 시켜 모시든지 함으로써 마무리를 해야 한다. 그래야 상대방이 감동과 감사를 느끼고, 그런 마음이 비즈니스적인 결과에 영향을 미친다.

누군가에게 선물을 할 때는 타이밍이 중요하다. 예를 들어 명절 선물을 명절 때 하면 의례적인 인사치레가 되고 만다. 게다가 밀려드는 택배 주문 때문에 음식이나 과일 같은 명절 선물이 상한 채로 배송되면, 그것은 처치하기 곤란한 쓰레기를 선물로 준 셈이 되고 만다. 선물의 타이밍을 잘 맞추면 같은 선물이라도 상대에게 감동을 줄 수 있다. 그 타이밍은 남들이 다 주고 남들이 다 움직이고, 남들이 한꺼번에 축하해줄 때가 아니다. 어떤 일의 타이밍을 잡을 때 다른 사람들의 움직임에 부화뇌동하거나 동조하면, 결코 좋은 결과를 얻을 수 없다. 남들이 움직이기 전에 먼저 움직여 선점효과를 누려야 성공한다. 남들이 우르르 몰려가는 길에 함께 뛰어들지 말고 자신만의 개성과 타이밍, 컬러를 가져야 한다. 자기만의 색깔을 가져야 성공할 수 있다.

4장

결심중독의 사회학

멀리 가려면 함께 가라

훗날에 훗날에 나는 어디에선가
한숨을 쉬며 이 이야기를 할 것입니다.
숲 속에 두 갈래 길이 있었다고
나는 사람이 적게 간 길을 택하였고
그것으로 해서 모든 것이 달라졌다고.

– 로버트 프로스트, 「가지 않은 길」 중에서

네가 있기에 내가 있다, 우분투!

'Number One'이 아니라 'Only One'으로

아프리카에 반투족이라는 부족이 살고 있다. 아프리카 부족에 대해 연구 중이던 어느 인류학자가 반투족들이 사는 곳에 가서 아이들을 모아놓고 게임 하나를 제안했다. 멀리 떨어져 있는 나무 옆에 아이들이 좋아하는 달콤한 딸기가 가득 찬 바구니를 놓고, 가장 먼저 도착한 사람만 먹을 수 있다는 게임 규칙을 알려주었다. 그리고 "시작!"이라고 외쳤다. 당연히 아이들이 1등을 하려고 앞 다퉈 달려나갈 것으로 생각했던 인류학자는 깜짝 놀라고 말았다. 반투족 아이들이 서로 손을 잡고 천천히 걸어가서 딸기를 사이좋게 나누어 먹었기 때문이다.

그 학자는 아이들에게 물었다.

"가장 먼저 달려간 아이한테 과일을 전부 주려고 했는데, 왜 손을 잡고 같이 달렸니?"

그러자 아이들 입에서 "우분투(ubuntu)!"라는 단어가 합창하듯 쏟아졌다. 그리고 한 아이가 말했다.

"혼자 과일을 다 먹으면 친구들 모두 슬퍼할 텐데, 어떻게 혼자 기분이 좋을 수가 있어요?"

우분투는 아프리카 코사(Xhosa) 어로 "네가 있기 때문에 내가 있다.(I am because you are.)"라는 뜻이다.

반투족의 사고방식과 달리, 우리나라 사람들은 순위경쟁을 해서 등수가 앞설수록 잘한 것이라고 생각한다. 자녀가 공부를 잘할수록 부모의 콧대가 높아지고, 혹시라도 성적이 떨어지면 좋은 대학에 가지 못할까 전전긍긍한다. 청소년들이 가장 많이 듣는 말 중 하나가 "공부 열심히 해라.", "공부 잘해라."라는 말이다.

100명의 학생이 시험을 봐서 1등부터 100등까지 등수가 나오면, 가장 공부를 잘한 1등은 과연 행복할까? 약간 우쭐하는 마음이 있을지는 모르지만, 그 기분이 언제까지나 유지되지는 않을 것이다. 2등, 3등, 4등, 그 밖에도 많은 학생들이 '다음엔 나도 1등을 해야지!' 하고 벼르기 때문에 1등 자리를 내줄까 두려워 전전긍긍하고 초조하다. 남들이 알아주지 않을망정 이런 심리는 중간부터 끝까지 모든 학생들이 비슷하게 느낀다. 한 명만 따라잡으면 행복할 것 같은 100등은 꼴찌여서 서글프고 부모나 친구들로부터 '꼴찌'로 낙인찍히는 것이 심리적 부담감으로 작용할 것이다.

100명을 시험이라는 운동장에 일렬로 세워놓고 한 방향으로 전력 달리기 시합을 시키면, 100명의 학생 중 단 한 명도 마음 편하고 행복하지 않다. 누구나 '행복'을 목표로 살아간다. 그런데 100명이 경주를 해서 100명 모두가 불행해진다면, 얼마나 큰 사회적 낭비인가? 100명이 운동장에 모여 달리기를 해도 100명 모두 행복할 수는 없는 것일까? 방법은 있다. '넘버원(number one)'이 아니라 '온리원(only one)'을 추구하면 된다. 경쟁이 아니라 초경쟁을 하라는 논리와 같다.

시험결과로만 등수를 매긴다면 1등부터 꼴찌이지만, 달리기를 잘하는 아이, 노래를 잘하는 아이, 글짓기를 잘하는 아이, 실험도구를 잘 다루는 아이, 뜨개질을 끝내주게 하는 아이 등 각자 자신의 강점을 찾아 달리기를 하면 100명이 달려도 100명 모두가 1등일 수 있다. 학생들 각자가 가장 잘하고 좋아하는 것을 찾아서 그쪽으로 열정을 가지고 공부하게 한다면, 사회 전체의 경쟁력은 공부 하나로 경쟁할 때보다 10배, 100배 커진다. 그것이 진정한 교육이고, 그것이 다 같이 성장하고 발전하는 올바른 경쟁일 것이다.

독학학원 온라인판, 캠스터디

한 바구니의 딸기를 혼자 먹기보다 친구들 모두 딸기 하나씩 먹는 쪽을 선택한 반투족 아이들처럼, 생각을 바꿔 경쟁자들끼리 서로 협력하고 도우면 효율적으로 결심만 하다가 실패하는 결심중독자가 되지 않고 목표를 달성할 수 있다. 최근 온라인에서 같은 시험공부를 하는 수험생들이 모여서 공부하는 새로운 스타일의 스터디그룹이 생겨나는 중이다.

학원이나 독서실에 가지 않고 집에서 혼자 공부를 하면 집중력이 떨어져 자기 자신과의 싸움이 되기 일쑤다. 졸려서 커피 타 마시고, 화장실 갔다 오는 길에 냉장고 한번 열어보고, 소파에 앉아 잠깐 쉬다 보면 능률이 떨어진다. 하지만 집 밖으로 나가서 공부를 하려면 시간 들고 돈 들고 집중력도 흐트러지게 마련이다. 그래서 대입 재수생이나 반수생, 공무원 임용 시험 준비하는 사람 등 같은 목표를 가지고 공부하는 사람들이 모여서 공부하기 시작한 것이다. 그것도 바로 각자의 방에서.

중등교사 임용고시를 준비하는 K 씨는 매일 오전 8시에 컴퓨터 앞에 앉아 웹캠을 켠다. 그리고 화면에 손과 문제집만 보이도록 카메라 각도를 조절한 뒤 화상 채팅 프로그램에 접속한다. 채팅창에 '8시 출석 체크합니다.'라고 쓰자 손과 문제집만 보이는 비슷한 영상들이 뜨기 시작했다. 모두 10명이다. 10명 모두 모인 것이 확인되자 침묵이 시작된다. 각자 그 상태로 공부하는 것이다. 이들은 개인적으로는 전혀 모르는 사이다. 다만 같은 공부를 하는 사람들이 서로 공부하는 모습을 화상 채팅으로 보면서 매일 10시간씩 공부한다.

이렇게 전혀 모르는 사람들이 같은 목적으로 모여 웹카메라로 서로 보며 공부하기 때문에 '캠스터디'라고 부른다. 스터디 방법은 간단하다. 매일 정해진 시간에 카메라를 켜고 공부하는 모습을 서로 보여주면 된다. 대신 규칙은 꽤 엄격하다. 자리를 비울 때는 채팅창에 이유를 남긴 후, 정해진 시간 안에 돌아와야 한다.

캠스터디족은 여럿이 모여 공부하기를 선호하는 사람이 많지만 실제로 모이기는 쉽지 않아서 생겨났다. 모여 있는 것 같은 느낌을 받지만 교통비나 식비, 왔다 갔다 하는 시간이 들지 않아 선호하는 사람이 많다. 고시생이나 수험생이 많은 노량진·강남에는 학생들의 자율학습 관리를 해주는 '독학 관리 학원'도 생겨났다. 캠스터디는 독학 학원의 온라인판인 셈이다. 이렇게 모여 공부하면 누군가 감시하고 있다는 강제성도 있을 뿐 아니라 다른 사람들이 열심히 공부하기 때문에 나도 열심히 하려는 경쟁 심리마저 자극받는다고 한다.

사실 캠스터디에서 함께 공부하는 사람들은 시험장에 들어서면 라이벌일 수도 있다. 하지만 혼자 공부하다가 결심한 대로 잘 안 되는 것을 겪어본 수험생들이기에, 그런 불안함을 조금이나마 덜고 혼자 할 때의 나태를 극복하고자 애쓰는 것이다.

결심중독에서 벗어나기 위해 기꺼이 손을 잡고 합격까지의 과정을 함께 가는 것이다.

빨리 가려면 혼자 가고 멀리 가려면 함께 가라

'빨리 가려면 혼자 가고 멀리 가려면 함께 가라.'는 아프리카 속담이 있다. 멀리 간다는 것은 큰 목표를 향해 긴 여행을 시작한다는 말인데, 가야 할 길이 멀다면 도중에 우리가 예상치 못했던 갖가지 난관이

기다리게 마련이다. 그럴 때는 같은 목표를 가진 사람들이 모여서 서로를 격려해가며 힘든 길을 함께 걸어가는 편이 성공 확률을 훨씬 더 높인다. 그래서 온라인과 오프라인을 불문하고 금연클럽, 금주클럽, 안티알코올 모임, 단도박 모임 등 다양한 중독 치료 모임들이 형성되어 있다. 난치병 환우들끼리 모여 서로 정보를 주고받고 격려해주기 위한 모임도 있고, 특별한 사건을 같이 겪은 피해자들이 서로의 아픔을 이해하고 위로해주기 위해 모인 모임도 있다.

앞에 언급한 캠스터디처럼 함께 공부하기 위한 스터디 그룹도 많고, 산악회 같은 동호회나 같은 지역에 사는 사람들 모임도 있으며, 같은 스트레스를 겪는 사람들끼리 모이는 모임도 많다. 이런 현상을 스트레스 공유 신드롬(stress share syndrome)이라고 한다.

힘든 일을 함께 공유한 뒤 일체감을 느끼는 심리를 말한다. 그래서 고등학교·대학교 동문회는 물론이요, 해병대 동문회, 고대 동문회, 호남향우회, 월남참전자회 등 수많은 단체들이 있다. 이들 조직은 모두 같은 목표를 가졌거나 같은 경험을 공유한 사람들끼리 모여 서로 밀어주고 끌어주고 동질감을 느끼는 모임들이다. 많은 사람들이 모이면 원래 취지와 달리 문제가 생길 때가 있지만, 어떤 모임이든 어우러져 살아가는 세상이니만큼 서로 양보하며 각자의 목표를 향해 나아가야 한다.

에너지
뱀파이어

때로는 돌아가라, 피할 것은 피하자

어디를 가든, 사람들을 만나다 보면 꼭 거슬리는 사람들이 있게 마련이다. 맛있는 것을 사주고 싶어 고심 끝에 송어횟집 가서 나름대로 신경 써 식사 대접을 하고 나오는데, 신발장 앞에서 신발을 신으면서 "회는 역시 향어회가 최고야." 하는 사람들.

다른 사람들 모두 산으로 가자고 하는데 혼자 바다로 가자며 어깃장을 놓고, 큰맘 먹고 쇠고기로 회식하고 나오는데 "역시 고기는 돼지고기야." 하는 말을 들으라는 듯이 내뱉는 사람들. 업무를 할 때도 다른 이의 자존심을 상하게 해서 무서워서가 아니라 함께 있기 싫어 피하고픈 사람들, 즉 에너지 뱀파이어들 말이다.

분명 저 사람은 항상 저런 식으로 말한다는 것을 알고 있으면서도, 막상 에너지 뱀파이어가 자신을 타깃으로 인신공격을 하거나 공개적으로 망신을 주고 자신이 이야기할 때 비웃는 표정을 지으면 평정심을 유지하기가 쉽지 않을 뿐 아니라 자존심에 큰 상처를 받는다. 퇴근 후 집에 가서 곰곰 되짚어보며 속앓이를 하고, 털어버리려고 해도 자꾸 떠오르는 생각 때문에 아무 쓸모없는 일에 에너지를 뺏기게 되는 것이다.

왜 평범한 사람들은 에너지 뱀파이어에게 그렇게 당하고 상처받으면서도 똑같이 되갚아주거나 반항하지 못하는 걸까? 다른 사람의 시선과 감정을 생각하지 않고 말하는 에너지 뱀파이어와 달리, 평범한 사람들은 자신이 똑같은 행동으로 되갚았을 경우 이기적이고 못된 사람으로 보일까 두렵기 때문이다. 그렇게 행동함으로써 다른 이의 기분을 상하게 하거나 상처를 줄지 모른다는 걱정은 속에서 울컥 올라오는 충동을 누르게 만든다.

그 충동을 누르고 아무 말 못하고 속앓이를 해도 문제는 해결되지 않는다. 에너지 뱀파이어는 단발적으로 상처 주는 언행을 하는 것이 아니라 옆에 그대로 머무르면서 끊임없이 도발을 해오기 때문이다. 그렇다면 아무 반항 못하고 언제까지나 그들과 함께 상처받으며 부대껴야 하는 걸까? 계속 상처받고 힘들어 하면서? 그 사람들을 물리칠 방법은 정말로 없는 것일까?

그들에게 대처하는 최악의 방법은 그대로 계속 당하는 것이고, 최선의 방법은 그들을 피하는 것이다. 싸운다고 해서 바뀌는 사람들이 아

니기 때문이다. 에너지 뱀파이어에 해당되는 사람들은 실은 자신들의
에너지도 좀먹기 때문에 심혈관계 질환이 생기기 쉬워 건강이 그다지
좋지 않다. 그들을 피해 돌아가는 것도 방법이다. 뚫고 나가는 것만이
능사는 아니다. 같은 직장 내에 있는 사람이라면 다른 부서로 바꾸고,
친구가 그렇다면 그 친구를 만나지 않아야 한다. 다시는 그런 태도를
용인하지 않겠다는 의지를 보여주는 자세가 중요하다. 에너지 뱀파이
어들 역시 사회생활을 해야 하기 때문에 자신이 물어도 그냥 당할 만
큼 만만한 사람을 고르지, 건드리면 되받아칠 만큼 강한 사람을 물지
는 않는다. 누군가가 나를 힘들게 하거나 비웃고 위협한다면 가만히
있지 않겠다는 의지를 단호히 보여주는 것이 좋다. 그리고 그런 사람
을 보거든 혹시 나 역시 누군가에게 뱀파이어 역할을 하지나 않는지
한번쯤 생각해볼 일이다.

적당한 스트레스는 결심 달성의 동반자다

　일반적으로 스트레스는 몸에 나쁘고 만병의 원인이라고 생각한다.
하지만 적당한 스트레스는 우리 몸을 적당히 긴장시켜 생활에 활력을
줄 뿐 아니라 건강을 지켜준다. 우리 몸에 도움을 주면서 자신감과
창의력은 물론 일의 능률까지 높아지게 만드는 좋은 스트레스를 유
스트레스(eustress)라고 하고, 몸의 균형을 깨뜨리고 혼란을 주어 병들
게 하는 나쁜 스트레스를 디스트레스(distress)라고 한다.
　유스트레스는 일반적으로 재미있는 유머를 듣거나 스포츠 또는 예

술활동을 할 때, 종교생활을 할 때 겪는 스트레스다. 이런 스트레스를 계속 받으면 설렘과 흥분이 느껴져 건강해지고 행복해진다. 삶을 활기 차게 하고 삶에 동기를 부여하는 역할을 하는 것으로 알려져 있다.

유스트레스와 달리 디스트레스가 계속 쌓이면 백혈구의 활동성이 떨어지면서 면역력이 저하되어 질병에 취약하게 만든다. 그래서 만성 스트레스를 겪으면 헬리코박터 파일로리균, 결핵균, 감기 바이러스 등의 감염에 취약해지고, 입안의 염증, 구강 건조증 등을 일으킨다. 두피에 영향을 미쳐 비듬과 탈모증의 원인이 되기도 하고, 순환기 질환에 영향을 미쳐 고혈압, 심장병, 뇌졸중 등의 간접 원인이 된다.

그런데 과로와 걱정거리 등으로 받은 스트레스를 풀기 위해 담배를 피우거나 술을 마시는 사람들이 있다. 스트레스가 쌓인 상황에서 술과 담배까지 들어가면 육체적인 스트레스가 가중되어 건강에 치명적이다. 우리의 삶 곳곳에는 수많은 스트레스 요인이 넘쳐나기 때문에 스트레스가 전혀 없는 사람은 없을 것이다. 따라서 가능하면 의도적으로라도 유스트레스는 충분히 받고 디스트레스는 덜 받는 쪽으로 노력해야 한다.

방법은 그다지 어렵지 않다. 즐겁고 행복한 생활을 하면 된다. 좋아하는 아이스크림을 사서 함께 먹으며 산책하기, 좋은 공연이나 영화 보기, 장난감 등으로 놀아주기, 놀이터에서 아이들과 어울리며 웃고 즐기기, 이 모든 활동이 나와 아이들의 유스트레스를 분비시키는 좋은 활동들이다. 그저 함께 어울려 노는 것만으로도 가능하다. 반대로 가족들끼리 소통 부재로 인해 서로 언성을 높이고 싸우거나 가부장적인 분위기를 만들고, 윽박지르고 화나게 하고 마음 상하게 하면 디스트레스가 분비된다.

재미있는 점은 같은 자극을 받더라도 어떤 사람은 유스트레스가 분비되고 어떤 사람은 디스트레스가 분비되기도 한다는 것이다. 예를 들어 몸치에게 춤을 추자고 하면 디스트레스가 분비되지만, 춤을 너무 즐기는 사람에게 권하면 유스트레스가 분비된다. 노래를 잘하는 사람에게 식사 후 노래방 2차를 제안하면 유스트레스가 분비되지만, 노래를 너무 못하고 싫어하는 음치에게 노래방에 가자고 하면 노래방에 가기 전에 디스트레스가 분비되고 소화도 잘 되지 않는다. 따라서 나와 내 가족이 건강하기 위해서는 주변에 유스트레스 상황이 많이 생기도록 노력해야 한다.

사람들은 스트레스의 원인을 자꾸 외부에서 찾으려고 하는데, 스트레스의 원인은 사실 내 안에 있다. 똑같은 일이라도 어떤 사람은 스트레스를 심하게 받고 어떤 사람은 전혀 그렇지 않다. 스트레스를 잘 받는 사람들의 특성은 툭툭 털어내지 못하고 소심하다는 것이다. 꼼꼼한 사람, 소심한 사람, 완벽주의자, 비관주의자, 열등감과 상처가 많은 사람, 거절을 잘 못하는 사람, 자기 비하적인 사람들이다. 반대로 스트레스를 잘 안 받는 사람은 적극적이고, 자신감 있으며, 긍정적이고, 자존감이 강하다.

결심을 달성하려면 적당한 스트레스를 즐기고, 이왕이면 매사를 좋은 쪽으로 해석하는 습관을 길러야 한다.

스트레스는 사람에 따라 취약성(vulnerability)과 탄력성(resilience)이

다르다. 똑같이 스트레스나 상처를 받아도 어떤 사람들은 더 아프고 어떤 사람들은 덜 아프다. 이것은 사람마다 취약성이 다르기 때문이다. 또한 똑같은 스트레스를 받거나 상처를 입어도 어떤 사람들은 빨리 지혜롭게 극복하는 반면, 어떤 사람들은 더디고 힘들게 극복한다. 바움가르드너 등은 이런 차이는 사람마다 회복탄력성(resilience)이 다르기 때문이라고 주장한다. 이런 차이는 사람의 개인차일 수도 있고, 살아온 경험과 경륜의 차이, 실천력의 차이, 내성의 차이 등 다양한 요인으로 나타난다.

정확히 나누고
조금 덜 가져라

분배, 어떻게 나눌 것인가?

tvN에서 방송한 「응답하라 1988」이 엄청난 인기를 끌었다. 우울한 현대 사회에 주는 슬픈 자화상이기도 하다. 주인공 격인 1988년 쌍문동 골목길 5인방도 인기이지만, 이 드라마가 남녀노소 사이에서 고른 지지를 보이며 많은 사람들의 향수를 자극하는 이유 중 하나는 바로 '골목길 인심'이다. 한 집에서 음식을 하면 그 음식은 아이들 손에 들려 반드시 이웃집으로 넘어간다. 내 것, 네 것이 따로 없는 모습을 보며 사람들은 너나없이 정을 느끼고 "예전엔 가난했지만 인정은 넘쳤지…." 추억하며 향수에 젖는다. 인심은 먹는 것에만 그치지 않고 육아에서도 드러난다. 부모님이 집을 비우면 반드시 그 집 아이에게 "우리

집에 와서 저녁 먹어라."라고 말한다. 아이들 교육 역시 거의 공동육아에 가깝다.

특히 골목길에서 가장 부잣집인 정봉이 엄마는 달걀 한 판을 사더라도 결코 혼자서만 챙기는 법이 없다. 호기 있게 달걀 장수에게 "비닐봉지는 세 개 주세요!"를 외친다. 세 집에 고루 나눠주기 위해서다. 남편 생일날 치킨을 먹을 때면 열 마리나 주문해 집집마다 한 마리씩 돌리고, 아이들은 따로 불러 모아 치킨파티를 연다. 물론 "곳간에서 인심 난다."는 말이 틀린 것은 아니겠지만, 그래도 언제나 인심 넘치는 품성이기에 골목길 그 어느 누구든 부잣집을 시샘하지 않는다.

아낌없이 나눠주는 사람을 싫어할 사람은 없다. 먹고사는 문제는 언제나 그 무엇보다 심각한 주제다. 오죽하면 '입을 던다.'라는 말이 있겠는가. 과거 먹을 것이 부족하던 시절 한 입이라도 다른 집에서 먹게 하려고 예닐곱 살짜리 딸을 시집보내는 민며느리제도가 있었고, 농사지을 노동력 확보를 위해 건장한 청년을 처가에 받아들이는 데릴사위제도가 있었다. 그러니 최소한 굶어죽을 염려는 없는 요즘도 인심 후한 1988 쌍문동 골목길을 사람들이 좋아하는 것이다.

쌍문동 부잣집 아줌마가 보여준 나눔의 법칙을 그대로 실천하면 우리는 주변 사람들의 지지를 얻을 수 있다. 내가 무엇인가를 향해 노력하면 옆에서 도와주고 힘써주며, 중도에 포기하려고 할 때 조금 더 힘을 내도록 토닥거린다. 하지만 지금은 1988년도 아니고 1990년도 아니므로, 현실적으로 인정할 것은 인정해야겠다. 골목길 인심이 그대로 되살아날 수는 없다는 것이다.

복지국가가 등장한 이래 '분배' 문제는 언제나 사람들의 날선 시선을 받는 관심분야다. 아무리 서로 협동해서 얻은 이익이라고 할지라도, 그 이익을 분배하는 문제에 대해서는 쉽게 합의하고 결론을 내지 못한다. 따라서 구성원들 모두가 합의할 수 있는 적절한 분배의 원칙이 필요한데, 이것을 분배정의라고 한다. 그러나 각자 응분의 몫을 어떤 기준에 따라 분배할 것인지는 매우 어려운 과제다.

　그런데 재미있는 것이, 전남대학교 한규석 교수에 의하면 분배하는 방식이 지역마다 조금씩 다르다고 한다. 전적으로 그런 것은 아니겠지만 일반적으로 충청도는 똑같이 나눈다고 한다. 쌀 10가마를 다섯 집에서 나눈다면 똑같이 두 가마씩 가져가는 식이다. 전라도는 필요성 분배방식을 취한다. 10가마를 다섯 집에서 나누는데, 할머니 혼자 사는 집이 있고 10명의 대가족이 옹기종기 모여 사는 집이 있다면 할머니 집에는 한 가마를, 10명이 사는 집에는 세 가마를 나눠주는 식이다. 반면 계산이 딱 떨어지는 서울과 경상도는 형평분배를 한다고 한다. 투자한 만큼 나누는 것이다.

　어떤 방식이 옳고 어떤 방식이 그른 것은 아니다. 다만, 자신이 다른 사람들과 무엇을 나누어야 할 경우, 살아가면서 남들로부터 협조를 얻어내고 '함께 가는 삶'을 지향한다면, 정확하게 나누되 남들보다 쌀 한 톨이라도 더 적게 가져가려고 하는 편이 바람직하다. 조금 덜 가져온 물질만큼, 그 사람의 호감과 호의, 마음이 성큼 당신에게 오기 때문이다.

결심의 지지자를 얻으려면 똑같이 나누되 조금 덜 가져라

인간은 누구나 더 가지고 싶어 한다. 남들보다 더 갖고자 하는 마음은 거의 본능에 가깝다. 한 사람이 99가마를 가지고 있고 다른 한 사람은 한 가마를 가지고 있다면, 나머지 한 가마를 마저 가져다가 100가마를 채우고 싶은 것이 인간이다. 그리고 이 욕심이야말로 산업 사회를 이끌고 온 근간이 되기도 했다.

하루 종일 허리도 펴지 못하고 일을 해도 겨우 입에 풀칠하며 살 만큼의 보수만을 지급하면서 기업주의 배를 불린 것은 과거 전 세계 전반에 걸친 세태였다. 물론 정도의 차이만 있을 뿐 현대 사회라고 해서 별반 달라질 것은 없다. 최저임금보다 더 적은 시급을 지급하는 고용주도 많고, 종업원의 월급을 체납하는 악덕업주도 적잖다.

사회적 생존을 위해서는 사회적 지지를 얻어야 하고, 인간관계에서 자신을 물심양면으로 도와줄 서포터스를 얻어야 한다.

여러 가지 캠페인에 참여하고 봉사활동을 하고 사업을 할 때, 그런 것을 지속시키는 데 필요한 것은 주변의 지지다. 주변의 지지를 얻기 위해서는 쌍문동 부잣집 아줌마처럼 하라. 내가 조금 덜 먹고 다른 이를 챙기고, 내어줄 때는 얼굴 찌푸리지 말고 기꺼이, 즐거운 마음으로 하자. 인간관계를 돈독히 다지려면 똑같이 나누되, 내가 조금 덜 가져야 한다.

어느 선배가 필자에게 조언하기를, 고향에 내려가 고스톱을 치면 돈을 따지 말라고 했다. 심심풀이로 친 10원짜리 고스톱이건 100원짜리 고스톱이건 간에, 누구나 손해 보는 것은 싫어한다. 잃은 돈이 아깝고 속상해서가 아니라, 조금이라도 돈을 따면 왠지 복이 굴러올 것만 같고 올 한 해는 운이 좋을 것만 같아서다. 그런데 행운의 여신이 굳이 당신을 보고 방긋방긋 미소를 짓는 바람에, 본의는 아니었지만 돈을 따게 된 경우에는 어떻게 할까? 간단하다. 딴 것에 더 보태어 조카나 친구 자녀들에게 용돈을 주면 된다. 포인트는 '상대의 기분을 좋게 하는 것'이다.

그럼 누구나 으레 싫어하는 손해는 누가 봐야 할까? 맞다, 바로 당신이다. 당신이 고향의 몇몇 분들을 게임에서 이기게 해주면, 당신이 고향을 떠나온 다음에도 두고두고 웃으며 그때의 화투놀이를 기억한다. 그리고 다음에 당신이 다시 방문했을 때, 아마 환대가 기다릴 것이다. 모든 사람에게 운을 준, 기분 좋은 사람이기 때문이다. 그렇게 호의적인 분위기를 만들었다면, 당신이 하고자 하는 일에 고향 사람들 모두가 조력할 것이다.

큰 목표를 향해 갈 때는 여러 사람들과 함께 가야 하는데, 그때 우리에게 필요한 조력자들은 평상시에 미리 만들어두어야 하는 것이다.

남의 결심에 공감을 나눠라

베르테르 효과와 파파게노 효과

누군가가 다른 누군가의 말을 듣는다는 것은 어쩌면 한 사람의 인생을 바꿀 수 있는 일이다. 유명인이 자살할 경우 따라서 자살하는 것을 일컫는 베르테르 효과는 많은 사람들이 잘 알고 있다. 하지만 그 반대의 개념인 파파게노 효과(Papageno effect)에 대해 아는 사람은 그다지 많지 않다. 파파게노 효과는 자살하려는 사람 앞에 누군가 나타나 이야기를 들어주면 그는 죽지 않는다는 것이다.

파파게노는 모차르트의 오페라 「마술피리」에 등장하는 인물로, 그는 연인과의 이루지 못한 사랑을 비관해 자살을 시도한다. 그때 세 명의 요정이 나타나 자살을 만류하며 희망의 노래를 전하고, 파파게노는 이들의 도움으로 죽음의 유혹을 극복하게 됐다는 데서 유래한 말이다. 특히 언론보도의 자제를 통해 자살충동을 미리 방지하는 긍정적 효과로 베르테르 효과와는 반대 개념이다.

사람들은 대부분 다른 사람의 말을 듣는 것보다 자신이 말하기를 더 좋아한다. 여러 사람이 모인 자리에서 살펴보면 다른 사람의 말을 전혀 듣지 않고 자기 말만 하는 사람이 있다. 이런 사람들은 다른 사람의 말을 중간에 잘라버린다. 그러다 보니 한 모임에서 두세 사람이 각자 자기 이야기를 하는 상황이 생기기도 한다. 다른 사람의 말을 들을 줄 모르는 사람은 아마 듣는 것이 말하는 것보다 훨씬 소중하고 가치 있는 일이라는 것을 모를 것이다.

살다 보면 누구나 힘들고 기가 막히는 상황과 마주칠 때가 있다. 이럴 때 누군가가 조용히 자신의 이야기를 들어준다면, 그 사람은 자신의 이야기를 털어놓을 수 있었다는 사실, 그리고 그 이야기를 누군가가 진지하게 들어주었다는 사실만으로도 마음이 안정되고 치유되는 효과를 얻는다. 특히 억울한 일을 당했을 때는 자신을 믿어주고 이야기를 들어주는 사람이 있다는 사실만으로도 눈물이 핑 돈다.

한편 연세 드신 분들이나 외로운 사람들은 이야기할 상대가 없으면 혼자서라도 중얼거린다. 배가 고프면 허기지지만 말이 고파도 허기지는 법이다. 그래서 남자든 여자든, 어른이든 아이든 간에, 남녀노소를 막론하고 자신의 이야기를 잘 들어주는 사람을 신뢰하고 좋아하는 것은 너무나 당연한 일이다. 다른 사람의 목소리에 조용히 귀를 기울여보자. 상대방의 말을 공감하며 들어준다는 것은 듣고 있는 자신을 잊어버리는 것이다. 상대의 이야기에 몰입하다 보면 온전히 상대의 생각에 빙의되기 때문이다. 그렇게 자신을 잊고 상대에게 몰입해서 듣고 공감하고 대화를 나누면, 상대방은 진심으로 고마움을 느낀다. 그것은 돈으로도 살 수 없는 아주 소중한 것이기 때문이다. 그렇게 자신의 이야기를 들어준 사람에게는 다음에 신세를 꼭 갚겠다는 다짐을 하게 마련이다. 이야기를 들어준 것만으로도 사람 하나를 얻게 되는 것이다.

누군가 나에게 자신의 결심을 이야기한다면 열렬하게 공감을 해주자. 그리고 격려해주고, 칭찬을 아끼지 말자. 그 한마디가 상대방의 결심을 성공시킬 수도 좌절시킬 수도 있다.

공감은 인간에게 너무나 중요한 일이다. 우리는 누구나 공감에 목말라 한다. 누군가 그의 말에 진심을 다해 귀 기울여 들어주기만 해도, 자살하기 일보 직전의 사람들 마음까지 돌려놓을 수 있다. 자신이 세상에 홀로 있지 않다고 생각하면 죽을 이유도 없기 때문이다. 그런데 사람들은 공감에 갈증을 느끼면서도 먼저 손을 내밀지는 않는다. 누군가의 말을 듣는 것은 공감의 시작이고, 공감은 사랑의 시작이다. 힘들고 외로운 사람이 있다면, 먼저 조용히 손을 내밀고 그 사람의 이야기를 들어주어야 한다. 내가 먼저 상대의 말을 듣고 공감하면, 머잖아 상대 역시 나의 말을 들을 준비가 될 것이고, 나에게 공감할 것이다. 먼저 가장 가까운 사람의 눈부터 들여다보자. 혹시 하고 싶어도 이야기할 상대가 없어 답답해하지나 않는지….

다른 사람과 결심을 공유하는 화법

결심을 달성하려면 다른 사람과의 대화 기술이 중요하다. 타인의 지지를 이끌어낼 수도 있고, 다른 사람의 결심이 달성되도록 도와줄 수도 있다. 널리 공감을 얻는 대화의 기술 중에 '123화법'을 소개한다. 123화법이란 1분 이내에 내가 하고자 하는 말을 끝내고, 2분 이상 상대방이 하는 이야기를 들어주며, 상대방의 말을 듣는 동안 세 번 이상 맞장구를 쳐서 공감대를 이끌어내는 대화법이다. 내가 이야기한 것의 배 이상 상대의 말을 들어주라는 것이다. 내가 1만큼 이야기했으면 상대의 말을 두 배 이상 들어주고, 상대의 말을 들으면서 세 번 이상 고개를 끄덕이라는 것이다. 즉 상대방이 무슨 말을 하면 일단 수긍을 하라는 것이다. 상대방에게 수긍을 하는 것은 상대방을 존중해주고 상대방의 심리적 방어를 푸는 효과가 있다.

이렇게 마음과 마음이 소통할 때는 비언어적인 것들이 중요해진다. 가능하면 서로 마주앉지 말고, 상대방의 지지를 이끌어내는 방법을 찾아 응용해보는 것이 좋다. 악수를 할 때도 다 같은 악수가 아니다. 예를 들어 오바마 미국 대통령은 대통령 선거유세를 할 때 오바마 악수라고 해서 상대방의 팔꿈치를 만지면서 악수를 했다. 오바마 캠프에서 했던 방식으로, 이렇게 한번 더 스킨십을 하는 것은 "우린 반드시 다시 만날 겁니다."라는 의미를 곁들인 것이었다. 이런 방식으로 악수했을 때 후원금이 더 많이 걷혔다고 한다. 비언어적인 것들이 커뮤니케이션에도 필요하다는 증거인 셈이다.

상대의 이야기를 들을 때는 듣는 태도가 무엇보다 중요하다. 듣는 자세가 뛰어나면 어떠한 협상이나 문제든 쉽게 풀어갈 수 있다. 상대방이 무척 화가 난 상태라고 할지라도, 상대방의 이야기를 진심으로 공감하면서 끝까지 들어주기만 해도 상대방의 화는 눈 녹듯이 없어진다. 듣는 사람의 태도는 그만큼 중요하다. 예를 들어 개그맨들을 절망적이고 고통스럽게 하려면, 앞에서 웃기려고 한참 노력할 때 하품한 번이면 된다. 듣는 자세는 그만큼 중요하다.

상대방의 말을 주의 깊게 잘 듣는 것을 경청이라고 한다. 경청은 쉬운 일이 아니어서, 올바른 경청을 위해서는 상당한 노력을 기울여야 한다. 올바른 경청을 위해서는 흔히 4단계를 거쳐야 한다고 한다.

일본의 소통 전문가 에노모토 히에타케는 이야기를 듣는 태도에 따라 경청을 4단계로 나누었다.

첫째는 귀로 듣는 일반적인 경청이다. 상대의 입에서 나오는 말을 내 귀가 듣는 것으로, 제대로 듣기 위해서는 내 머릿속에 있는 번잡한 생각들을 없애야 한다. 머릿속에 생각이 있으면 입에서 나오는 말이 귀로 전달된다는 것, 즉 사실이나 정보를 듣는 수동적 경청으로서 정보수집에 초점을 둔 것으로, 제대로 듣기 위해서는 머릿속에 들어 있는 잡동사니들을 없애야 한다. 사람들은 자기가 보고 싶은 것만 보고 듣고 싶은 것만 듣는 존재이기 때문에, 머릿속이 복잡하면 상대의 말에 몰입이 되지 않을뿐더러 상대의 말을 임의로 해석하기 때문이다.

두 번째는 적극적 경청이다. 상대방의 말을 들으면서 적당한 시점에 적절한 질문을 던짐으로써 상대방의 이야기를 잘 좇아가고 있음을 알려주는 것이다. 이해를 돕기 위한 질문은 해도 상관없으나, 내가 듣고 싶은 것을 묻는 질문은 바람직하지 않다.

세 번째는 직관적 경청이다. 직관적 경청이란 마음으로 듣는 것을 의미한다. 자신의 문제를 스스로 해결하도록 도우려는 의지를 가지고, 진심으로 마음을 열고 들어주는 것이다. 이것이 바로 진심 어린 말과 태도로 고도의 집중력을 가지고, 상대의 모순점, 어휘와 태도에서 드러나는 감정, 반복되는 주제, 꿈과 좌절, 발전을 가로막는 장애물을 읽어주는 단계라 할 수 있다.

특히 3단계는 정말 어려운데, 상대의 말이 옳다면 내 신념을 바꾸려는 각오까지 하고 듣는 것이다.

마지막 4단계는 적절하게 반응하는 것이다. 123화법처럼 상대방의 말에 반응해주고, 끄덕거리며 들어주고, 맞장구를 쳐주어야 한다.

나와 다른 사람과 어울릴 때 높아지는 성공확률

하버드 대학교를 중퇴하고 마이크로소프트사를 차려 성공한 빌 게이츠를 보면서 자란 요즘 아이들은 나중에 어른이 되면 창업을 통해 빌 게이츠와 같은 거대한 사업가가 되고 싶은 꿈을 한번쯤 가져볼 것이다.

빌 게이츠의 성공 뒤에는 그의 어렸을 때부터 친구인 폴 앨런(Paul Allen)이 있었다. 두 사람은 서로 다른 특성을 가지고 있었기 때문에 세계 최고의 회사를 만들 수 있었다.

빌 게이츠와 폴 앨런이 꿈을 이룰 수 있었던 것은 두 사람의 성격과 특성, 능력이 서로 달라 상보적인 인간관계를 만들었기 때문이다. 한 사람은 상상력이 풍부한 몽상가(visionary)라면, 다른 한 명은 분석적 능력이 뛰어난 이론가(analyst)였다.

빌 게이츠는 상상력이 대단히 풍부한 몽상가다. 어린 시절부터 컴퓨터에 빠져 자신의 장난감 놀이 속의 상상을 구체화하려고 노력했다. 그러나 그의 그런 상상이 구체화되고 프로그램으로 연결된 데에는 어린 시절부터 친구였던 폴 앨런의 도움이 있었다. 그들은 사회적으로 성공했을 뿐만 아니라 경제적으로 세계 최고의 갑부를 다툴 정도로 성공했다.

1930년대 미국 캘리포니아의 새너제이 인근의 살구, 배, 복숭아, 포도 과수원을 세계 최대의 실리콘 밸리로 만든 사람은 스탠퍼드 대학의 터먼 교수다. 그는 휴렛과 팩커드를 묶어 회사를 설립했고, 대학과 기업에서 그런 사람들을 돕는 데 기여했다. 그는 휴렛과 팩커드에게 자금 지원을 해주며 실리콘 밸리 신화의 촉매 역할을 담당했다. 터먼 교수가 휴렛과 팩커드를 연결해준 것은 두 사람의 장점과 단점을 잘 알고 있었기 때문이다.

애플 컴퓨터의 스티브 잡스와 스티브 워즈니악은 상보적인 특성을 가지고 있었다. 스티브 잡스는 대단히 몽상적인 사람이었다. 그에 비해 스티브 워즈니악은 스티브 잡스의 몽상적인 꿈을 이론적으로 뒷받침했다.

그러나 모든 것이 서로 달라야 하는가? 그렇지는 않다. 두 사람의 목표와 비전이 같아야 이런 상보성이 나타난다.

벤처(venture)란 이렇듯 서로 다른 사람들이 같은 목표를 향해 나갈 때 비로소 빛을 볼 수 있다. 벤처란, 좋은 아이디어를 가지고 있는데, 기업이나 주위 사람들이 쉽게 이해를 못하고 믿어주지 않아서 부득이 아이디어를 낸 본인이 직접 추진하는 모험 사업이다. 벤처는 창의성 패러다임의 시대에 적합한 사업이다.

그러나 벤처 사업에 수많은 사람들이 도전하지만 성공 확률은 아주 낮다. 다시 말해 위험도가 매우 높다. 사회적 환경, 기술, 시장의 반응을 체크하고, 자원을 관리해야 하며, 앞선 아이디어를 계속 창조해나가야 하는 부담을 가지고 있다. 그러다 보니 벤처가 성공할 가능성은 1%에 불과하다.

그렇다면 왜 그렇게 성공률이 낮은 것일까? 여러 가지 이유가 있겠지만 인적 구성원이 창조적이지 않아서 그런 경우가 많다. '끼리끼리', '축은 축대로 모인다'처럼 아는 사람들끼리 아름아름 시작하는 벤처는 성공하기 어렵다.

대개 인간관계는 서로 비슷한 사람, 유사한 사람들이 어울리는 경우가 많다. 그러나 사업이라고 하는 것은 종합 예술이기 때문에 춤만 잘 추고, 노래만 잘한다고 공연이 성공할 수 있는 것이 아니다. 서로 다른 사람들이 유기적으로 뭉쳐져야 성공할 수 있다.

주변에서 춤도 잘 추고 노래도 잘하는데 공연에 실패하는 사람들의 모습은 벤처 사업이 실패하는 모습과 비슷하다. 배우는 물론, 무대, 조명, 광고, 기획, 마케팅, 연출, 관객 모두가 잘 어울려야 창의적인 공연 작품을 만들어낼 수 있는 것이다.

'실리콘 앨리'를 움직이는 보이지 않는 손이 있다. 초창기 '실리콘 밸리'를 움직이는 손이 스탠퍼드 대학의 터먼 교수였다면, 뉴욕 대학교 예술대학 ITP(Interactive Telecommunication Program) 학과장인 레드 번스

교수는 실리콘 앨리를 움직이는 보이지 않는 손이다. 그는 미디어 아티스트 출신으로 20여 년 전 뉴욕 대학교에 세계 최초로 컴퓨터를 이용한 새로운 커뮤니케이션을 연구하는 ITP 대학원 과정을 만들었다. ITP 과정은 컴퓨터나 그래픽 디자이너를 가르치는 곳이 아니라 컴퓨터란 도구를 이용해 새로운 커뮤니케이션을 실험하는 곳이다. 현재 수천 명의 제자가 실리콘 앨리를 장악하고 있으며, 환갑이 넘은 나이에도 관련 업계에 상당한 영향력을 행사하고 있다.

그는 창의성을 키우기 위한 특별한 교육 과정이나 교수법은 없다고 말한다. "학생들이 가장 특별하다. 세계 40여 나라에서 모였고 각자 다른 배경과 능력을 가졌다. 서로 협력 작업을 통해 각자 경험을 나누는 것이 여기서 가장 중요하다. 그래서 신입생을 선발할 때도 학점만이 아니라 전공별, 나라별로 안배한다."

한 사람의 에너지와 다른 사람의 에너지가 합쳐질 때, 하나의 아이디어가 다른 아이디어와 합쳐질 때, 하나의 강점이 다른 강점과 만났을 때 발생하는 상호 상승적 에너지가 시너지다.

『성공하는 사람들의 7가지 습관』에서 스티븐 코비는 형태주의 심리학의 전제를 사용해서 시너지라는 개념으로 설명했다. 시너지(synergy)는 원칙 중심적 리더십의 본질이며, 생산적 협조의 원칙이다. 시너지는 사람들이 가지고 있는 가장 큰 힘에 촉매 작용을 하고, 통합하고, 방출시킨다.

"시너지란, 전체가 각 부분들의 합보다 더 크다는 의미다. 다시 말하면 각 부분들 상호 간에 갖는 관계는 전체의 일부분이고, 또 그 자체가 전체의 역할을 한다는 뜻이다. 따라서 이것은 한 부분이기도 하지만, 동시에 최대의 촉매 작용을 하고, 최고의 역량이 있으며, 가장 큰 통합을 이룩하게 하는 가장 멋진 부분이다."

시너지의 본질은 차이점을 인정하고 존중하고, 서로의 강점을 활용하고, 나아가 약점에 대해 서로 보완하는 것이다. 사람들 간의 정신적·감정적·심리적 차이점들을 소중히 여기는 것이 시너지의 본질이다. 그리고 모든 자연이 연결되어 있듯이 인간도 연결되어 있다.

- 짜장면에 짬뽕 국물을 곁들이면 더 맛있다.
- 한 장의 합판이 세로와 가로로 합쳐지면 더 강한 합판이 된다.
- 남자와 여자가 서로의 차이를 인정하고 사랑하면 더욱 행복해진다.
- 논리적인 사람이 직관적인 사람과 일을 하면 더욱 창의적이 된다.
- 공상가와 실천가의 만남은 상보적이다.
- 좌뇌형인 사람과 우뇌형인 사람의 만남은 시너지를 발생시킨다.

유유상종 증후군의 함정

사람들은 비슷한 사람들끼리 모이는 것을 좋아한다. 서로를 이해하기 쉽고 상대방을 예측하기 쉽기 때문이다. 그래서 기업의 팀 구성이나 친한 친구 관계를 보면 비슷한 사람들이 모인다. 결혼도 그렇다. 사회·경제적 지위가 비슷한 사람들이 결혼해야 문제가 적은 것 같다. 이런 결혼 원리를 '짝 맞추기(matching principle)'라고 한다. 인간관계의 '동질성 원리', '유사성 원리'다.

생산성 패러다임 시대의 인간관계 원리는 유사성의 원리가 지배적이었다. 그래서 갈등을 싫어하고 자신의 방식만을 고집하는 경영자들은 자신과 닮은 특정 유형의 사람들을 채용하고 노력에 대해 보상한다. 그러나 그런 조직은 도로시 레오너드가 말하는 '유유상종 증후군(comfortable clon syndrome)'이라는 함정에 빠지게 된다.

- 결혼은 층이 지지 않아야 좋다.
- 같은 깃의 새는 같이 모인다.
- 초록은 동색이다.
- 검정 개는 돼지 편이다.
- 축은 축대로 붙는다.

생물학적으로도 근친 교배는 열성 인자를 만드는 것처럼 인간관계도 유사한 사람들끼리의 만남은 우성보다는 열성 인자를 만들 가능성이 높다.

구성원들은 동료들과 유사한 교육, 관심거리를 공유하며 모든 사람이 비슷한 사고방식을 갖는다. 모든 의견이 유사한 인지 스크린 과정을 거치기 때문에 보편적이고 유사한 결론이 채택된다.

비슷한 사람들이 모이면 과연 행복하고 생산적일까? 출신 배경, 외모, 성격, 가치관, 욕구, 그리고 라이프 스타일까지 모든 특성이 비슷한 부부가 만나면 편할지는 몰라도 쉽게 권태가 찾아온다. 새로운 것이 없으면 늘 비슷한 생활이 반복될 것이다.

비슷한 사람들이 만들어내는 아이디어는 창의적일까?

모든 구성원이 비슷한 교육 배경과 경험을 가진 사람들로 구성된 프로젝트 개발팀이 생각해내는 아이디어들은 고정된 가정의 틀과 분석 도구에 의해 이루어지기 때문에 유사한 형태를 보일 것이다. 이런 집단도 혁신을 위한 노력을 기울이기는 하지만 헛수고로 끝나게 마련이다.

생산성 패러다임의 시대에는 좌뇌적인 인간형을 필요로 했다. 그러나 1980년대 후반 들어 좌뇌형 인간형에 대한 반발로 우뇌형 인간형이 강조되기도 했으나 그것은 일시적인 현상이었을 뿐이다.

자녀 교육, 유아 교육은 전뇌 교육을 지향하고 그에 맞춰 교육이 이루어져야 한다. 그러나 이미 자신의 두뇌 특성이 굳어버렸다고 믿는 성인이라면 자신과 다른 사람과 팀을 구성함으로써 전뇌적 인간형을 구현할 수 있다. 창의성 패러다임 시대에는 전뇌적 인간을 필요로 한다. 인텔이나 제록스와 같은 회사에는 연구, 마케팅 활동, 제품 개발 부서에 문화 인류학자와 사회심리학자를 고용하고 있다. 그 이유는 그들이 인간 행동에 관심을 가지고 그것을 설명할 수 있도록 교육받았기 때문이다.

제록스 파크 회사에서는 사람들이 만나고 어울리는 가상공간을 설계하기 위해 컴퓨터 과학자와 인류학자가 함께 참여해, 인간미가 넘치고 사람들이 좋아하는 장소로 만들었다.

제리 허시버그는 설계사들을 가상의 2인조 한 팀으로 일하게 함으로써 닛산 디자인에 전뇌의 원리를 도입했다.

캘리포니아 소재 멀티미디어 기술 전문 연구기관인 인터벌 리서치의 책임자인 데이비드 리들은 짧은 안식 휴가 프로그램에서 다양한 분야의 전문가들을 초청하여 문제 해결 방식과 아이디어의 교류를 촉진했다.

더블린 그룹은 스칸디나비아 항공의 의뢰로 대형 팀을 구성했다. 그 팀에는 사회과학자와 정보 기획자뿐만 아니라 비행기 조종사와 승무원이 포함되었다. 항공사 직원은 스칸디나비아 항공을 이해하고 있었고 아이디어로 제안되는 서비스 혁신이 기업경영과 기업문화에 어떤 변화를 줄 것인지 알고 있었다.

나는 좌뇌형인가, 우뇌형인가?

좌뇌형 조직과 우뇌형 조직, 좌뇌형 인간과 우뇌형 인간, 그리고 특정한 스타일의 사고방식을 가지고 있는 조직이나 사람이 우수하다는 얘기는 아니다. 서로 강약, 장단이 있으므로 상보적인 관계를 유지해야 시너지가 발생할 수 있다는 것임을 다시 이해해야 한다.

시간이 흐름에 따라서 형성된 것이든, 경영자의 경영 스타일에 따라서 형성된 것이든 기업문화는 전적으로 특정한 인식 스타일에 지배를 받을 수 있다.

어떤 조직은 분석적이고 논리적인 좌뇌형 인물들을 선호하여 그들을 중심으로 팀을 구성했다. 그들은 산업 분석, 기존 제품의 가능성 재검토, 그들이 배운 대로 최신 재무분석 기법을 적용하는 데 장점이 있다. 그러나 그런 사람들로만 조직이 구성되면 새로운 아이디어를 만들어내기 힘들고, 창의성을 발휘하기 힘들다.

거꾸로 어떤 조직은 직관적이고 감성적인 우뇌형 인물들을 선호하여 그들을 중심으로 팀을 구성했다. 그들은 논리적이고 분석적이지는 않지만 새로운 아이디어, 기발한 아이디어를 만들어내는 데 장점이 있다. 그러나 그런 사람들로만 조직이 구성된다면 새로운 아이디어 시장에서 어떻게 활용될 것이며, 그 아이디어를 구현하는 데 어느 정도의 기술력과 시간이 소모되는지를 분석하기 힘들다.

갈등과 마찰을 두려워하지 말고 다른 특성들의 사람들을 모아 전뇌적 팀을 만들어야 창의적 결과를 만들어낼 수 있을 것이다. 물론 개인과 상황, 기업 풍토에 따라 그 결과는 얼마든지 달라질 수 있다. 그러나 창의성 패러다임의 시대에는 더 이상 유유상종 증후군을 인정하지 않는다.

인간의 뇌는 좌반구와 우반구로 나뉘어 있으며, 두 개의 반구는 구조적으로 거의 같다. 그리고 두 개의 반구 양쪽을 연결해주는 교량이 있다. 뇌의 좌반구는 언어, 논리, 수학, 순서 등 학습적인 부분을, 우반구는 리듬, 운율, 음악, 그림, 상상력, 창의력 등 예술적 활동을 주관한다. 보통 좌반구가 발달한 사람을 좌뇌형, 우반구가 발달한 사람을 우뇌형이라고 하며, 효과적인 학습을 위해서는 둘 다 균형 있게 사용하도록 능력을 개발하는 것이 좋다. 양쪽 뇌를 모두 사용하는 사람은 많은 기능을 더욱 완벽하게 사용하기 때문에 성공 확률이 매우 높다.

좌뇌형과 우뇌형을 진단하는 이유는 서로 다른 유형의 사람이 만날 때 상호 보완이 되고 바람직하기 때문이다. 좌뇌형, 우뇌형을 판단하는 테스트는 그림을 이용하는 방법부터 깍지를 껴보는 방법, 팔짱을 껴보는 방법, 설문 테스트를 이용하는 방법 등 다양하다.

각자 다음 테스트를 해보도록 하자.

*좌뇌형/우뇌형 체크리스트

두뇌 특성이란 좌뇌와 우뇌의 발달 정도와 각각이 담당하는 지배적인 특성을 의미한다. 좌뇌는 언어, 수리, 논리, 상식, 계열 사고력, 우측 신체 발달을 담당한다. 우뇌는 도형 인식, 공간 지각, 창의성, 예능, 직관 사고력, 좌측 신체 발달을 담당한다.

다음 질문 중 자신의 생각이나 행동에 어느 정도 일치하는지 체크하시오.

전혀 그렇지 않다	그렇지 않다	보통	그런 편이다	매우 그렇다
0	1	2	3	4

1. 밥을 먹을 때 오른쪽 손으로 먹는다.

2. 한쪽 눈을 감고 시계를 본다면 왼쪽 눈을 감고 오른쪽 눈으로 초점을 맞춘다.

3. 지적을 받으면 한동안 그 생각이 머릿속에서 떠나지 않는다.

4. 꼭 필요한 곳에만 지출을 한다.

5. 하루 일과를 아침에 계획하여 그대로 진행하려는 경향이 있다.

6. 약속 시간에 정확히 도착하는 편이다.

7. 유행어나 유머를 써가면서 대화하는 것을 싫어한다.

8. 모임에서 회계나 총무 일을 곧잘 한다.

9. 유머 감각이 풍부하지는 않다.

10. 친구들과 얘기할 때 주로 듣기만 한다.

11. 과학이나 수학과 같이 논리적인 면이 필요한 과목에 자신이 있다.

12. 길을 잘 찾지 못하고 사람 얼굴을 잘 기억하지 못한다.

13. 예술 부분에 소질이 없는 것 같다.

14. 여럿이 모이는 자리보다는 둘이 만나는 것을 좋아한다.

15. 새로 나온 컴퓨터 게임에 관심이 많다.

16. 주말에 여유가 생겨도 외출하기보다는 집에서 잠을 즐기는 편이다.

17. 시(詩)는 말장난이라고 생각한다.

18. 방이나 책상이 어지럽혀 있으면 아무것도 할 수가 없다.

19. 법칙이나 규범은 될 수 있는 한 지키려고 노력한다.

20. 분석적이고 논리적이다.

좌뇌형 점수 합계 _____

21. TV나 책에서 재미있는 이야기를 보고 그것을 다른 사람들에게 그대로 잘 전달해 주는 편이다.

22. 플라스틱이나 금속으로 만든 것에는 별로 흥미가 없다.

23. 친구들과 이야기할 때 획기적인 생각을 자주 말하는 편이다.

24. 다른 사람들의 행동을 흉내내는 것을 좋아한다.

25. 액세서리나 기념품을 모으는 데 관심이 많다.

26. 새로운 게임이나 장난감에 별로 흥미가 없다.

27. 매일 시간을 정확하게 지켜 식사를 하지는 못한다.

28. 물건을 사고는 거스름돈을 잘 챙기지 못한다.

29. 윗사람에게 야단을 맞아도 금방 훌훌 털어버린다.

30. 옷을 살 때 가격보다는 디자인이나 색상을 중시한다.

31. 처음 만난 사람의 얼굴을 잘 기억한다.

32. 이야기를 할 때 상대방에게 손짓, 발짓을 섞어가며 이야기를 한다.

33. 사람들 앞에서 이야기를 하는 데 자신이 없다.

34. 한 번 가본 길이라도 잘 찾아갈 수 있다.

35. 음악 연주나 감상 또는 그림 그리기에 소질이 있다.

36. 언제나 여러 사람들과 함께 식사를 하려고 한다.

37. 산책 중에 주위의 풍경이나 사람들을 두리번거리면서 참견한다.

38. 나무 재질로 만든 물건이 좋다.

39. 새로운 레포츠나 스포츠를 접하게 되면 어떻게 해서라도 해봐야 한다.

40. 감성적이고 예술 감각이 뛰어나다.

우뇌형 점수 합계 _____

＊점수 계산 & 해석

좌뇌점수＝(1+2+3+4+5+6+7+8+9+10+11+12+13+14+15+16+17+18+19+20)×1.25

우뇌점수＝(21+22+23+24+25+26+27+28+29+30+31+32+33+34+35+36+37+38+39+40)×1.25

좌뇌형

상대적으로 우뇌보다 좌뇌가 발달한 유형이다. 좌뇌의 특성을 기르는 한편 우뇌를 자극할 수 있는 방법을 강구해야 한다. 우뇌를 자극하기 위해서는 신체의 왼쪽을 자극하고, 음악이나 미술, 도형 쌓기 놀이, 창의성 훈련 프로그램 등을 통해 세상을 넓고 창의적으로 볼 수 있도록 해야 한다.

우뇌형

좌뇌보다 우뇌가 상대적으로 발달한 유형이다. 우뇌의 특성은 세상을 넓고 확산적으로 볼 수 있게 해준다. 예술가나 운동선수들 중에는 우뇌형이 많다. 창의적인 과학자도 많다. 그러나 우뇌형이라고 해서 항상 좋은 것은 아니다. 이제는 우뇌와 좌뇌를 골고루 사용해야 하는 시대다. 자신의 적성을 계발하는 한편 좌뇌의 분석적이고 논리적인 특성과 언어적이고 수리적인 측면을 이해할 수 있도록 노력해야 한다.

전뇌발달형

양뇌가 고루 발달한 사람이다. 좌뇌의 특성과 우뇌의 특성을 모두 가지고 있기 때문에 21세기가 요구하는 두뇌 특성을 가지고 있다. 자신의 적성이 무엇인지를 파악해 그것을 달성하기 위해 노력한다면 다양한 분야에서 자신의 소질을 발휘할 가능성이 높다.

양뇌미분화형

좌뇌적 능력과 우뇌적 능력의 발달이 두뇌 특성에 따라 정확히 구분되어 있지 않다. 양뇌가 특성이 없는 것일 수도 있으므로 좀 더 정확한 테스트를 해보아야 한다.

나와 다른 사람을 만나서 신뢰도와 타당도를 높여라

필자도 사람을 좋아하고 정이 많은 편에 속한다. 그러다 보니 능력보다는 인연, 이왕이면 그동안 잘 알고 지내던 사람들과 일을 해왔다. 그러나 최종 결론은 비슷한 실패를 거듭할 뿐이었다.

좌뇌는 언어뇌가 지배하지만 논리적이고 분석적인 뇌다. 언어구사 능력, 문자·숫자·기호 등의 이해, 조리에 맞는 사고 등 분석적이고 논리적인 일을 담당하며, 합리적인 능력향상에 도움이 되는 작용을 한다. 우뇌는 이미지 뇌이자 창조적인 뇌다. 그림이나 음악 감상, 스포츠 활동 등 상황을 전체적으로 파악하는 것과 직관과 같은 감각적인 분야, 사회성에 관련된 기능을 담당하고, 아름다움을 느끼고 표현하는 작용을 한다. 따라서 좌뇌형 인간은 언어, 수학, 과학적 분석사고능력이 뛰어나다. 반면에 우뇌형 인간은 감성적·직관적 정보처리능력이 발달하고, 사물을 종합해 전체적으로 분석하는 능력이 뛰어나다.

예전에는 서로 공감대를 형성하고 취미 등 기질적인 특성이 잘 맞는다는 이유로 좌뇌형은 좌뇌형끼리, 우뇌형은 우뇌형끼리 만나는 것이 더 낫다고 보았다. 하지만 좌뇌형과 우뇌형이 만나면 나에게 부족한 것을 상대방이 채워주게 되므로 서로 시너지가 나고, 비슷한 사람들이 만나면 권태기를 빨리 맞기가 더 쉽다. 그러니 자신과 비슷한 사람뿐 아니라 다른 사람들을 만나 시너지를 얻으라는 것이다.

비슷한 사람들끼리 만났을 때 서로 편안한 쌍둥이 증후군, 즉 유유상종 증후군(comfortable clon syndrome)을 피해야 한다. 하지만 인간관계가 발전적이고 내 결심의 문제점들을 보완하려면 나와 다른 사람들을 만나 신뢰도와 타당도를 좀 더 높여야 한다. 우리나라 벤처 기업이나 정치가들이 실패하는 중요한 원인 가운데 하나가 자신과 비슷한 사람들끼리, 뇌구조가 비슷한 사람들끼리 모이기 때문이다.

빌 게이츠는 우뇌형 인간이다. 그러나 그의 곁에는 MS의 공동창업자인 폴 앨런이라는 좌뇌형 분석가가 있었다. 스티브 잡스는 우뇌형 인간이다. 그러나 그의 곁에는 지금의 애플을 이끌고 있는 좌뇌형 이론가 티모시 쿡(Timothy Cook)이 있었다.

결심중독에서 벗어나려면 나와 다른 사람을 만나 시너지를 창조해야 한다. 어떤 일을 계획할 때도 방안에서 혼자서만 생각했을 경우, 실제로 밖에 나가 행동으로 옮길 때 말도 안 되는 부분에서 어려움을 겪을 수가 있다. 예를 들어 치킨 집을 오픈하려고 수많은 구상을 하고 계획을 세웠는데, 실제로 조사해보니 동네에 치킨 집이 너무 많을 경우가 생기는 것이다. 현실감이 있고 나와 다른 사람들의 전혀 다른 관점도 참고해야 결심을 실천하는 데 도움이 된다.

'끼리끼리'만 모여서 '그래그래' 한다고 사업이 잘될 리 없다. 비슷한 사람끼리 계획만 짠다고 해서 결심이 구현되지는 않더라는 이야기다. 개인적인 결심을 할 때도 혼자 판단하지 말고 나와 다른 관점, 다른 경력을 가진 사람들의 이야기를 참조하는 편이 훨씬 더 좋은 결과로 이어진다.

결심은 때로
헤어짐으로부터 이뤄진다

시너지(synergy)도 좋지만 때로 세너지(senergy)도 아름답다

거의 매일 다투는 부부가 있다. 그 부부의 자녀들과 이웃들은 두 사람의 끊임없는 싸움 때문에 괴롭다. 날마다 고함지르기는 예사요, 일주일에 서너 번씩은 밥상이 날아다니고 그릇이 깨진다. 아내는 소리 지르며 이웃집으로 몸을 피한다. 이렇게 부부싸움을 매일 하면 그 가정은 절대 행복할 수 없다. 아이들이 어렸을 때는 자녀들을 생각해서 참고 살았지만, 자녀들이 대학생이 되자 부모에게 오히려 이혼을 권한다. 두 사람이 아무리 노력해도 관계회복이 묘연하다는 것이 이유다. 이럴 경우 두 부부는 그대로 결혼생활을 영위해야 할까?

이 부부는 사실 헤어지는 편이 오히려 서로에게 득이 될 수도 있다.

한 가정이 깨지는 것은 안타까운 일이지만, 때로는 나누어지는 편이 구성원 각자에게 도움이 될 수도 있다. 부부가 함께 시너지 효과를 낸다면 더없이 좋겠지만, 시너지 효과가 없다면 세너지 효과라도 내야 맞다.

세너지(senergy)는 separate(분리)와 energy(에너지)의 합성어로, 분리의 힘을 말한다. 우리가 흔히 쓰는 시너지(syn+energy), 즉 '통합의 힘'에 대비되는 표현이다. 세너지 효과는 한마디로 결합보다는 분리를 통해 더 큰 힘을 발휘하는 것을 말한다.

기업에서도 요즘은 시너지 효과 대신 세너지 효과에 관심을 기울인다. 계열사 간 합병 바람이 불던 때와 달리 계열사의 기업분할이 유행이다. 몸집이 크면 클수록 의사결정 속도가 늦어지기 때문에, 몸집을 줄여 의사결정 속도를 빠르게 하여 시장변화에 발 빠르게 대응하려는 움직임이다.

사회적 자기상에서 벗어나라

1998년 미국 코넬 대학교의 토마스 길로비치 교수는 세상 모두가 나를 지켜보고 있다는 착각을 깨뜨리는 실험을 했다.

실험에 참여한 학생들에게 가수의 얼굴이 인쇄된 '민망한 티셔츠'를 입게 했다. 그런 다음 많은 학생들이 있는 실험실에 잠깐 앉아 있다 나오라고 했다. 티셔츠를 입은 학생은 다른 학생들 중 46% 정도의 학생들이 자신을 관심 있게 보고 안 좋게 생각할 것이라고 생각했다. 그러나 민망한 티셔츠를 입은 사실을 알아챈 사람은 23%에 불과했다. 다른 사람들에게 나쁜 인상을 줄 것을 걱정했지만 대다수는 신경을 쓰지 않았다. 본인만 창피하게 느꼈던 것이다.

사회적 자기상이라는 표현이 있다. 사회적 자기상이란, 타인들의 평가와 피드백, 관심에 의해 이루어지는 자기상을 말한다. 계속 실패하고 좌절하는 사람들은 사회적 자기상이 부정적으로 형성되어 사회공포증(social phobia)까지도 겪을 수 있다. 사회공포증은 다른 사람과 교류하거나 여러 사람들이 지켜보는 사회적 상황에 대해 지속적으로 공포감을 느끼는 심리상태, 또는 다른 사람들 앞에서 과제수행을 할 때 공포감을 느끼는 경우, 자신이 두려워하는 상황에 처하면 매우 불안해지고, 고통을 느끼면서 견뎌내거나 아예 그런 상황을 회피하는 양상을 보이는 것을 말한다.

이런 상황에 처하면 많은 사람들은 거기서 스스로 벗어나지 못한다. 그런데 실천하고 성공하는 사람들은 부정적인 상황에서 벗어나는 것을 두려워하지 않는다.

무엇인가를 하는데 자꾸 막히고 지체되고 얽히면 잠시 멈춰 방향성을 타진해보자. 가던 방향으로 계속 직진하는 것만이 답은 아니다. 무엇인가를 하는데 자꾸 안 되면 거기서만 해결하려고 하지 말고, 차라리 그 역학관계에서 벗어나는 편이 낫다. 예를 들어 재수를 거쳐 삼수까지 했는데도 자꾸 대학에 떨어진다면, 굳이 대학에 얽매일 필요가 없다. 지금 당장은 대학에 가지 않으면 안 될 것만 같지만, 한 발짝만 떨어져 생각해봐도 굳이 대학이어야 할 이유는 없다.

빌 게이츠도, 스티브 잡스도, 스티븐 스필버그도 대학을 졸업하지 않았다. 요즘 우리나라에서 뜨는 셰프 최현석은 필자 학교의 교수이지만, 고졸 출신임에도 방송 스타로 종횡무진한다.

다른 대학, 같은 과에 진학하여 공부해도 되고, 다른 대학에 입학한 뒤 나중에 편입시험을 거쳐 진학해도 된다.

이렇게 한 발짝 뒤에서 보면 여러 가지 방법이 있다. 대기업 취업이 불가능하면 창업을 해도 된다. 정부에서 국민들의 창업정신을 지원하기 위해 스타트업 기업에 대해 많은 지원을 해준다고 하지 않는가. 때로는 글로벌 세상으로 겁 없이 뛰어드는 것도 방법이다.

스트레스
공유 신드롬

스티브 잡스, 나르시시스트의 명암

그리스 신화에 등장하는 미소년 나르키소스는 강의 신 케피소스와 요정 리리오페의 아들이다. 너무나 아름다운 외모를 가졌기에 수많은 사람들과 요정들이 사랑을 고백했지만 나르키소스는 아무도 거들떠보지 않았다. 어느 날 사냥을 갔다가 목이 말라 물을 마시기 위해 샘으로 갔던 나르키소스는 물에 비친 자신의 모습을 보고 사랑에 빠지고 만다. 물 속 자신의 모습과 사랑에 빠진 그는 그곳을 떠나지 못하고 결국 탈진해서 죽고 만다. 그 자리에는 아름다운 한 송이 수선화가 피어났다고 한다.

자신의 아름다운 모습에 빠져 목숨까지 잃은 나르키소스의 이름에서 유래한 것이 바로 나르시시즘(narcissism)이고, 자기 자신에게 지나치게 애착을 갖거나 자신을 사랑하는 사람이 나르시시스트다. 자기애가 지나친 사람은 자신의 외모나 능력이 뛰어나다고 믿으며, 자신은 완벽한 사람이라는 자기중심적 사고방식을 가지고 있다. 나르시시즘은 그리스 신화에서 물에 비친 자신의 모습에 반해서 빠져 죽은 나르키소스의 이름을 따서 독일의 네케가 만든 용어다.(『나르시시즘의 심리학』, 샌디 호치키스, 교양인, 2006)

우리가 누군가를 나르시시스트라고 할 때는 보통 부정적인 의미로 사용한다. 자기애가 너무 강한 나머지 다른 사람에 대해서는 부정적이거나 무관심하거나 깎아내리는 사람을 지칭하는 것이다. 나르시시스트는 사람들을 자기 자신을 한껏 칭찬해주고 띄워줄 사람과 자신이 깎아내리고 핀잔을 줘도 되는 사람으로 분류한다. 오만한 느낌이 들기도 하고, 나쁜 남자 또는 나쁜 여자 스타일이어서, 때로 매력적인 사람으로 보일 수도 있다.

물론 사람들은 누구나 어느 정도의 나르시시즘을 지니고 있다. 자기 자신을 사랑하지 않는 사람이 어디 있단 말인가? 길을 걸으며 쇼윈도나 유리창을 힐끗 바라보는 사람들 중 십중팔구는 유리창에 비친 자신의 모습을 보는 것이다. 이렇듯 누구나 조금씩은 가지고 있는 나르시시즘이지만, 지나칠 경우 주변 사람들이 피곤해진다. 오래 이야기하다 보면 상대방은 지치고 만다. 자신의 말에 맞장구를 쳐주지 않으면 화를 내고, 자신보다 잘난 사람들은 깎아내리고, 이타심보다는 이기심으로 무장하고 있으며, 타인의 감정이나 생각을 존중하지 않기 때문이다. 그러니 경우에 따라서는 주변 사람에게 상처를 입히고 상당한 피해를 주기도 한다.

혁신가들 중에는 가끔 극심한 나르시시스트(narcissist)들이 있다. 대표적인 사람이 스티브 잡스일 것이다. 무엇인가에 빠져서 이루고 달성하는 사람들은 자아도취가 심하고 에고가 강한 경우가 많다. 『스티브 잡스』라는 책으로 유명한 월터 아이작슨은 최근 『혁신가들(The Innovators)』이라는 책에서 세상을 바꾼 혁신가들에 대해 이렇게 말했다.

"혁신가들은 에고가 강하고 고집불통이다. 디테일에 집착하면서 사생활이 없을 정도로 작업에 몰두한 사람들이다. 그들은 꿈꾸는 것에 그치지 않고 행동하는 사람들이다." 그러나 세상을 바꾸는 혁신가들은 나르시시즘이 강하지만 결코 혼자 가는 사람들이 아니다.

혁신가들은 '나 홀로' 골방에서 연구하는 사람들이 아니었다. 월터 아이작슨은 창조가 협업의 긴장감 속에서 실현된다고 주장한다. 혁신에 필요한 천재성, 실용성, 사업능력을 모두 갖춘 레오나르도 다빈치 같은 사람은 드물다. 협업 없는 혁신은 불가능하다.

아프리카 속담에 "빨리 가려면 혼자 가고, 멀리 가려면 함께 가라."는 말이 있다. 인생은 짧다면 짧고 길다면 길다. 그러나 요즘같이 백세인생을 이야기할 때면 멀리 바라보고 함께 가야 한다.

알리바바의 마윈과 "go together!"

백선엽 장군이 말했다는, 한미 관계에서 나온 "go together!", 즉

"함께 가라!"라는 말의 대명사는 단연코 '마윈'이다.

경희대 중국법학과 강효백 교수가 소개한 중국 알리바바의 마윈 일화다.

중국 최대의 부자가 된 알리바바의 마윈은 인터넷 실크양탄자, 차이나옐로페이지를 포기하고 그를 따라가겠다는 충성파 직원 18명을 이끌고 베이징에 상경해 중국 IT 영재의 메카, 베이징 중관춘 아파트에서 합숙하며 대외무역경제합작부의 홈페이지 개발에 몰두했다. 1998년 말 대외무역경제합작부는 인터넷 홈페이지를 개설한 최초의 국무원 중앙부서가 되었다. 이듬해인 1999년 1월 1일 아침 마윈은 18명의 직원들을 이끌고 베이징 동북부 빠다링 만리장성에 올랐다. 빠다링이라는 명칭은 원래 사통팔달이라는 뜻에서 유래했다. 베이징 체류 15개월 동안 한번도 시가지를 벗어나지 않았던 그들인지라 모처럼의 외출에 신바람이 났다. 일행 중 하나가 만리장성 벽돌에 각인된 "○○○ 여기에 오르다.", "사랑해 △△." 등 무수한 낙서들을 가리키며 뭐라고 외쳤다. 순간 마윈은 낙서들에서 노다지 인터넷 금맥을 발견했다. 천리, 만리, 수만리, 수억만리, 사통팔달로 무궁무진하게 뻗어나가는 금맥을 본 것이다. 소상인, 소기업은 벽돌을 구성하는 모래흙과 같다. 무수한 모래흙 알갱이를 인터넷으로 뭉치면 벽돌이 되고 다시 벽돌들을 사이트로 접착시켜 쌓으면 사통팔달 IT 만리장성이 된다.

저녁식사 후 마윈은 직원들을 모아놓고 오래전부터 생각한 바를 말했다.

"지난 15개월 동안 여러분의 노고를 충심으로 치하한다. 대외무역 경제합작부 프로젝트는 성공적으로 끝났다. 이제 여러분은 세 갈래 선택의 기로에 서 있다.

첫째, 야후(yahoo.com.cn)로 가는 길이다. 여러분이 야후로 간다면 내가 강력 추천할 것이며 야후는 반드시 여러분을 채용할 것이다. 더구나 야후의 보수는 최고수준이다.

둘째, 신랑(sina.com.cn)이나 소후(sohu.com.cn)로 가는 길이다. 여러분이 원한다면 추천할 것이다. 거기의 대우 역시 정상급이다.

셋째, 항저우로 돌아가 나와 함께 일하는 길이다. 일단 회사는 내 집에다 차린다. 월급으로 800위안만 주겠다. 회사에서 도보로 5분 이내의 위치에 방을 구해라.

여러분에게 사흘 동안 생각할 시간을 줄 테니 각자 세 길 중에서 하나의 길을 택하라."

마윈의 말이 끝나자마자 직원들은 하나둘 자리를 뜨더니 18명 모두 밖으로 나가버렸다. 큰 방에 홀로 남은 마윈은 실망과 고독감에 빠져들었다. 한참 시간이 흐른 뒤 18명이 한꺼번에 방으로 돌아왔다. 그들은 마윈을 에워싸고 일제히 외쳤다.

"우리는 모두 그대 마윈에게로 간다."

마윈은 눈물을 쏟으며 그들을 포옹하며 포효했다.

"동지들이여, 나는 영원히 여러분께 절대 미안한 짓을 하지 않을 것을 맹세한다. 우리 모두 고향으로 돌아가자. 돌아가서 0에서부터 다시 시작하자. 우리 모두 한마음 한뜻으로 한평생 한번도 후회하지 않는 한세상에서 하나뿐인 회사를 만들어보자."

창밖은 눈이 쌓여 몽환의 은세계를 이루었다. 그들은 베이징 배갈 이과두주 한 병씩을 들어 건배를 외치며 병째로 들이켰다. 모두 머리를 싸매고 장중한 가사 「진심영웅」을 목 놓아 불렀다. 그들은 통음하면서 통곡했다. 그들은 그날 밤 언행을 전혀 기억 못한다. 항저우로 돌아가 다음 날부터 어떻게 살아갈 것인가도 몰랐다. 그러나 그날 밤, 술도 뜨겁고 마음도 뜨겁고 노래도 뜨거웠던 것만을 기억한다.

콜라보

'나이키와 사이키의 협업'과 '아디다스와 칼라의 만남'

기업체 명강사로 유명한 한국 협업진흥협회 이사장 윤은기 박사는 "콜라보레이션(collaboration)하라."를 줄여 "콜라보하라!"라고 말한다. 젊은 감각일수록 줄여서 표현을 한다는 콜라보! 이것은 역사를 바꾸는 일이다. 필자도 한국협업진흥협회 정책위원 겸 교수로서 요즘 콜라보를 외치고 다닌다. 미국 실리콘 밸리의 협업 시스템, 전쟁 당시의 군산복합체, 한국의 산학협력도 중요하지만 모든 분야에서 콜라보는 중요하다.

필자는 요즘 프로젝트를 진행하면서 다양한 사람들과 협업하려고 노력한다. 그중에는 가수도 있고, PD도 있고, 벤처 전문가도 있고, 어린이 사업가도 있다. 다양한 전문가들이 함께하고 있다. 혁신을 추구하되 무조건 새로운 것을 개발하는 방법으로 혁신하지는 않으려고 한다.

구글은 2012년부터 구글 X를 외부로 확대해 전 세계로부터 아이디어를 제안받고 있다. 'X를 해결하라(Solve for X)'는 프로젝트가 그것이다. 누구든 웹사이트(solveforx.com)에 접속해 자유롭게 아이디어를 낼 수 있다. 다른 사람이 낸 아이디어에 참여해 토론하면서 발전시킬 수도 있다. 운영진은 제안자와 관련 전문가들을 연결하고, 필요한 경우 자금을 지원한다.

중국 휴대폰 업체 샤오미는 2010년 '짝퉁 아이폰'으로 사업을 시작했지만, 지금은 중국 내에서 진짜 아이폰 판매를 눌렀다. 작년 4분기 시장점유율이 6.4%로 5위를 차지, 애플(4.8%·6위)을 눌렀다. 샤오미 제품은 완벽하지 않다. 하지만 매주 조금씩 기능이 향상된다. '팬(그들은 샤오미 휴대전화 사용자를 이렇게 부른다)'들로부터 의견과 불만을 접수해 매주 목요일 운영체제나 앱 업데이트에 즉각 반영한다. 레이쥔 샤오미 CEO는 "우리 소비자들은 모두 서로 친구이면서 연구개발 인력도 되고 판매원도 되는 셈"이라고 말했다.

어떤 회사가 강력한 신기술과 유능한 인재를 모두 갖췄다고 하자. 그런 회사는 좀처럼 오픈 이노베이션을 받아들이려고 하지 않는다. 이미 성공하고 있는데, 다른 아이디어로 다른 사람과 일해야 할 필요가 없기 때문이다. 이 같은 현상을 'NIH(not invented here)' 신드롬이라고 한다.

우리 회사가 만들지 않은 것은 믿지 못한다는 뜻이다. 그러나 지금은 시대가 바뀌었다. 세계의 선도적 기업은 현재 NIH를 적극적으로 도입하고 있다. NIH를 받아들이면 어느 정도 개발된 상태의 혁신을 이어받아 연구할 수 있다. 더 이상 그들의 시간과 노력을 낭비할 필요가 없다는 뜻이다. 인문학과 과학, 뇌과학과 예술, 미디어와 패션, 음악과 교육, 엔터테인먼트, 문학과 예술 모든 분야에서 콜라보가 필요하다.

협업 전도사 윤은기 박사는 그의 저서 『협업으로 창조하라!』에서 협업의 대표적인 성공 사례를 들었다.

- 분명한 목표가 만든 성과 '애니팡'—이종(異種) 산업 간 지식 서비스형 협업
- 협업을 통한 상생 비즈니스 '또봇'—대기업과 중소기업의 제조형 협업
- 실패를 딛고 개발한 '스틱형 홍삼'—유통업체를 중심으로 한 R&D 협업
- 노하우 퍼즐이 탄생시킨 '무접촉 세차기'—중소기업들 간 협업
- 공공성을 확보한 '한국스마트카드'—별도 법인 형태의 협업
- 협업 리더십이 빛을 발한 네패스의 LED 개발—조직 내부의 부서 간 협업
- 오래된 장벽을 넘어—정부 부처와 공공기관의 협업
- 코피티션으로 이룬 '상생 발전'—경쟁사 간 협업
- 빅데이터를 활용한 가치 창출—통신사와의 협업

• 업계의 화두 '사물인터넷(IoT)'—대기업·중소기업·정부 간 협업

2015년 2월 지분 맞교환과 함께 전략적인 제휴를 맺고 글로벌 시장 도전을 위한 연맹을 결성한 넷마블게임즈(이하 넷마블)와 엔씨소프트의 협업에 가속도가 붙고 있다. 게이머들이 직접 만날 수 있는 첫 결실도 등장했다. '리니지2'의 IP를 활용한 모바일 RPG '프로젝트S' 발표에 이어 넷마블의 대표 모바일 RPG '몬스터 길들이기'에 대한 대규모 업데이트가 '리니지2'와 협업을 기반으로 진행된 것이다.

하이투자증권은 로엔을 품은 카카오에 대해 "다양한 부문에서의 시너지 효과가 기대된다."고 평가했다. 카카오는 기존 로엔의 최대주주인 스타인베스트홀딩스의 지분 61.4%와 SK플래닛의 지분 15%를 합친 76.4%(1932만 주)를 1조 8743억 원에 인수하기로 결정했다. 주당 인수금액은 9만 7000원으로 경영권 프리미엄은 23.4% 수준이다. 멜론의 음원 콘텐츠는 카카오TV, 카카오채널 등 카카오 플랫폼의 콘텐츠 강화에 활용 가능하다. 2600만에 달하는 멜론 가입자도 게임, O2O 등 다양한 카카오 서비스의 잠재 가입자로 활용할 수 있다.

결심을 성취하려면 콜라보하라!

단체 결심에서 주의할 것

도원결의라는 말이 있다. 유비(劉備), 관우(關羽), 장비(張飛)가 도원에서 의형제를 맺었다는 이야기에서 비롯된 말로, 뜻이 맞는 사람끼리 하나의 목적을 이루기 위해 행동을 같이할 것을 약속한다는 뜻이다. 중국 원(元)과 명(明)의 교체기 때의 나관중(羅貫中)이 지은 『삼국지연의(三國志演義)』에서 비롯된 말로 함께 결심하는 의미의 대명사로 불리고 있다.

그러나 함께하는 결심이 반드시 좋은 것만은 아니다.

오바마 미국 대통령은 2014년 9월 대 국민 연설을 통해 IS 격퇴 전략을 천명하면서 공습 지역을 확대하고 현지 병력을 조련할 군사 고문관을 증파하겠다고 밝혔다. 직접 군사 개입 없이 격퇴가 가능할 것이라고 자신하고, '내재적 결의(inherent resolve)'라는 작전명까지 발표했다. 그러나 15개월이 지난 지금 이 '결의'는 실패로 드러나고 있다. 우선 지형지물에 익숙해 은신이 쉬운 IS 병력을 공습만으로 격퇴하는 데 한계가 있었다. 지난 5월 이라크 정부군이 요충지 라마디를 IS에 빼앗기자 애슈턴 카터 미국 국방장관이 "이라크군은 싸울 의지가 없다."며 대놓고 욕한 것은 미국 전략이 총체적 실패임을 자인하는 장면이었다.

여기서 결의는 결국 결심이었는데, 미국 대통령이 참모들과 함께한 결심이 실패한 것은 오바마 대통령뿐이 아니다. 함께한 결심이 무너지는 경우는 집단사고(group think)가 발생하기 때문이다.

집단사고는 집단의사결정 상황에서 집단 구성원들이 집단의 응집력과 획일성을 강조하고 반대 의견을 억압해 비합리적인 결정을 내리는 왜곡된 의사결정 양식을 말하는 사회심리학 용어다.

1961년 케네디 대통령의 특별자문위원회는 만장일치로 쿠바에서 미국으로 탈출한 난민들을 훈련시켜 쿠바의 피그 만(Pig's Bay)을 침공했다. 그러나 이 작전은 완전 실패해서 미국에 커다란 국가적 손실을 안겼다. 미군 수뇌부는 "피그 만으로 상륙하면 반카스트로군들이 지원을 할 것이다. 만약에 문제가 생기면 에스캄브레이 산맥으로 후퇴를 하라. 그러면 미군이 구조할 것이다."라고 약속했다. 그러나 피그 만과 에스캄브레이 산맥 사이에는 사람들이 도저히 건널 수 없는 늪이 펼쳐져 있었다. 후퇴하는 병력들은 그 늪을 건널 수 없었고 작전은 결국 완전한 실패로 끝났다.

이렇게 어처구니없는 작전을 누가 결정한 것인가? 왜 작전을 결정하는 과정에서 이런 문제점을 지적하지 않은 걸까?

야니스(Janis)는 이 사건을 계기로, 명백한 실패로 이끌어가는 집단의 의사결정 과정을 연구했다.

케네디 대통령과 참모들 사이에는 강한 응집력이 형성되어 있었다. 게다가 높은 사기와 집단에 대한 과신은 자신들이 세운 계획을 자만하게 했다. 집단 내에서 좋은 감정을 유지하기 위해 집단에 반하는 의견은 직접적인 압력이나 자체 검열을 통해 억제했으며, 누구도 강력하게 이의를 제기하지 않았으므로 마치 제시된 결정 사항에 대해 만장일치가 이루어진 것처럼 느껴졌다. 야니스는 이처럼 겉으로는 조화로워 보이지만 비합리적인 집단의 의사결정 과정을 설명하기 위해 집단사고라는 용어를 만들고, 이를 "집단 구성원들 간에 강한 응집력을 보이는 집단에서, 의사결정 시에 만장일치에 도달하려는 분위기가 다른 대안들을 현실적으로 평가하려는 경향을 억압할 때 나타나는 구성원들의 사고방식"이라고 정의했다.

이뿐 아니다. 1986년에 발생한 우주 왕복선 챌린저호 폭발 사고 전날 챌린저호의 발사를 둘러싼 회의에서도 집단사고와 관련된 다양한 증상들이 나타났다. 즉, 챌린저호의 로켓 추진 장치를 제작한 모턴 티오콜(Morton Thiokol) 회사와 우주선을 만든 록웰 인터내셔널(Rockwell International) 회사의 기술자들은, 로켓 발사 당일 날씨가 추울 것이라는 일기 예보를 듣고 저온에서는 로켓을 연결하는 고무 밸브가 폭발할 가능성이 있기 때문에 발사 날짜를 연기할 것을 건의했다. 그럼에도 불구하고 회사 간부들과 NASA 관리들은 기술자들의 의견을 묵

살한 채 로켓을 예정대로 발사하기로 결정했고, 챌린저호는 발사 후 1분 13초 만에 7명의 승무원과 함께 불길에 휩싸였다.

이 밖에도 무수히 많은 집단 결심의 병폐가 드러나고 있다. 1941년 일본의 진주만 공격을 예측하지 못하고 진주만을 무방비 상태로 방치한 키멀(Kimmel) 제독 외 군인들의 결정, 트루먼 대통령과 국가 안보 위원 등이 한국 전쟁 시 중국 참전이라는 결과를 낳은 잘못된 의사 결정 상황, 존슨 대통령 시절 발생한 베트남전의 확산과 장기화 과정, 1972년 닉슨 대통령 재임 시 발생한 워터게이트 사건 등 20세기 미국 대통령들과 최고의 전문가들로 구성된 위원회가 의사결정 과정에서 저지른 중대한 정책적 결함이나 실패 사례 연구를 통해, 그 결과를 토대로 집단사고 과정 모형을 제안했다.

결심은 함께하면 좋은 시너지 효과도 있지만 이처럼 바보 같은 실수를 낳기도 한다. 이런 집단사고를 극복하려면 회의를 할 때 반드시 문제점을 지적하는 사람을 지정해야 한다. 아이디어 회의 때는 PNI 기법을 통해 긍정적인 면(positive), 부정적인 면(negative), 흥미로운 면(interesting)을 같이 논의해야 한다.

누군가 부정적인 측면을 제기해서 미운 털이 박힐 수 있다면 돌아가면서 문제점과 부정적인 면을 지적하는 역할을 맡겨서라도 획일적인 결심에 태클을 걸어야 한다. 육각모 아이디어 기법 회의에서는 검은 모자를 쓴 사람이 무조건 문제점을 지적하도록 해서 이런 집단의 사결정의 병폐를 예방하기도 한다.

5장

·

SQ를 활용한 결심중독 치유법

아데모피에스(ADEMOPS)

"오랜 세월 동안 사람들은 뇌가 변화하지 않는다고 생각했습니다. 그러나 최근에는 뇌가 마음을 바꿀 수 있고 마음 역시 뇌와 몸을 바꿀 수 있다는 것이 입증되고 있습니다. 이런 주장을 '뇌가소성' 혹은 '신경가소성'이라고 합니다. 21일이면 뇌 속에 변화가 일어납니다. 인간의 뇌에는 1000억 개의 신경이 있습니다. 한 개의 생각이 일어나면 수백만 개의 신경 사슬이 만들어졌다 헤어집니다. 이를 반복하면 굳어집니다. 좋은 생각을 계속 반복하면 21일차에 생각의 덩어리, 즉 생각의 사슬이 만들어집니다. 생각이 바뀌는 것이지요. 이렇게 되면 인생이 달라지지 않겠습니까. 결국 생각이 바뀌면, 행동이 바뀌고, 습관이 바뀌고, 그 결과 인생이 달라집니다."
– 장현갑의 『생각정원』 중에서

어떤
결심중독자인가?

결심중독 유형 체크리스트

결심중독과 같은 심리중독은 뇌내 호르몬과 관련이 깊고, 옥시토신 같은 내분비계 호르몬도 영향을 미친다. 결심중독 유형은 여섯 가지 종류의 뇌내 호르몬, 즉 도파민, 세로토닌, 아드레날린, 엔도르핀, 페닐에틸아민, 멜라토닌 유형과 한 가지 유형의 내분비계 호르몬인 옥시토신이 관련되어 있다. 결심중독에 영향을 미치는 호르몬에 따라 결심중독 유형은 총 일곱 가지로 구분할 수 있다. 그럼 나는 어떤 유형의 결심중독자인지 체크해보자.

다음 질문 중 자신의 심리, 행동, 사회적 관계를 설명하는 응답에 체크하시오.

전혀 그렇지 않다	그렇지 않다	보통	그런 편이다	매우 그렇다
0	1	2	3	4

1. 새로운 일을 계획할 때 너무 흥분된다.

2. 꿈을 원대하게 꾸어야 한다고 생각한다.

3. 아침에 일어나면 상쾌하고 활력이 넘친다.

4. 쉽게 흥분하지만 오래가지는 않는다.

5. 작정하면 뭐든지 할 수 있다고 믿고 있다.

A타입 점수 합계 _____

6. 결심을 자주 하지만 성공한 기억이 별로 없다.

7. 주위 사람들로부터 우유부단하다는 소리를 자주 듣는다.

8. 참고 기다릴 줄 아는 인내력이 강하지 않다.

9. 매사에 초조하거나 불안하지 않고 스트레스를 많이 받지 않는 편이다.

10. 결심을 실천하지 못해도 다음에 또 기회가 올 것이라고 믿는다.

D타입 점수 합계 _____

11. 인생은 도전하는 자의 것이라고 생각한다.

12. 삶은 경쟁이며 경쟁을 하면 반드시 이겨야 한다.

13. 꿈은 반드시 이루어진다고 믿는다.

14. 이따금 심리적 부담으로 판단력이 떨어질 때가 있다.

15. 신체 면역기능이 떨어질 때가 종종 있다.

E 타입 점수 합계 _____

16. 주변 사람들로부터 게으르다는 소리를 종종 듣는다.

17. 내가 생각해도 나는 일을 늦추는 경향이 있다.

18. 스트레스를 받으면 잠으로 풀고, 잠을 자고 나면 스트레스가 잘 풀린다.

19. 은연중에 '나중에'라는 말을 자주 한다.

20. 종종 미룸병 환자는 아닌지 의심이 들 때가 있다.

M 타입 점수 합계 _____

21. 사람을 좋아하는 사교적인 사람이라고 생각한다.

22. 유행을 잘 따라가는 사람이다.

23. 실패해도 상처가 크지 않고 잘 잊는 편이다.

24. 금연, 다이어트, 조깅, 아침형 인간 등의 열풍을 잘 따라하는 편이다.

25. 다시는 하지 않겠다고 작심하고도 또다시 반복한 적이 있다.

O 타입 점수 합계 _____

26. 내 삶은 조금 복잡하고 어수선할 때가 많다.

27. 집중력이 부족해 몰입의 즐거움이 무엇인지 잘 모른다.

28. 어떤 일이나 취미에 푹 빠졌다가 곧 포기하는 편이다.

29. 일을 단순하게 처리하지 못해 곤란할 때가 많다.

30. 매사에 일의 우선순위를 정해놓지 않고 즉흥적으로 처리할 때가 많다.

P 타입 점수 합계 _____

31. 결심이라는 것이 중요한지 잘 모르겠다.

32. 작심삼일보다는 안 하는 것이 마음 편하다.

33. 종종 우울할 때가 많다.

34. 지금 내 삶이 너무 만족스러워 새로운 일을 벌이고 싶지 않다.

35. 사람들이 왜 결심하고 실패하고 또 결심하고 실패하는지 이해할 수 없다.

S 타입 점수 합계 _____

*일곱 가지 유형에 5점(전혀 그렇지 않다 0점~매우 그렇다 4점) 척도로 응답한 값에서 가장 높은 유형이 자신의 결심중독 유형이다. 만약에 동점이 나온다면 가장 높은 점수 유형을 다 가지고 있는 것으로 해석한다.

*각 타입별 점수 합계를 내고 이것을 그래프에 체크해보자. 가장 높은 점수가 나의 결심중독 유형이다.

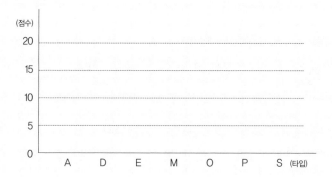

결심중독의 일곱 가지 유형

■ A 타입-아드레날린 과다분비형(과대망상형)

지나치게 높은 목표와 망상적 기대감 탓에 결심을 실천하는 데 문제가 있는 유형이다. 아드레날린은 교감신경을 활성화하는 호르몬으로서, 아침에 잠에서 깬 뒤 활력이 생기고 에너지가 생성되는 것은 이 호르몬 분비 덕분이다. 부정적인 작용도 있어서, 화를 자주 내면 심혈관질환에 잘 걸리는 것도 아드레날린과 관련된다. 분노를 느낄 때마다 이 호르몬이 분비돼 심장박동과 혈압을 과도하게 높이기 때문이다. 결심과 가장 관련이 깊은 호르몬이 바로 아드레날린(에피네프린)과 스트레스 호르몬인 코티졸이다.

그런데 이 호르몬들의 지속 기간은 3일에 불과해서, 작심삼일을 설명하는 뇌과학적 근거가 되기도 한다. 결심중독에서 벗어나려면 너무 높은 목표나 기대를 하면서 흥분하기보다는 좀 더 구체적이고 작은 기대를 차분하게 실천하도록 기대치를 조절해야 한다. 결심하면 모든 것이 이루어질 것이라는 과대망상으로부터 벗어나야 하는 것이다.

■ D 타입-도파민 결핍형(의지박약형)

결심을 자주 하지만 결심이 가져다주는 열매의 맛을 모르는 유형이다. 도파민이 분비되면 맥박이 빨라지고 혈압이 높아지면서 쾌감을 느끼게 되는데, 도파민 결핍형은 그런 짜릿한 경험을 제대로 경험하지 못해 매번 결심만 하다가 그친다. 이런 악순환에서 벗어나려면 한 번이라도 결심을 성취해 그 맛을 느껴보아야 한다. 도파민은 금단증상을 치료하는 데도 쓰이기 때문에 결심중독 금단증상도 극복할 수 있다. 당장은 힘들고 어렵고 외로워도 결심을 성취했을 때의 열매의 맛을 위해 지금 이 순간을 버텨내야 한다. 강한 사람이 버티는 것이 아니라 버텨낸 사람이 강하다는 말이 있다. 마시멜로의 달콤한 맛을 보려면 참고 견뎌야 한다.

■ E 타입 – 엔도르핀 의존형(초조불안형)

엔도르핀 의존형은 무엇인가를 해야 한다는 압박감에 시달리는 유형이다. 경쟁에서도 살아남아야 하고, 인생의 꿈도 이루어야 한다는 스트레스로 인해 주눅 들어서 판단력이 떨어지고 중요한 일에서 실수를 저지르기도 한다.

엔도르핀은 모르핀의 100배에 해당하는 진통 효과를 내는 호르몬이다. 스트레스를 받거나 통증을 느낄 때 분비돼 통증을 조절한다. 하지만 엔도르핀이 장기간 과도하게 분비되면 면역기능이 떨어져 감염질환에 걸릴 위험이 높아진다. 심리적으로도 마찬가지다. 결심해야 하고, 결심하지 않으면 안 된다는 압박감으로부터 자유로워져야 하고, 경쟁을 넘어 초경쟁 모드로 진입해야 한다. 너무 초조해하지 말고 불안으로부터 벗어나야 한다.

■ M 타입 – 멜라토닌 숭배형(미룸병 환자형)

당신은 늑장과 게으름, 미루는 습관을 통해 결심 스트레스로부터 벗어나기 위해 '일단 나중에 보지, 뭐.'라고 생각하면서 잠을 청하는 유형이다. 멜라토닌은 뇌 속 생체시계를 조정해 잠이 오게 하는 역할을 한다. 한밤중에 멜라토닌이 분비되면 피로를 막고 스트레스를 줄여주는 데 도움이 된다. 그러나 문제가 해결된 상태가 아니고 단지 미룬 것이기 때문에 결심을 메모라도 해놓고 넘어가야 한다. 이런 유형의 결심중독은 대뇌피질이 결심해서 하고자 하는 바를 뇌의 변연계가 방해하는 현상인데, 정작 본인은 그런 현상을 전혀 의식하지 못하고 결심중독에 걸려 있는 상태 자체를 인식하지 못하는 심각한 결심중독자다. 자꾸 미루려고만 하지 말고 지금 당장 메모를 하자. 결심 노트를 작성하고, 결심을 실천하기 위한 마음의 근육을 키워야 한다.

■ O 타입-옥시토신 망각형(부화뇌동형)

사람을 좋아하고 타인들로부터 영향을 많이 받아 결심을 하지만 결국 까맣게 잊어버리고, 내가 왜 이것을 하고 있는지조차 망각하는 유형이다.

금연 열풍, 다이어트 열풍, 아침형 인간 열풍에 휩싸여 결심하고 따라가지만 곧 잊는 유형이기 때문에, 결심의 목적에 대한 뚜렷한 설정이 필요하다.

■ P 타입-페닐에틸아민 방전형(집중력 부족형)

페닐에틸아민 방전형은 집중력이 부족하고 생각과 행동이 복잡해서 결심을 실천하는 데 문제가 있는 유형이다. 페닐에틸아민은 대뇌를 각성시켜 사고력, 기억력, 집중력이 향상되게 돕는다. 또 사랑하는 감정을 느낄 때 분비되어 적당한 긴장감을 느끼도록 만들기도 한다. 그러나 이 유형은 페닐에틸아민이 부족해 집중력에 문제가 있다. 좀 더 일을 단순화하고 일의 우선순위를 정해두고, 가장 소중한 것부터 실천하는 습관을 들여야 한다.

■ S 타입-세로토닌 부작용형(무사태평형)

세로토닌 부작용형은 결심하고 실패하는 것이 두려워 아예 결심이나 동기부여를 하지 않는 무사태평 유형이다.

세로토닌이라는 호르몬은 스트레스를 줄이고 흥분된 마음을 가라앉히는 효과가 있다. 세로토닌이 부족하면 불안감을 느끼거나 충동적으로 변할 수 있다. 그래서 세로토닌은 우울증을 치료하는 데 쓰이기도 한다. 이 유형은 불안과 우울을 경험할 것이 두려워 아예 결심을 하지 않는 세로토닌 부작용형이다. 모든 일로부터 회피해서 얻는 거짓 세로토닌 효과보다 결심을 실천하고, 성취했을 때 느끼는 진정한 세로토닌의 흐뭇한 느낌을 제대로 경험하려면 좀 더 강한 동기부여를 해야 한다.

결심중독에서 벗어나려면 '뇌'를 내편으로 만들어라

굳은 다짐을 하며 세운 계획들이 왜 그토록 쉽게 무너져 내리는 것일까? 뭐니 뭐니 해도 의욕만 앞세우며 많은 것을 계획하거나 무리한 목표를 세우는 등 거창한 리스트가 가장 중요한 원인일 게다. 한술 더 떠서 지금도 편안한데 굳이 바꾸고 싶지 않은 본능 또는 무의식이 의식보다 훨씬 더 강하게 작용하기 때문이라는 견해도 있다. 그리고 자기절제라는 인간의 새로운 기술을 가진 뇌가 아직 충동과 본능으로 이루어진 원시 뇌에서 충분히 진화하지 않아 그렇다는 진화론적 설명도 제기된다.

바우마이스터 교수는 의지력 연구로 유명한 사회심리학자다.

우리 자신의 의지가 박약하다고 자책하기보다, 일을 감당하기 쉽게 나누고 충분한 에너지 보충에 힘쓸 일이다. 실제로 당이 떨어지면 의지력이 약화되는 사례들이 많다. 금연 시에도 각설탕 섭취를 병행하면 성공률이 더 높았다. 의지력에 도움이 되게 하려면 초콜릿이나 설탕 등 지나치게 단 음식에 의존하는 것은 옳지 않다. 일시적 당의 상승은 급격한 당의 하락을 불러온다. 오히려 천천히 흡수되는 음식을 섭취해야 좋다.

마음먹기에 달렸다는 말도 반은 틀린 이야기다. 마음을 먹더라도 꼭 이루어지는 것은 아니기 때문이다. 헬스클럽을 3개월 또는 1년 기간으로 끊어놓은 사람들 가운데 절반 이상이 채 한 달을 넘기지 못하고 그만두는 것만 봐도 알 수 있다. 독하게 마음먹고 돈까지 들였는데도 불구하고 운동하러 가는 것이 숙제처럼 느껴지는 이유는 뇌가 핑계를 만들어내기 때문이다. 등록을 하고 나면 운동하러 갈 수 없는 이유가 왜 그렇게 많아지는 것인지. 친구들 전화도 갑자기 많아지고 야근할 일도 늘어나며 두통이 생기는가 하면 몸이 아프다. 그런 일이 반복되면 못 가게 되는 이유가 눈덩이처럼 불어난다.

뇌는 왜 이렇게 핑계를 만들어내는 걸까? 뇌에는 어떤 개념이 이미 형성되어 있고, 그에 따라 작동하려는 습성이 있다. 사람에 따라 정도의 차이는 있지만 뇌 입장에서는 변화가 달가운 사건인 것만은 아니다. 대부분이 지금까지 해오던 방식대로 하는 데서 평온함을 느낀다. 그래서 자신이 나쁜 습관을 가지고 있음을 알면서도 쉽게 바꾸지 못한다. 어떤 계기로 큰 결심을 했을 때에도 스스로에게 변명거리를 늘어놓으며 슬그머니 회피해버린다

그렇다면 뇌는 절대 변화를 받아들일 수 없는 걸까? 새로운 결심을 하거나 계획표를 짜는 일은 완전히 무의미한 일일까? 그렇지 않다. 뇌에는 신경가소성이 있어서 경험에 의해 변화한다. 자극이 주어지면 새로운 신경망이 조직되고 구성된다. 실제 실험 결과도 그렇다. 쥐의 뇌에 전기자극을 주었더니 작은 시냅스(신경세포 간 연결부위)가 형성되었고, 전기자극을 계속 주었더니 그 시냅스가 강화되었다.

인간의 뇌 역시 마찬가지다. 받아들일 신경망이 없는 상태라 할지라도 사건이 반복되면 뇌에서도 자연스럽게 받아들인다. 이 시점이 되면 뇌가 의지에 저항하지 않기 때문에 마음먹은 바를 수월하게 행동으로 옮길 수 있다. 그러므로 자신을 발전시키고 싶으면 가장 먼저 뇌를 내 편으로 만들어야 한다. 뇌를 내 편으로 만드는 것은 거창하거나 어렵지 않다. 긍정적으로 생각하고, 발끈하기보다 여유롭게 웃고, 새로운 일을 할 때 적어도 21일간 계속하면 된다.

심리학자 에일렛 피시바흐는 목표에 집중하면 오히려 달성을 어렵게 한다고 했다. 그는 체육관에 다니는 사람들을 두 그룹으로 나눠 한 그룹의 참가자들에게는 운동을 통해 이루고 싶은 것, 예를 들어 "나는 살을 빼기 위해 운동한다."라는 결과에 집중하며 운동하도록 했다. 다른 그룹의 참가자들에게는 "나는 스트레칭을 먼저 하고 그 다음에 러닝머신을 뛴다."와 같이 과정에 몰두하면서 운동하라고 조언했다.

참가자들이 실제로 운동한 시간을 살펴보니 '결과에 집중'한 사람들은 '과정에 집중'한 사람들보다 10분가량 적게 운동했다. 결과에 집중하면 오히려 동기가 오래가지 못했던 것이다. "결과에 집중하라.", "결과를 생생하게 그려라."와 같은 조언은 목표달성을 더욱 어렵게 만든다. 실제로 마라토너에게 가장 도움이 되는 조언은 "완주했을 때 너의 모습을 상상해봐."가 아니라, "네가 뛰는 한 걸음, 한 걸음에만 집중하라."라는 말이다.

목표 달성의 동기를 높이는 방법 중 가장 효과가 좋은 것은 목표를 조건문으로 바꾸는 방법이다.

심리학자 피터 골비처는 학생들에게 크리스마스 연휴 동안 반드시 해야 할 과제를 두 개씩 정하라고 지시했다. A그룹의 학생들에게는 각자가 정한 두 개의 과제를 '언제'가 되면 실행할지, 그리고 '어디에 있을 때' 실행에 옮길 것인지 제출하도록 했다. B그룹의 학생들에게는 과제 두 개만 정하게 했다.

크리스마스 연휴가 끝나고 학생들이 과제를 얼마나 완료했는지 점

검해보니 때와 장소를 정했던 A그룹이 B그룹보다 어려운 과제를 실행한 비율이 훨씬 높았다. 이처럼 목표를 정할 때 '그것을 언제 실행에 옮길지', '어디에 있을 때 수행할지'와 같이 구체적인 조건문으로 바꾸어놓으면 성공 확률이 크게 높아진다. '다이어트하기'를 목표로 정했다면 "감자튀김을 보면 당장 그 자리를 피하겠다."와 같이 "X이면, Y를 한다."의 형태로 목표를 조건문으로 바꾸면 작심삼일의 함정에서 빠져나올 수 있을 것이다.

목표를 너무 많이 정하는 욕심도 작심삼일을 부추긴다. 심리학자 에이미 달튼은 한쪽 그룹에는 하나의 목표를, 다른 그룹에는 '즐겁게 책 읽기', '건강에 좋은 음식 먹기', '전화한 적 없는 이에게 전화하기' 등과 같이 여섯 가지 목표를 부여했다. 닷새 동안 살펴보니 여섯 개의 목표를 받은 참가자들의 달성도가 상대적으로 낮았고 목표에 대한 몰입도 훨씬 저조했다.

왜 그랬을까? 목표가 많으면 '언제 이걸 다하지?'라는 생각에 목표 달성의 어려움을 더 크게 느끼고, 그러다 보니 목표 외의 것들에 신경이 분산된다. 새해 목표를 여러 개 세웠다면 지금이라도 세 개 이내로 줄일 것을 권한다. 목표가 많은 사람은 불행하다.

목표를 한두 개만 세웠다 해도 '담배 끊기', '다이어트하기' 등의 목표는 엄청난 의지와 에너지를 필요로 한다. 이때 '한 발 들여놓기' 전략을 쓰면 도움이 된다.

린 키베츠는 스탬프를 10개 찍어야 공짜 커피를 주는 쿠폰과 12개를 찍어야 하는 쿠폰을 준비했다. 하지만 12개짜리 쿠폰에는 두 개의 스탬프가 미리 찍혀 있었다. 그는 학생들에게 무작위로 나눠주고 공짜 커피를 얻기까지 걸린 시간을 측정했다. 똑같이 10개의 스탬프를 찍어야 공짜 커피를 마실 수 있었지만, 이미 도장 두 개가 찍힌 쿠폰을 가진 학생들이 20%나 더 빨리 공짜 커피를 받았다.

두 개의 스탬프가 미리 찍힌 12개짜리 쿠폰을 받으면 '벌써 두 개나 찍혔네.'라는 생각에 도장을 모두 찍고 싶다는 동기가 일어난다. 반면, 도장이 하나도 안 찍힌 10개짜리 쿠폰을 보면 '이 빈칸을 언제 다 채워?' 하는 생각에 중간에 포기하거나 공짜 커피를 받기까지 시간이 오래 걸린다. 다이어트가 목표라면 옷을 잔뜩 입은 상태로 몸무게를 재고 다음 날에는 옷을 모두 벗은 상태에서 몸무게를 재보라. '어, 벌써 2kg이나 빠졌네? 앞으로 10kg만 더 빼면 되겠어.'라고 자신에게 트릭을 쓰면 어떨까? 비록 꼼수이지만 다이어트의 동기를 끌어올리는 데 매우 효과적일 것이다.

성공지능 SQ를 주장한
IQ빵점 아이

공부도 제법 잘하고 가정환경도 꽤 좋은 초등학생이 있었다. 그런데 어느 날, 그 소년에게 절망적이고 엄청난 위기가 닥쳐왔다. IQ 테스트를 실시한다는 것이었다. 평소 테스트에 대해 불안감을 가지고 있던 소년은 IQ 테스트를 실시하러 들어오는 상담교사를 보자 갑자기 긴장했다. 그 상담교사가 마치 무서운 꿈을 꿀 때 나타나는 악마처럼 느껴졌다.

평소 책도 잘 읽고 발표도 잘하던 소년은 시험 때만 되면 긴장하여 제대로 시험을 치르지 못하곤 했다. 그래서 소년은 이번만큼은 정말로 잘해야겠다는 의욕을 가지고 있었다. 마침내 상담교사가 테스트 시작을 알렸다.

"자, 지금부터 문제를 푸세요."

그러나 이번만큼은 반드시 잘해내고야 말겠다는 다짐은 의욕에 그쳤을 뿐, 막상 테스트가 시작되자 소년은 너무 당황해 문제를 풀 수 없었다. 그러자 소년의 심장은 마구 쿵쾅거리기 시작했고, 연필을 쥔 손에는 땀이 나 연필을 제대로 잡을 수조차 없었다. 야속하게도 다른 친구들은 아무렇지 않은 듯 문제를 잘 풀고 있었다. 친구들이 아무런 어려움 없이 문제를 푸는 것을 본 소년은 더욱 당황했고, 마침내 온몸에서 식은땀이 줄줄 흘러내리기 시작했다.

다른 친구들이 한 페이지를 다 풀고 다음 장을 넘기는 소리가 들리는데도, 소년은 처음 두 문제를 가지고 끙끙대고 있었다. IQ 테스트 시간은 그 소년의 삶에서 가장 절망적인 순간이었다.

IQ 검사 결과에 소년의 그런 절박한 심정이 반영되지는 않는다. 그러다 보니 그 소년의 IQ는 0에 가까운 것으로 나왔고, 그 소년에게는 저능아라는 딱지가 붙게 되었다. 초등학교 저학년 시절의 선생님들은 아무도 그 저능아에게 기대를 하지 않았고 요구도 하지 않았다. 그래도 소년은 다른 학생들과 마찬가지로 담임 선생님의 마음에 들기 위해 노력했다. 그러나 그게 무슨 소용인가? 부질없는 짓이었다. 한번 저능아로 낙인찍힌 그 소년은 이미 인생의 낙오자가 되기 시작했던 것이다.

선생님들은 그 소년이 저능아와 같은 행동을 하고 그에 걸맞은 행동을 할 때 오히려 만족스러워했다. 그리고 선생님들이 만족해하니 소년도 그런 행동을 반복했다. 소년은 일단 한번 들어가면 헤어나지 못하는 미로처럼, 빠져나오기 힘든 수렁에 들어선 것처럼 보였다. 만약 그 소년에게 알렉사 선생님이 나타나지 않았다면, 소년은 어쩌면 저능아라는 낙인을 평생 떼어내지 못한 채 살아갔을지 모른다. 그렇다면 그의 삶은 어땠을까?

그 소년의 삶에서 알렉사 선생님은 한 줄기 빛이었다. 3학년 때까지의 선생님들은 나이가 많고, 테스트 결과를 철석같이 신봉하는 분들이었다. 그러나 갓 대학을 졸업한 알렉사 선생님은 IQ 테스트 점수가 무엇인지 몰랐고, 또 그 결과에 신경 쓰지도 않았다. 알렉사 선생님이 IQ 테스트를 잘 모른다는 사실은 그 소년에게 행운이었다.

알렉사 선생님은 소년이 지금보다 더 잘할 수 있다고 생각했고, 그래서 소년에게 더 많은 것을 요구했다. 그리고 그것을 얻어내곤 했다.

왜 그랬을까? 그 이유는 단순했다. 그 소년은 3학년 때까지 담임 선생님들에게 했던 것보다 더 많이 그 선생님을 기쁘게 해드리고 싶었기 때문이다. 그 소년은 알렉사라는 선생님을 기쁘게 해드리고 싶었고, 그러기 위해서는 선생님의 기대에 부응하기 위해 더 열심히 준비하고 공부해야 했다. 만약 선생님과 나이 차이가 많이 나지 않았다면 그 소년은 청혼하고 싶을 정도로 그 선생님을 좋아했다. 그럴수록 그 선생님보다 소년 자신이 더욱더 놀라게 되었다.

"아니 내가 이렇게 잘할 수 있다니."

그 소년은 자신이 그렇게 잘할 수 있을지 전혀 몰랐다. 난생 처음으로 전 과목 A를 받은 학생이 되었고, 그 후에도 계속 그런 상태를 유지했다. 그 소년은 다름 아닌 예일 대학교 심리학과 교수로 성공지능(SQ)을 제안한 로버트 J. 스턴버그다.

이제는 성공지능 시대다

스턴버그는 심리학을 전공하고, 심리측정을 연구한 끝에 지능에는 IQ로 파악되지 않는 무엇인가가 있다는 사실을 밝혀냈다. 스턴버그는 인간의 지능을 다중적 구조로 파악하고 지능증진 프로그램 개발에 선도적인 역할을 하는 세계적인 심리학자 가운데 하나다. 미국 예일 대학교의 교수인 그는 21세기와 같은 다양성의 사회에서 성공하려면 IQ보다는 분석력, 창의력 및 실천적 능력으로 구성된 SQ가 높아야 한다고 강조한다.

SQ란 성공지능(successful intelligence) 지수를 의미한다. 성공지능 이론은 인간의 지적 능력을 보다 광범위하고 포괄적으로 이해할 수 있는 근거를 마련해주기 때문에 전 세계적으로 많은 호응을 받고 있다.

스턴버그는 1975년에 스탠퍼드 대학에서 실험심리학으로 박사학위를 받았다. 스탠퍼드 대학에서 수학 중 그는 검사 분야의 대가인 크론바흐 교수로부터 현존의 지능검사는 지능 측정에 한계가 있다는 강의를 들었다. 크론바흐 교수는 통계학의 크론바흐 알파 신뢰도 계수로도 유명하다.

이 경험은 후에 그의 지능 연구 방향에 큰 영향을 주었다. 1970년대에 스턴버그는 종래의 지능발달 연구의 주류를 이루던 심리측정적 접근에 정보처리이론을 도입하여 성분이론을 제시하였다. 그는 처음에 자신의 성분이론이 인간의 지적 능력의 모든 것을 설명해줄 수 있다고 믿었으나 나중에 그것이 망상이었다고 고백했다. 그는 연구를 거듭해 지능의 삼원이론을 주창하게 되었고, 이것을 발전시켜 성공지능 이론을 창시하게 되었다.

스턴버그는 1975년 이래로 예일 대학 심리학과 교수로 재직 중이며 IBM 석좌교수다. 1984년 저술한 『IQ를 넘어서서』로 1987년 미국 교육연구협회로부터 최우수 저술상을 받았고 〈사이언스 다이제스트(*Science Digest*)〉가 선정한 '미국의 젊은 과학자 100명'에도 지명되었다.

성공하려면 IQ, CQ, EQ를 넘어 PQ를 개발하라

여기서 성공이란 것은 돈을 얼마나 벌고, 얼마나 좋은 대학을 나와, 어디까지 승진하고, 돈 많은 사람과 결혼하고… 등등의 의미가 아니다. 자신이 꿈꾸고 이루고자 하는 결심을 향해 도전하고 자기가 꿈꾸고 가치 있게 생각하는 바를 성취하는, 즉 자기완성, 자기실현(self actualization)하는 사람들을 말한다.

머리가 얼마나 좋은지를 나타내는 지능지수는 프랑스의 심리학자 비네가 정신연령(mental age)을 생활연령(chronological age)으로 나누고 100을 곱해서 개발했다. IQ(intelligence quotient)는 선천적으로 타고나는 부분이 많다. IQ가 높으면 영재일 가능성이 높긴 하지만 모든 영재아동이 IQ가 높은 것은 아니며, IQ가 높은 사람이 잘사는 것도 아니고 성공하는 것도 아니다.

창의력지수(creative quotient : CQ)는 사물을 이해하고 분석하고 종합할 때 남들이 못 보는 것을 보고 새로운 것을 이끌어내는 능력이다.

CQ가 높은 사람들이 세상의 발전을 이끌어간다. 창의력을 높이기 위해서는 자유롭고 모험을 즐길 수 있으며 고정관념을 강요하지 않아야 한다. 자루를 비워야 채울 수 있듯, 기존의 것이 깨져야 새로운 것이 나올 수 있기 때문이다.

IQ는 수리력, 논리력, 기억력, 공간지각능력, 학습능력 등으로 개인 능력을 측정하기 때문에 IQ를 통해 사회적 성공 가능성이나 정신건강의 정도, 미래 가능성과 같은 것은 알아낼 수가 없다. 그래서 개발해낸 것이 대니엘 골만의 감성지수(emotional intelligence quotient : EQ)다. EQ는 자신의 감정을 잘 이해하고 남에게 공감할 줄 아는 능력이다. 자기감정을 이해하는 능력, 자기감정을 조절하는 능력, 자기 동기부여 능력, 타인의 감정을 이해하는 능력, 인간관계 능력 등으로 구성되며, EQ가 높은 사람은 감정과 정서를 잘 알고 올바르게 해석하고 제어하기 때문에 대화와 타협을 이끌어낼 줄 안다. EQ는 IQ보다 사회에서 성공할 수 있는 가능성을 네 배 이상 정확히 예측할 수 있다. EQ 형성에는 부모의 양육태도, 사회관계, 문제해결 방식 등이 큰 영향을 미친다.

실천지능, 즉 PQ(practical quotient)는 생각을 행동으로 옮김으로써 적극적으로 자신감과 결과를 얻어내는 능력이다. 아무리 좋은 아이템도 실천지능과 연결되지 않으면 아무것도 아니다. 조직과 사회의 리더들은 일반적으로 실천지능이 높다.

이 실천지능과 함께, 결심중독자(resolutioin addict)가 아니라 성공한 사람으로 살아가기 위해 필요한 지능이 바로 성공지능(SQ)이다. SQ

이론의 창시자인 스턴버그 교수는 21세기와 같은 다양성의 사회에서 성공하려면 IQ보다는 분석력, 창의력 및 실천적 능력으로 구성된 SQ가 높아야 한다고 말했다. 이제 세상은 생산적 패러다임에서 창의적 패러다임으로 변화되었다. 20세기에서 주장하던 좌뇌형이 아니라 좌우뇌를 고루 사용하는 전뇌형 인간, 혼자만의 에너지 효과보다는 공동체의 시너지 효과가 강조되는 시대가 열린다.

분석능력, 실행능력, 창의능력을 고루 갖춰야 성공지능인이 된다

　분석능력과 실행능력, 창의능력이 잘 발달하여 서로 상호관계를 이루면 성공지능이 높은 사람이 된다. SQ가 높은 사람은 결심을 실천하고, 달성하는 능력이 뛰어나다. 사회에서 성공하는 사람들을 보면 이 세 가지 능력을 고루 갖춘 사람들이 많다. 다행인 것은 이 세 가지 능력은 타고나는 것도 물론 있지만 후천적인 학습에 의해서도 충분히 길러진다는 것이다. 따라서 자녀의 성공지능 발달에 가장 큰 역할을 하는 것이 바로 부모다.

　SQ가 높은 사람은 자신의 장점과 단점을 정확히 파악하고 있다. 자신의 단점을 알고 있는 사람이 그 사실을 숨기거나 고치기 위해 전전긍긍한다면, 그것은 쓸모없는 걱정거리를 붙들고 고민하느라 허송세월하다가 결심중독으로 가는 지름길을 택하는 것이다. 성공하는 사람들은 단점을 상대에게 털어놓은 후 보완하거나 시정한다. 장점은 적극 활용하며, 주어진 문제를 해결할 때는 원리원칙을 따지는 것이 아니라 현실에 맞게 융통성을 발휘한다.

우리는 살면서 한 번쯤 IQ 테스트를 한다. IQ 테스트를 하여 수치가 높게 나오면 천재로 취급해주지만, 반대로 낮게 나오면 저능아라는 놀림을 받기가 쉽다. IQ 테스트가 정확하다고 믿기 때문이다. 스턴버그는 IQ 테스트로 인해 겪은 힘들었던 어린 시절과 자신의 아들 이야기를 책에서 털어놓는다. 그리고 그 시간을 헤쳐나갈 수 있었던 방법에 대해 설명하면서 IQ 테스트의 문제점을 지적했다.

SQ가 높으려면 분석적 지능, 창조적 지능, 실천적 지능을 고루고루 갖추어야 한다. IQ와 비슷한 분석적 지능은 새롭게 습득한 지식을 논리적으로 과제해결에 적용하는 능력이며, 학교공부를 잘하는 아이들은 이 지능이 높다. 창조적 지능은 문제해결 과정에서 중요하고 적절한 정보를 모아 약간 다르거나 새로운 것을 창조하는 능력으로, 학자, 예술가, 전문경영인 등 어떤 분야에서 탁월한 능력을 보이는 사람들은 이 능력이 우수하다.

실천지능은 생활의 문제를 이해하고 해결하는 능력, 현실 상황에 적응하는 능력, 대인관계를 잘하는 능력 등이 포함되며, IQ나 학업성적과는 무관하지만 사회에서 성공하는 데 중요한 능력이다. 세 가지 지능이 균형을 잘 이루는 것이 바로 '성공지능'이다. 세 가지 능력은 서로 관련되어 있기 때문에 상황에 맞추어 골고루 활용하도록 적극적으로 교육시킬 필요가 있다.

현재 우리나라의 가정과 학교, 기업에서는 공부를 잘하는 것, 즉 분석적 지능만을 지나치게 강조한다. 인생에서 성공을 거두려면 세 가지 지능이 다 필요하지만, 가정이나 학교에서 잘 가르쳐주지 않기 때문에 아이들은 이런 능력을 소홀히 하게 된다. 그렇게 자란 아이들이 환자들을 어떻게 다루어야 할지 모르는 의사, 문제분석은 잘하지만 해결할 줄은 모르는 회사관리자가 되는 것이다.

결심중독을 치유하기 위해 가장 필요한 것은 성공지능을 잘 활용하는 것이다. 그리고 성공지능을 잘 활용하기 위해 가장 필요한 요인이 실천요인이다. 아무리 분석능력이 뛰어나고 아이디어와 창의능력이 뛰어나도 실천능력이 떨어진다면 결심중독에서 벗어나기 힘들다.

그렇다면 결심중독에서 벗어나기 위해 무엇을 해야 할까? 결심중독의 유형에 맞춰 결심중독자가 아닌 결심 달성자가 되려면 단계별·유형별로 실천적인 방법을 찾아내야 할 것이다.

SQ가 높은 사람들은 시간을 그냥 흘려보내지 않는다

SQ가 높은 사람들은 일반적인 사람들과 비교해볼 때 시간을 잘 활용한다는 특징이 있다. 늘 일한다는 이야기가 아니다. 태평하게 무심히 있는 것 같아도 결코 시간을 낭비하지 않는 부지런함으로 그 시간에 뭔가를 함으로써 주변 사람들을 감동시키고, 다른 사람을 소중하게 대한다. 삶의 확고한 방향성을 정하며 잘 웃고 긍정적이고, 자신을 내세우기보다는 항상 남을 칭찬한다. 반면 자신을 낮추는 겸손함을 갖고 있다.

자신을 감추지 않으며, 장점과 단점을 남들에게 솔직하게 말한다. 「응답하라 1988」의 쌍문동 골목 인심처럼 항상 주변 사람들과 음식을 나눠 먹는다. 강자가 아니라 약자를 배려한다. 다른 사람에게 고마움을 느꼈을 때는 그 마음을 즉각 표현하고, 남을 잘 칭찬하면서 항상 겸손한 가운데서도 작은 성취들을 끝없이 쌓아올린다. 그리고 사람들을 만날 때 결코 '이익'이라는 잣대를 들이대지 않는다. 저 사람을 알고 있으면 나에게 도움이 되는 사람인지 아닌지 계산하는 것이 아니라, 한 사람의 인간으로서 진심을 가지고 그 사람과 소통한다.

빈털터리에서 시작하여 우리나라 최고의 부자가 된 정주영의 일화를 보면, SQ가 높은 사람들이 어떻게 인생에서 성공하게 되는지를 단적으로 알 수 있다. 성공하는 사람들은 부정적 사고가 아니라 적극적 사고를 가지고 있다. "이봐, 해봤어?"로 대변되는 정주영 회장의 말은 그의 사고방식을 가장 단적으로 드러낸다고 할 수 있다. 적극적인 사고방식을 가진 사람들은 모든 분야에서 가능성을 찾아낸다. 아무리 가난해도 그 가난이 그의 꿈을 방해하지 못한다. 꿈을 꾸는 데는 돈이 들지 않기 때문이다.

결심중독에서 벗어나려면
SQ를 키워라

미국에 한 바보가 있었다. 주변 사람들은 그 바보를 놀리는 것이 너무 재미있었다. 바보가 5페니와 10페니 동전 중에서 하나를 고르라고 하면, 언제나 10페니 동전이 아니라 5페니 동전을 가져갔기 때문이다. 그래서 주변 사람들은 걸핏하면 "네가 고르는 것을 줄 테니까 하나만 골라!" 하면서 바보 앞에 동전들을 내밀곤 했다. 바보는 사람들이 동전을 내밀면 으레 5페니를 선택했다.

어느 날, 늘 놀려대던 친구 중 한 명이 바보에게 물었다.

"5페니보다 10페니가 더 좋은 거 몰라? 왜 항상 5페니를 가져가?"

그러자 바보의 대답이 이랬다.

"내가 만일 10페니를 골라봐. 그러면 사람들이 나를 안 놀릴 것 아냐. 하지만 5페니를 고르면 나한테 계속 돈을 주잖아. 그동안 나는 5

페니를 골라 돈을 많이 벌었어!"

길모퉁이에서 한 바보 소년이 구걸을 하고 있었다. 그런데 그 소년은 손님들한테 10원짜리 동전만 받아서 깡통에 넣고 있었다. 어쩌다가 100원이나 500원짜리 동전을 주어도 그는 끝내 사양하면서 주인에게 되돌려주는 것이다. 그래서 사람들은 그를 가리켜 바보 소년이라는 이름을 붙여주고 매일같이 10원짜리 동전을 던져주고 지나갔다. 하루는 동네 유지 한 분이 그 소년에게 다가가 조용히 충고했다.

"이 녀석아! 기왕에 구걸할 바엔 100원이나 500원짜리 동전을 받으면 더 벌 수 있지 않느냐?"

"아닙니다. 제가 100원이나 500원을 받으면 한두 번만 던져주고 그치지만, 10원씩만 받으니 이렇게 매일같이 저를 보러 오지 않습니까?"

이 말을 듣던 그 유지는 무릎을 치면서 감탄했다. 바보에게도 지혜가 있음을 깨달았기 때문이다. 진짜 바보는 나중에야 알아차리지만 현명한 바보는 앞일을 예견하고 행한다고 하지 않았던가.

이 이야기가 우리에게 주는 교훈은 단순하다. 바보와 바보를 놀린 사람 중, 누가 더 바보일까?

그동안 바보를 놀리면서 뒤에서 웃었으나 실은 바보의 꾐에 넘어가 5페니씩 기꺼이 바보에게 바쳐왔던 사람들은 이른바 '헛똑똑이'이고, 바보는 그들보다 SQ가 높은 사람이라고 할 수 있다. 이 이야기를 읽으면 '나도 그동안 헛똑똑이로 살아온 것은 아닐까.' 하는 의구심을 지울 수가 없을 것이다.

경쟁적으로 하루하루를 살아가는 사람들은 사실, 헛똑똑이로 살고 있을 가능성이 높다. IQ가 높고 공부를 잘해서 좋은 직장 다니며 잘 살지만, 실은 남을 밀치고 앞으로 나아가는 삶에 길들여진 삶은 눈앞의 것만 좇기 바빠서 '삶에서 정말 필요하고 중요한 것'을 놓칠 가능성이 높기 때문이다. 진정으로 똑똑한 사람은 먼저 바보가 되는 것을 배운다.

IQ가 높은 소년과 SQ가 높은 소년, 누가 살아남을까?

두 소년이 숲속을 걸어가고 있었다. 첫째 소년은 IQ가 높다. 선생님과 부모님이 똑똑하다고 평가하는 데다 공부를 열심히 하고 시험성적도 좋기 때문에, 스스로도 자신이 똑똑하다고 생각한다. 두 번째 소년은 우등생은 아니지만 나름대로 똘똘하다. 하지만 그 소년이 똑똑하다고 생각하거나 칭찬하는 사람은 별로 없고, 시험성적도 신통치 않다. 대신 눈치가 빠르다거나 현실 감각이 좋다는 이야기는 가끔 듣는다.

숲을 걷던 두 소년에게 갑자기 큰 문제가 생겼다. 눈앞에 엄청난 몸집의 곰이 나타난 것이었다. 곰은 화가 난 데다 배까지 고픈 듯했는데, 소년들을 발견하자 그들을 향해 달려오기 시작했다. 첫째 소년은 곰을 본 순간 그 상황을 정확히 파악하고, 그 곰이 시속 50km로 달려올 경우 약 17초만 지나면 자신들이 있는 곳에 도착할 것이라고 생각했다. 자신들이 화난 곰을 피해 도망갈 방법은 없어보였다. 그는 이내 체념하고 말았다. 한편 두 번째 소년은 달려오는 곰을 보자 무릎을 꿇고 풀어진 운동화 끈을 고쳐 묶기 시작했다. 그것을 본 첫 번째 소년이 두 번째 소년에게 말했다.

"헛고생할 필요 없어. 17초 뒤면 곰이 들이닥쳐 우릴 잡아먹을 거야. 이럴 때 운동화 끈을 묶어 어디에 쓰려고? 어차피 너는 곰보다 빠르지 않아."

그러자 두 번째 소년이 말했다.

"물론이지, 난 곰보다 빠르지 않아. 하지만 나는 너보다 빨리 달리기만 하면 돼."

성공지능 이론의 창시자인 로버트 스턴버그가 쓴 『성공지능』에 나오는 이야기다. 이야기 속의 두 소년은 모두 똑똑하지만, 그 똑똑함의 방향이 서로 다르다. 첫 번째 소년은 IQ가 높아 재빨리 문제를 분석했지만, 그 분석을 활용하여 현실에 적용할 방안을 찾지는 못했다. 두 번째 소년은 직감적으로 문제점을 파악했을 뿐 아니라 창의적인 해결 방법까지 생각해냈다. SQ가 높은 소년인 것이다. 친구를 곰의 먹잇감으로 주고 혼자 도망갈 연구만 하는 아이라고 욕할 필요는 없다. SQ가 높아 위기의 순간에 해결책을 찾아낸 정도로 해두자.

이 이야기는 IQ가 높거나 공부를 잘하는 것과는 다른 '똑똑함'이 중요하다는 교훈을 알려준다. 그런데 부모님이나 선생님들이 IQ나 학교성적을 지나치게 신봉한 나머지 일찌감치 아이의 인생을 망가뜨리는 경우가 많다. 지능지수나 학교성적이 낮은 아이들은 결국 '나는 안 돼.'라는 생각으로 노력하지 않게 되고, 인생을 망가뜨릴 수 있는 것이다.

축구, 야구, 스케이팅, 유도, 복싱 등 모든 운동선수들은 실력을 기르기 위해 최선을 다한다. 정상급 선수들이라면 모르긴 해도 운동을 위해 땀 흘린 시간 자체에는 아주 큰 차이가 없을 것이다. 고만고만한 차이는 있을지언정, 절대적인 기량 차이가 나는 것은 아니다. 그런데 어떤 선수들은 국가대표 선수가 되어 메달을 따고, 어떤 선수들은 비운의 선수로 남는다. 이렇게 선수들의 메달 색깔을 가르고, 국가대표 선수로의 발탁을 가르는 차이는 무엇일까?

이런 현상의 원인에 대해 한국체육대학교 윤영길 교수는 다음과 같이 말한다.

"실력차이가 없다는 것은 외견적인 부분에서 그렇다는 것이고요. 내면적으로 보면 질적인 차이는 분명히 존재하거든요. 질적인 차이가 어떤 것이냐면 '시합을 어떻게 운영할 것인지.'에 대한 '실천지능'의 차이입니다. 실천지능이란 가지고 있는 자원을 활용하여 어떻게 최적의 상태로 성과를 낼 것인가에 대한 방법지식이거든요. 실천지능이 높다는 것은 가지고 있는 자원을 시합에 제대로 적용할 줄 아는 모습이라고 할 수 있습니다. 예를 들면, 구슬이 여러 개가 있다고 하더라도 꿰어야 목걸이로 쓰든지 할 텐데요. 즉 구슬을 꿸 수 있는 능력이 실천지능이라고 할 수 있습니다."

그렇다. 바구니에 각양각색의 구슬과 실이 잔뜩 있어도 어떤 사람은 구슬을 꿰지 않고 한탄만 한다. "세상에, 저 많은 구슬을 어느 세월에 실에다가 하나하나 꿰고 있담. 생각만 해도 피곤해." 하면서 곁눈

질만 할 뿐 아예 구슬 쪽으로는 손도 뻗지 않는다. 어떤 사람은 "꿰면 예쁘긴 하겠네, 한번 해볼까?" 하고 구슬을 들고 꿰기 시작하지만 금방 지쳐버린다. 소수의 사람들은 구슬로 목걸이 정도는 만들지만, 만들어진 목걸이나 팔찌 모양이 창의적이지는 않다. 시중에 나와 있는 목걸이나 팔찌, 남들이 하고 다니는 스타일을 흉내 내서 만들기 때문이다. 이런 사람들은 학생으로 치면 IQ가 좋아 공부를 잘하는 우등생으로, 끈기와 노력으로 일정한 결과물을 만들어낸다.

실천지능이 높은 사람의 결과물은 완전히 다르다. 다채로운 색깔로 구분하여 형형색색 목걸이나 팔찌를 엮기도 하고, 두 줄이나 세 줄 목걸이로 만들어 보는 사람마다 욕심내게 하기도 하고, 아예 목걸이나 팔찌가 아니라 종이에 붙여 예술작품을 만드는가 하면, 신발이나 옷에 장식품으로 고정시키기도 한다. 가만히 있어도 사람들이 "나도 좀 만들어 달라."고 주문이 들어오고, 그러면 사업으로 연결시켜 크게 성공하는 것이다.

실천지능을 높이기 위해서는 몸을 움직여 다양하게 이것저것 직접 해보는 것이 중요하다. 경험해보지 않은 일을 머릿속으로만 생각하면 실천지능은 결코 생기지 않는다. 그것은 상상이고 공상일 뿐이다. 자녀들의 실천지능을 키우고 싶다면 다양한 경험을 하도록 부모가 도와주어야 한다. 많은 돈을 들여 해외여행을 시키거나 전국 각지의 여행지로 보내라는 이야기가 아니다. 연탄을 알고 싶으면 직접 연탄 나르기를 해보고 연탄도 직접 피워보게 하고, 갯벌 생물이 궁금하면 당장 아이들을 데리고 갯벌로 달려가고, 우리가 먹는 쌀에 대해 알려면 모내기 봉사부터 피 뽑기, 벼 베기까지 아이들과 함께 농촌일손 돕기를 해보라는 이야기다.

윤영길 교수의 운동 이야기로 다시 돌아가보자. 그는 운동선수들도 자기가 경험한 한계를 넘어서지 못한다고 한다. 예를 들어 높이뛰기 선수의 본인 최고기록이 220cm라면, 200cm를 설정하고 뛰었을 때는 30cm 넘게 여유를 남기고 뛰어넘지만, 정작 220cm를 설정하면 점점 가라앉는다고 한다. 경험해보지 못했기 때문이다. 그래서 경험을 확장시키기 위해 높은 레벨의 선수들과 경기를 시킨다고 한다. 그들의 경기를 직접 보고 느끼는 것만으로도 실천지능이 확장되기 때문이다. 다행히 실천지능은 후천적으로 얼마든지 계발 가능하니 말이다.

성공지능을 높이려면 분석력, 창조력, 실천력을 고루 갖춰야

1985년 9월, 문교부에 "취학 전 영재아들을 찾아서 보고하라."는 청와대의 지시가 내려왔다. 전국에서 IQ 검사와 영재성 테스트를 실시한 결과, 3~6세의 영재아동 144명이 선발되었다. 세 살 이전에 한글과 숫자를 깨치고, 세 살 때 천자문을 줄줄 읽는 놀라운 아이들이었다.

15년이 지난 2001년, 한 신문사에서 그때의 영재아동들을 추적 조사했다. 144명의 아동들 중 66명만 소재가 확인되었는데, 이들을 대상으로 IQ검사를 실시했더니 평균 142라는 높은 수치가 나왔다. 전국적으로 상위 0.5% 내에 드는 수준이었다. 하지만 그토록 IQ가 높음에도 불구하고, 그들 중 상당수는 대학 진학에 실패했고, 학교에 적응 못해 자퇴하거나 무직자 등으로 살아가고 있었다.(《내일신문》, 2015. 3. 19)

앞의 두 소년 이야기에서도 말했다시피, 높은 IQ를 가진 사람이 현실적인 문제들을 잘 해결해서 성공적인 삶을 사는 것은 아니다. IQ와 실생활에서의 성취도는 연결고리가 크지 않다. 예측이 어렵고 다양하게 발생하는 실생활의 여러 상황에서 IQ는 해결책이 되지 못하기 때문이다. 실생활에서는 당장 무엇을 해야 하는지를 알아내고 곧바로 실천에 옮기는 사람이 성공한다. 다시 말해 결심을 실천하는 사람이 성공한다는 말이다.

예를 들어보자. 음식점이나 카페 등 대박이 난 영업장에 가면 누구나 부러워하며 '나도 하루에 수천만 원씩 매출을 올리는 대박 집을 운영하고 싶다.'라고 생각한다. 어떤 사람은 고심 끝에 좋은 아이템을 개발하여 실제로 대박을 실현하는 반면, 대부분의 사람들은 생각만 하다가 끝난다. 그때만 반짝 부러워할 뿐, 이후 아무런 노력을 기울이지 않기 때문이다.

날씬한 누군가가 뚱뚱했던 과거 사진을 들고 TV에 출연하여 말한다. "걷기만으로 30kg을 뺐어요. 퇴근하고 나서 무조건 1000원짜리 한 장 들고 나와 버스를 타고 20분 정도 가서 내렸어요. 그리고 거기서부터 집까지 다시 걸어오는 거죠. 차비가 없으니 중간에 힘들어도 어쩔 수 없어요. 집까지 걸어갈 수밖에요. 그리고 집에 돌아가면 너무 피곤하니 간식 먹을 틈도 없이 씻고 바로 잠이 드는 거죠. 석 달 지나니 30kg이 줄어들더라고요. 건강은 덤이죠. 제가 고혈압과 당뇨로 고생했는데 날마다 걷기를 했더니 혈압이 내려가고 혈당도 정상수치가 되었어요."

이 이야기를 듣고 솔깃하여 '엄청나게 쉬워 보이네. 나도 당장 해야지.' 하고 결심한 사람이 아마 적게 잡아도 수만 명은 될 것이다. 그러나 석 달 후에 정말로 수십 kg 감량을 한 사람은 과연 몇이나 될까? 그 많은 사람들이 걷기 다이어트를 실천에 옮기지 못하는 이유는 딱 하나다. 부러워만 할 뿐, 당장 집 밖으로 나서지 않기 때문이다. 시작했다 하더라도 하루 이틀 하다가 여러 가지 핑계를 대면서 멈추기 때문이다.

원하는 것을 갖고 싶으면 해야 할 바를 알아내어 당장 실천에 옮겨야 한다. 실천지능이 필요한 것이다. 실천지능이란 계획한 일을 실천하는 데 꼭 필요한 지능으로, 목표를 확실히 정하고 계획을 세운 뒤 작은 일부터 실제로 행동에 옮기면 된다. 직장에 가슴 떨리도록 사랑하는 여자가 있다면 당장 사적인 대화를 시작하고, 좋은 책을 쓰고 싶다면 당장 공책에 쓰고 싶은 내용들을 기록부터 하라. 지금 당장 실천에 옮긴 일들, 옮길 일들 하나하나가 연결고리가 되어, 당신은 결국 원하는 것을 이룬 사람이 될 것이다.

미인과 사귀려면 평균 9개월 동안 친하게 지내라는 연구 결과도 있다.

결심을 실천하려면 실천지능을 높여야 한다

실천지능이 높은 사람들의 진가는 보통 일을 하는 방식에서 발현된다. 도로의 청소부들이 청소할 때, 보통은 청소차가 오면 쓰레기통을 가져와 비우고 그 통을 가지고 간다. 이런 식으로 네 군데의 음식물통을 치우려면 총 12번을 왔다 갔다 해야 일이 마무리된다. 그런데 어느 날 새로 온 청소부가 와서 일하는데, 다른 사람들과 방법이 달랐다. 빈 통을 하나 가지고 와서 쓰레기차 앞에 놓은 다음에 꽉 찬 음식물통을 들고 와서 빈 통에 비우는 것이었다. 이렇게 빈 통 하나를 이용하니, 남들이 12번 왔다 갔다 해야 끝나는 일이 여덟 번 만에 끝났다. 청소 경력이 많은 사람이 아니었음에도, SQ가 높았던 그는 효과적으로 일처리를 한 것이다.

오랜 경험을 갖고 있거나 공부를 잘한다고 해서 일 또는 삶에서 성공하는 게 아니다. 실천적인 지능이 더욱 중요한 요소다. 고 정주영 회장이 가난을 견디지 못하고 가출하여 경성의 쌀가게에서 일할 때의 일이다. 남보다 일찍 일어나 쌀가게 앞을 깨끗이 쓸고 물까지 뿌리는 등 매사에 근면 성실했음은 당연지사다.

그는 쌀을 배달하고 남은 시간에 잡담이나 나누며 시간을 때우는 여느 직원들과 달리, 창고 안에 아무렇게나 쌓여 있는 곡식 가마니들을 정리했다. 우두커니 시간을 낭비하기보다 창고에서 곡식 가마니를 정리하는 편이 더 재미있었다. 쌀은 쌀끼리 열 포대씩 나란히, 보리쌀은 보리쌀대로, 잡곡은 잡곡 종류별로 차곡차곡 분류했다. 누가 봐도 한눈에 곡물 종류별 재고를 쉽게 알아볼 수 있도록 정리한 것이다. 그리고 원장과 분개장을 제대로 정리하여 자금사정을 한눈에 알아볼 수 있게 장부를 정리해두었다. 주인도, 주인집 아들도 엄두를 내지 못한 일이었다. 월급을 따로 받아가며 한 일도 아니었지만, 그의 이런 성실성과 실천지능은 쌀가게 주인으로 하여금 자신의 아들 대신 종업원인 정주영을 후계자로 선택하게 만들었다.

낭중지추(囊中之錐)라는 말이 있다. 『사기(史記)』에 나오는 말로, 주머니 속에 든 송곳은 그 날카로움을 드러내 보인다, 즉 재능이 뛰어난 사람은 결국 남의 눈에 띄게 마련이라는 의미다. 실천지능이 높은 사람은 여러 사람과 함께 같은 출발선에서 시작을 해도, 결국은 남들보다 뛰어난 성과를 거두게 마련이다. 같은 회사에서 입사동기로 출발했는데도 불구하고, 어떤 사람은 임원까지 승진하고 어떤 사람은 그 문턱을 넘지 못하고 후배들이 치고 올라오는 것을 바라보아야 하는 이유도 여기에 있다. 자신의 뒤처지는 인생이 싫다면, 자식들의 인생이 뒤처지기를 원하지 않는다면, 실천지능을 키우려는 노력을 아끼지 말아야 한다.

공부하는 머리와 살아가는 머리는 다르다

한때 IQ, EQ, PQ, CQ라는 지수(quotient)가 유행하자 직장인들 사이에서는 JQ라는 말이 등장했다. JQ란 다름 아닌 잔머리 지수다.

어떻게 하면 일을 덜 하면서 인사고과는 잘 받을 수 있을까?

어떻게 하면 같이 밥을 먹고 돈을 안 낼 수 있을까?

어떻게 하면 상사의 눈에 잘 들 수 있을까?

JQ가 높은 사람들은 자기 자신이 대단하다고 생각할지 모르지만 다른 사람들이 보기에 좀 쩨쩨하고 얌체 같은 스타일이다. JQ로 한동안은 이익을 볼지 모르지만 JQ가 높은 사람들은 사회적 딜레마에 빠질 수밖에 없다.

사회적 딜레마란 즉각적인 만족을 구하다가 장기적으로 더 큰 손실을 입는, 소탐대실에 빠지는 현상을 말한다. 그렇기 때문에 JQ와 SQ는 다르다. SQ는 즉각적인 이익보다는 장기적인 이익을 추구하고, 순간적이거나 일시적이기보다는 안정적이고 장기적으로 살아가는 머리라는 특성을 가지고 있다.

살아가는 머리는 곧 성공지능을 의미한다. 성공지능은 인생에서 중요한 목표를 달성할 때 실제로 필요한 지능을 말한다. 자신의 기준으로 보나, 또 타인의 기준으로 보나 성공한 사람들은 광범위한 지적 기능을 획득, 개발, 적용한 사람들이다. 그런 사람들은 학교교육이 너무 중시하는 불활성 지능에만 의존하면서 세상을 살지 않는다. 성공지능을 가진 사람들은 기존의 IQ 테스트 또는 그와 유사한 테스트에서 높은 점수를 받을 수도 있고 그렇지 못할 수도 있다. 그러나 성공지능을 가진 사람들은 IQ 테스트 점수에서는 측정하지 못하는 소중한 생활태도를 가지고 있다.

첫째, 성공지능을 가진 사람들은 모든 것을 다 잘하는 사람은 없다는 사실을 알고 있다. 정약용, 허준, 아인슈타인, 링컨, 다빈치, 갈릴레오 등도 모든 것을 다 잘하지는 못했다. 자신이 잘할 수 있는 영역 또는 분야에서 자신의 능력을 최대한 발휘하고자 노력하는 생활태도를 가지고 있다.

둘째, 성공지능을 가진 사람들은 자신의 장점과 단점을 잘 알고 있다. 장점은 적극 활용하고, 단점은 보완하거나 시정한다. 성공지능을 가진 사람들은 자신의 장점을 살려 적성에 맞는 영역 또는 분야에서 최선을 다하고, 단점을 부끄러워하지 않고 그 단점을 보완하려는 노력을 부단히 경주한다.

목표를 달성하기 위해서는 죽어 있는, 불활성의 '공부하는 머리'보다는 살아 있는 실천적인 '살아가는 머리'를 활성화시켜야 한다. 그 살아가는 머리가 바로 SQ, 즉 성공지능이다.

전산착오로 입사한 신입사원의 SQ

최근 공무원 시험에서부터 수능 시험에 이르기까지 성적을 조작하려다 적발된 공무원시험준비생, 일명 공시생 얘기로 세간이 시끄럽다. 오죽 공무원이 되고 싶었으면 그런 행동을 했을까 싶지만, 그 젊은이는 이 시대가 낳은 시험 강박증, 취업 강박증 환자일 뿐이다. 그 젊은이를 탓하기보다 이 시대의 문제를 같이 아파해야 할 때다.

대기업 신입사원 선발 과정 중 컴퓨터 채점 프로그램 오류로 인해

낙방할 운명에서 일약 수석 합격생으로 변신한 강호. 본인조차 자신이 선발된 이유를 정확히 모른다. 합격 소식에 어안이 벙벙한 채 신입사원 연수를 시작한다. 평소 공부는 잘 못했지만 성태라는 믿음직한 친구도 있고, 연수 과정에서 다른 연수생들과 잘 지내며 우정상까지 받고 연수를 끝낸다. 회사 내에서는 강호가 수석합격자라고 하니 학력은 좀 그렇지만 든든한 후원자가 있다는 둥, 대단한 실력자라는 둥 이런저런 소문이 파다하다.

그를 잘못 선발한 간부들은 속이 부글부글 끓지만 강호는 외국인을 만나도 전혀 주눅 들지 않는다. 그를 해고하기 위해 애쓰는 간부들에게 보란 듯이 주어진 어려운 과제를 특유의 인간관계와 성실함으로 해결한다. 친구이자 경쟁자인 이봉삼은 합리적이고 학구적인 스타일로 엉뚱하게 일을 풀어나가는 강호가 못마땅하다. 하지만 강호가 척척 일을 해나가는 걸 보면서 강호를 점차 인정할 수밖에 없고, 그를 잘못 뽑은 간부들조차 그런 강호를 하나둘 인정하기 시작한다. 2005년 MBC 드라마 「신입사원」에 나오는 이야기다.

지금도 취업 문제가 심각하지만, 지금으로부터 10년 전에 이미 취업과 관련된 드라마는 세간의 관심이었다. 그 무렵 '백수과로사'라는 말이 나왔을 정도니까.

우리는 보통 신입사원을 선발하거나 필요한 인력을 선발할 때 지능 또는 그와 유사한 선발시험에 근거한 자료를 중시한다. 그러나 지능이나 학교 공부와는 다른 사회적으로 살아가는 데 필요한 지능은 따로 있다. 그것이 바로 성공지능이다. 성공지능을 찾아내고 개발하는 것이야말로 인재를 제대로 찾아내고 교육하는 것이다.

나이 들수록 지혜는 깊어진다

나이와 IQ의 관계를 알아보기 위해서는 유동지능(fluid intelligence)과 결정지능(crystallized intelligence) 이론이 큰 도움이 될 듯하다.

유동지능은 철자 시리즈 문제, 모형유추 문제 등을 푸는 데 적당한 것으로, 학교가 출제하는 문제나 IQ 테스트를 푸는 데 필요한 지능이다. 그러나 결정지능은 실생활과 관련 있는 지능이다. 일상생활 및 체험과 관련 있는 결정지능은 '고속도로에서 눈보라를 만난다면?', 새벽 2시에 누군가 현관문을 두드리며 '경찰입니다. 문 좀 여세요!'라고 소리친다면 어떻게 할 것인지와 같은 실생활 관련 질문, 단어의 뜻과 관련된 지능이다.

유동지능의 문제해결능력은 20~30세 사이에 발달하고 40~50세 사이에는 정체되다가 그 이후에는 쇠퇴한다. 그러나 일상생활의 문제해결능력과 결정지능은 70세까지 꾸준히 발달한다. 지적 능력이 실생활의 능력보다 더 빨리 꽃피고 시든다는 사실은 모든 연구에서 일치했다.

사오정, 오륙도라는 신조어가 우리 앞에 불어 닥친 현실을 반영한다. 나이가 드는 것도 서러운데 한물 간 취급을 받으며 노쇠한 머리로 무엇인들 제대로 하겠느냐는 식으로 경륜과 지혜를 무시하는 태도야말로 성공지능과는 거리가 멀다. 성공지능인은 옛것으로부터 배우는 온고지신(溫故知新), 늙은 말의 지혜를 활용하는 노마지지(老馬之智)의 전략을 알고 있다.

학력이 결심을 실천하는 결정요인은 아니다

하버드 대학교를 중퇴하고 마이크로소프트를 창업한 빌 게이츠.

하버드 대학교를 중퇴하고 세계적인 영화감독이 된 스티븐 스필버그.

스탠퍼드 대학교를 중퇴하고 골프 황제가 된 타이거 우즈.

대학 진학을 포기하고 세계적인 바둑 챔피언이 된 이창호.

소 판 돈을 들고 사업을 일궈낸 정주영.

대학을 중퇴하고 프로 축구선수로 전향한 박지성과 박주영.

이들에게 학력이란 무엇인가? 어떤 지능을 가지고 있기에 성공했고, 성공하고 있는 것일까? 이들은 단순한 IQ보다는 성공지능이라는, 살아가는 데 필요한 지능을 가지고 있다. 성공지능은 인생에서 중요한 목표를 달성할 때 실제로 필요한 지능을 말한다. 자신의 기준으로 보나 또 타인의 기준으로 보나 성공한 사람들은 광범위한 지적 기능을 획득, 개발, 적용한 사람들이다. 성공지능을 가진 사람들은 기존의 IQ 테스트 또는 그와 유사한 테스트에서 높은 점수를 받을 수도 있고 그렇지 못할 수도 있다.

위기를 기회로 만드는 성공지능인

멕시코의 한 젊은이가 구두 제조업의 중심지인 레온의 구두 공장에 취직했다. 그는 일을 아주 잘했고 성실했다. 그러나 공장 주인은 그 젊은이가 문맹이라는 사실을 알고는 그를 해고했다. 그러자 그는 자기 공장을 차렸다. 자신이 문맹이기 때문에 해고되었다는 사실을 알게 된 그는 더욱 열심히 일했고, 마침내 자신을 해고한 주인이 경영하던 공장을 사들였다. 몇 년 뒤 그가 멕시코의 가장 부유한 사람들 가운데 한 명이 되었을 때 잡지사 기자와 인터뷰를 했다.

기자는 그에게 글을 깨쳤느냐고 물었다. 그는 아직 배우지 못했다고 했다. 그러자 기자는 만약 글을 깨쳤다면 더 성공을 하여 더 큰 부자가 되지 않았겠느냐고 물었다. 그러나 대부호가 된 그는 이렇게 대답했다.

"아니 그 반대입니다. 만약 글을 읽고 쓸 줄 알았다면 저는 아직도 첫 직장이었던 그 공장의 조립 라인에 앉아 있었을 것입니다."

사회생활을 하다 보면 누구나 위기가 찾아온다. 그러나 그런 위기를 기회로 전환시켜 오히려 성공의 원동력으로 삼는 사람들이 바로 성공지능인들이다. 심리학에서는 이런 위기전환 능력을 흔히 동기부여(motivation)라고 한다. 동기부여는 열정, 목표, 이상, 자존심 같은 내적인 동기부여와 급여, 고과평가, 승진 같은 외적인 동기부여로 구분할 수 있다. 그중에서도 성공지능이나 창의성에서 강조되는 동기부여는 내적인 동기부여 능력이다. EQ에서도 강조되는 동기부여 능력은 성공지능에서 매우 중요하다.

자신에게 좌절을 안겨준 기회를 오히려 성공의 힘으로 전환시키는 심리적 과정을 에임젤(Amsel)은 좌절효과(frustration effect)라고 명명했다. 좌절효과란 사람이나 동물이나 어떤 목표물에 접근하고자 했을 때 장애물 또는 훼방꾼으로 인해 좌절이 일어나면 다음 행동이나 일에서 더욱더 분발하는 현상을 말한다. 성공지능인들은 평범한 사람들보다 이런 좌절효과를 더욱 강하게 경험한다.

사람들은 누구나 위기와 좌절을 경험한다. 그러나 성공지능인들은 그런 좌절을 기회로 만드는 능력을 가지고 있다. 그런 능력은 심리적·사회적·인적 네트워크를 토대로 나오는 것이다. 성공지능인들은 이처럼 위기를 기회로 만드는 능력을 가지고 있다.

눈은 작아도 먹을 것은 잘 보는 넙치

우리는 흔히 말한다.

"어떻게 너처럼 똑똑한 아이가 그런 멍청한 짓을 할 수가 있니?"

이런 말은 학교 공부도 잘하고, IQ도 좋고, 시험 성적도 좋은 사람이 부모나 선생님 또는 직장 상사의 기대에 어긋나는 일을 했을 때 종종 듣는다.

학업성적이나 IQ만 가지고 사람의 미래를 예측하는 데는 한계가 있다. 그리고 학업성적이나 IQ로 한 사람의 사회적 능력이나 성공을 설명하기란 쉬운 일이 아니다. 사람들은 누구나 IQ로 측정할 수 없는 재능을 가지고 있고, 그 재능도 사람마다 다양하다.

우리 속담 중에는 이런 말들이 있다.

"숟갈 한 단도 못 세는 며느리가 살림은 잘한다."

"넙치가 눈은 작아도 먹을 것은 잘 본다."

"굼벵이도 구르는 재주는 있다."

"헌 옷 속에 마패 들었다."

학교에서 공부는 못할지라도 사회적으로 살아가는 데, 사회적으로 성공하는 데 필요한 지능은 따로 있다. 그것이 바로 성공지능이고, 그런 성공지능을 개발하는 것이야말로 살아 있는 지능을 개발하는 것이다.

지금 사용되는 IQ 테스트는 불활성이다. 그리고 학력고사, 수능시험, 미국의 SAT(대학진학적성시험), ACT(미국 대학입학시험) 또는 대학원 입학에 사용되는 여러 가지 유사한 테스트에서 나타난 수치들도, 우리나라의 수능 시험이나 공무원 임용 시험도 죽어 있는 불활성 지능이다.

미국 헤리티지 영어사전을 살펴보면 불활성(inert)이란 "1. 움직이거나 활동할 수 없는 상태… 다른 요소와 즉시 결합하지 못하는 상태."라고 나와 있다.

불활성 지능을 철석같이 믿는 사람들은 테스트에서 고득점을 받은 학생이 앞으로 대학에서도 높은 성적을 얻고, 성공적인 사회생활을 해낼 것으로 예상한다. 그러나 IQ가 사회적 성공을 예측하는 능력은 10%에도 미치지 못한다. 이런 테스트에 의해 측정된 지능은 알고 보면 실생활을 살아가는 데 필요한 지능으로 연결되지 않는다. 그 결과 그들에게 기대했던 훌륭한 학업성적은 결국 높은 테스트 점수 또는 좋은 학점에 머물고 만다. 사실을 암기하거나 그 사실을 논증할 수 있다고 해서 반드시 그 사실을 자기 자신이나 타인의 삶에 영향을 미치는 것으로 변용시킬 수 있는 것은 아니다. 사실을 기억하는 것과 사실을 활용하는 것은 별개의 문제다. 즉 '공부하는 머리'와 '살아가는 머리'는 별개라는 말이다.

ADEMOPS(아데모피에스)를 활용한 치유법

1단계. 아드레날린 과다분비형

– 너무 흥분하지 마라

■ A 타입–아드레날린 과다분비형(과대망상형)

A 타입의 결심중독 유형은 아드레날린이 과다분비되는 형으로 지나치게 큰 꿈, 다시 말해 허황된 목표나 과대망상적인 결심을 한다. 그러나 작은 결심(micro resolve)을 해야 한다.

너무 되고자 하는 결심중독에서 벗어나야 한다. 흔히 소원 결심 (wannabe resolution)에서 벗어나 작게 결심하고 즉시 실행해야 한다. 물론 결심하려면 아드레날린을 자극해야 한다.

결심의 최초 단계에는 아드레날린이라는 호르몬이 작동하기 시작한다. 아드레날린은 노르에피네프린이라고도 불리는 호르몬인데, 사람들이 결심을 하는 데 가장 중요한 역할을 하기도 하고, 결심을 허무하게 작심삼일로 만드는 주범이기도 하다. 왜냐하면 이 호르몬의 작동 기간이 3일을 넘지 못하기 때문이다. 그러나 이 호르몬은 스트레스 호르몬 코티졸과 함께 결심을 불러일으키는 결심의 에너지원라고 할 수 있다. 그렇다면 아드레날린을 자극하려면 어떻게 해야 할까?

'Just do it, 지금 당장 실천하라!'

이 말이야말로 결심중독에 빠지는 사람들이 가장 명심해야 할 행동강령이다. 나이키 광고에 쓰이면서 꽤 인기를 끌었던 문구로, 미루지 말라는 것이다. 결심중독자들은 실천지능이 부족하다. 아이디어는 좋은데 구체화하는 능력이 떨어진다. 액팅 아웃(acting out)하는 능력이 낮다. 예전에는 IQ만 높아도 공부를 잘하고 성공하는 사람이 된다고 생각했다. 오늘날에는 IQ는 물론 EQ(감성지능), MQ(도덕지능), SQ(성공지능), PQ(실천지능) 등과 같이 다양한 지능이 주목을 받는데, 여기서 강조하고 싶은 것은 바로 실천지능이다.

실천지능이 높다는 것은 머릿속에 생각한 것이나 결심한 것, 목표로 설정한 것을 이루기 위해 실제로 행동에 옮기는 것을 말한다. 생각하는 햄릿보다는 돈키호테처럼 움직이라는 말과 같은 맥락이다. 지금 당장 실천에 옮겨야 성공지능이 나타난다. 아무리 분석을 잘하고 아이디어가 좋더라도 실천하는 능력이 떨어지면 결코 성공할 수 없다.

성공한 사람들의 공통점은 실천력이다. 하지만 실천을 한다는 것은 생각보다 어려운 일이다. 예를 들어 일본이나 동남아 등 해외여행을 갔다가 맛있는 아이템이나 재미있는 아이템을 보고 '저 사업을 우리나라에 도입하면 정말로 대박이 나겠다.'는 생각을 하는 경우가 많다. 그런데 우리나라에 돌아와서 실제로 그 생각을 실천에 옮기는 사람이 얼마나 될까? 대부분의 사람들은 아무것도 하지 않는다. 반면에 그런 아이템을 국내에서 사업화시켜 성공한 사람들이 분명히 존재한다. 이와 같은 아이디어를 사업화한 사람은 어느 분야에서든 생각을 가졌던 사람 대비 1% 정도에 그친다.

사회에서 성공하는 사람은 실천지능이 높은 사람이다. 예전에는 아이큐가 높고 아이디어가 좋은 사람이 성공한다고 했으나 요즘은 다르다. 아이디어는 아이디어일 뿐이다. 더 중요한 것은 실천하는 능력, 도전하는 능력이다. 이 삼박자가 어느 정도 이루어졌을 때, 특히 실천력이 갖춰졌을 때 성공지능인 SQ가 형성되는 것이다.

타조 신드롬과 미룸병

타조는 덩치가 너무 커서 날지 못하는 새다. 그 녀석은 적이 쫓아오면 꽁지가 빠지게 도망치다가는 모래 속에 얼굴을 묻어버린다. 그리고는 적으로부터 완전히 벗어난 것으로 착각한다. 사람들이 보기에 얼마나 어리석은 짓인가? 그러나 사람들은 이런 타조의 행동을 보고 비웃을 자격이 없다. 사람들도 타조와 같은 짓을 수없이 행하기 때문이다. 얼굴만 숨기고 자신의 위험이 다 지나가버린 것으로 생각하는 타조와 같은 사람들의 행동을 일컫는 말이 바로 '눈 가리고 아웅 한다.'는 속담이다. 이 속담은 다른 사람이 결코 넘어가지 않을 정도의 얕은꾀로 남을 속이려고 할 때 쓰는 말이다.

이렇게 얕은 생각에 사로잡혀 타인들을 완전히 속인 것으로 착각하며 살아가는 타조 같은 삶들을 우리 주위에서 흔히 볼 수 있다. 이런 행동은 어린아이와 같은 자기중심적 사고방식의 결과다.

어린 시절 어둑어둑해진 골목길에서 술래잡기를 하며 놀 때, 숨기는 숨어야겠는데 숨을 곳은 마땅치 않고, '에라, 모르겠다.' 하는 심정으로 몸이 채 들어가지도 않는 개구멍 뒤에 숨는다. 자기 눈에 술래가 보이지 않으니 술래도 나를 볼 수 없을 것이라는 소박한 기대를 하건만, 그야말로 눈 가리고 아웅 하는 짓을 술래가 못 찾을 리 없다.

이와 같이 눈 가리고 아웅 하는 자기기만적 사고방식을 오스트리치 신념(ostrich belief)이라고 하고, 특히 귀성길 하행선에 한해 버스 전용 차선제를 실시하는 것과 같은 어리석은 정책을 일컬어 오스트리치 정책(ostrich policy)이라고 한다. '오스트리치(ostrich)'는 '타조'의 영어 표현이다. 마치 적으로부터 도망치다가 다급한 나머지 모래에 머리를 처박고 숨는 타조의 어리석은 행동과 같이, 모두가 다 알 수 있는 뻔한 결말인데도 불구하고 얕은꾀로 남을 속이려는 사고방식과 행동을 빗대어 표현한 말이다.

아무리 좋은 계획을 세우고 좋은 사업 아이템을 가지고 있어도 실행하지 못하면 이루어지지 않는다. 아무리 생생하게 꿈을 꿔도 그것을 실행시키는 사람만이 그 꿈을 자기 것으로 만든다. 오늘 하지 않고 미룬 일은 평생 못한다. 지금 당장 움직여야 할 일이다. 미룸증을 습관으로 만들지 말고 실행을 습관으로 만들어라. 우리는 하루에도 수십 가지 계획과 생각을 하며 산다. 그런데 그중 실제 행동으로 실행되는 것은 1%도 채 안된다. 우리는 미루는 습관 때문에 돈을 도둑맞고, 기쁨과 행복을 도둑맞으며, 미루는 습관 때문에 살이 찌고 미루는 습관 때문에 삶이 점점 후퇴한다. 실행하지 않고 미루는 악순환을 끊어야만 한다. 하고 싶은 일이 있으면 지금 시작하라.

결심중독에서 벗어나는 다섯 가지 법칙

결심중독에서 벗어나려면 일단 떠벌려라!
심리학자 스티븐 해리스는 다음과 같은 공표실험을 했다.
그룹 1. 목표점수를 다른 학생들에게 공개.
그룹 2. 목표점수를 마음속으로만 생각.
그룹 3. 목표점수에 대해 어떠한 요청도 하지 않음.

그 결과 결심을 공개한 집단이 다른 두 집단보다 현저하게 높은 점수를 받았다. 결심을 마음속으로만 한 집단과 아무런 결심을 하지 않은 집단은 별 차이가 없었다. 결국 은밀한 결심은 결심을 하지 않은 것과 같다. 이러한 현상을 공개선언 효과라고 한다.

■ 우선순위 두기: 중요한 것부터 하라. 소중한 것부터 하라. 우선순위를 두라는 것이다. 중요한 일에 70% 이상의 에너지를 투자해야 한다. 절실하다면 투자를 해야 한다. 절실한 것에 투자하라는 것이다. 실패한 사람들은 급한 일에 70%를 투자하고 성공한 사람들은 중요한 일에 70%를 투자한다. 언 발에 오줌 누기 식으로 하면 안 된다. 사람들은 대개 즉각적으로 만족을 주는 일을 한다. 하고 싶은 일을 먼저 해놓으면 나중에 힘이 없어서 하기 싫은 일은 못하기 때문에, 하기 싫은 일을 먼저 해놓음으로써 부담을 줄이자는 것이다. 초기에 힘이 있을 때 중요한 일부터 처리해야 설사 부득이하게 중도포기를 하더라도 중요한 몇 가지 목표를 이루게 된다.

■ 코끼리 한 입씩 먹기: 목표를 세웠으면 서두르지 말고 차근차근 진행하라. 처음부터 너무 크게 하지 말고 하나하나 차근차근 하자는 것이다. 행동변화를 할 때 체계적 둔감법이라는 말을 쓴다. 체계적 둔감법이란 심리치료 기법 중 하나다. 예를 들어 고소공포나 비행기 공포가 심한 사람 같은 경우, 비행기를 멀리서 보고 릴랙스 훈련을 하고 모형 비행기를 만져보고 긴장을 푸는 식으로 순차적으로 공포를 줄여서 이겨나가는 것이다.

코끼리를 한 입에 다 먹을 순 없으니 부분 부분으로 나눠서 처리해야 효과가 있다. 책을 백 권 읽으려는 목표를 세울 경우, 한 번에 백 권을 어찌 읽겠는가? 그러나 일주일에 한 권 읽기를 목표로 한다면 가능하다. 일종의 목표설정 기법이기도 하다. 한 번에 한 입씩 먹다 보면 코끼리도 먹어치울 수 있다. 목표를 세우고 그 목표를 세분화하면 목표 달성이 훨씬 쉽다. 원하는 것이 무엇인가를 정확히 파악한 후 목표를 정하고, 그 목표를 구체적으로 기록하자. 그리고 그 목표를 월간, 주간 및 일일 목표로 쪼개보자. 그날그날의 목표를 조금씩 이루다 보면 어느새 최종목표를 이룬 당신을 보게 될 것이다.

■ 마감일 정하기: 결심을 구현하고 실천하려면 디데이, 즉 마감일을 정해놓는 것이 바람직하다. 마감일을 정해놓으면 그에 맞춰 행동을 촉진할 수 있다. 주의해야 할 점은 한 방에 해결하겠다는 마감일이 아니라 구체적인 역할분담이나 과정에서의 일의 분량조절을 하는 마감일이다. 단계별 마감일인 것이다. 어떤 일이든 막연히 하기보다는 마감일을 정해두면 마감일이 다가올수록 긴장하게 마련이다. 긴장하면 고도의 집중력이 발휘될 가능성도 있고, 또 체크를 해봐서 문제점이 발견되면 보완해나갈 수 있다. 마감일이 없으면 막연한 미래에 대한 희망과 환상만 있을 뿐이다. 현실적으로 자기 행동을 강화시키려면 마감일을 정해놓고 하는 것이 중요하다. 다이어트도 며칠까지 몇 kg을 빼겠다고 정해놓고 할 때와 정해놓지 않고 실천할 때의 차이가 크다. 직장에서도 마찬가지다. 서로 간에 역할 분담이나 마감시한을 정해놓고 일하면 훨씬 빨리 정확하게 일이 처리된다.

■ 하기 싫은 일 먼저 하기: 의사가 되어 가난한 사람들을 치료하겠다는 꿈을 가진 사람이 가장 먼저 할 일은 무엇일까? 맞다, 의사가 되려

면 아무리 하기 싫어도 공부를 잘해야 한다. 다이어트를 결심했을 때 가장 하기 싫은 일이 운동하는 것과 식이요법이다. 운동이 싫을 때는 운동을 먼저 하고, 다이어트에 좋은 음식 중에서 내가 싫어하는 음식이 있으면 그것을 먼저 먹으라는 것이다. 그런 연후에 자신이 좋아하는 달콤한 것을 먹어라. 달콤한 것을 먼저 먹으면 다이어트에 도움 되는 싫은 음식은 먹지 않게 된다.

누구나 돈을 벌고 싶지만, 돈을 벌기 위해서는 하기 싫은 일을 해야 한다. 만일 내 업무 중에서 고객을 만나는 것이 가장 싫고 꺼려진다면 고객을 먼저 만나라. 두렵고 어려운 일과 쉬운 일의 순서를 바꾸라는 것이다. 맛있는 것을 먼저 먹지 않고 먹기 싫은 것을 먼저 먹으면, 좋고 맛있는 것을 나중에 보상으로 얻게 된다. 이런 심리적인 효과를 프리맥의 원리라고 한다.

■ 내일이라는 마귀로부터 벗어나가: 미루는 습관의 소유자들은 언제나 '내일부터 하지 뭐.'라고 생각하고, 모든 일을 내일로 미룬다. 하지만 내일은 영원히 오지 않는다. 도대체 내일은 언제 오는 것일까? 오늘은 분명 어제의 내일이었다. 하지만 오늘이 되었다고 해서 지금이 내일인가? 아니다. 그러면 오늘의 다음 날인 내일이 오면 그것이 내일일까? 미안하지만 내일이 되어도 내일은 언제까지나 그다음 날일 뿐 그날은 아니다. 언제나 오늘이 있을 뿐이다. 내일이란 그저 개념으로만 존재하는 시간 아닌가? 도대체 영원히 오지 않는 날에 무엇을 하겠다는 것인가. 바로 지금이 아니면 아무것도 할 수 없다.

지금 당장 행동하라!

중국 최고의 부자 마윈이 남긴 가장 유명한 어록은 "지금 당장 행동하라!"다.

마윈의 키는 162cm, 체중은 45kg, 용모는 비록 ET급이지만, 그는 15억 중국인 중 가장 큰 부자다. 그에 대해 〈포브스〉는 "마윈은 나폴레옹처럼 키가 작지만 나폴레옹보다 위대한 웅지를 품었다."라고 평했고, 〈타임〉은 "마윈은 중국의 워런 버핏이다."라고 평가했다. 심지어 알리바바 직원들은 "그는 기업종교를 창립했다. 마윈은 우리의 신이다."라고까지 표현했고, 원자바오 전 중국총리는 "마윈은 불굴의 영혼을 지닌 이상적인 인간이다."라고 말했다. 도대체 그는 어떤 사람이기에 이렇게 높은 평가를 받는 것일까?

[마윈 어록 10선]

- 즉시 행동하라.
- 자아를 수립하려면 자신을 잊어라.
- 기업경영은 협객이 되는 것과 다르더라.
- 오늘은 잔혹하다. 내일은 더욱 잔혹하다. 모레는 매우 행복하다. 단, 절대다수의 기업은 내일 밤에 죽는다.
- 아내가 어머니보다 중요한 이유: 어머니는 나의 3분의 1 인생을 책임지지만 아내는 나의 3분의 2 인생을 책임진다. 어머니는 영원히 나의 어머니이지만 내가 잘못하면 아내는 남의 아내가 될 수

있다.

- 말하기 전에 먼저 몇 초 생각하고, 화를 내기 전에 30을 세어라.
- 속는 이유는, 타인이 교활한 것이 아니라 자기가 욕심이 많기 때문이다. 자기 스스로 속는 것이다.
- 순간적인 열정은 돈이 되지 않는다. 집요한 열정만이 돈을 벌 수 있다.
- 좋은 기업은 양질의 제품과 서비스를 창출하는 창조적인 시스템과 룰에서 나온다.
- 나의 꿈은 '중국의 세계화'를 넘어 '세계의 중국화'를 이루는 것이다.

죽기 전에 꼭 해보고 싶은 일, 버킷리스트

버킷리스트(bucket list)란 죽기 전에 꼭 해보고 싶은 일과 보고 싶은 것들을 적은 목록을 가리킨다. '죽다'라는 뜻으로 쓰이는 속어인 '킥더 버킷(kick the bucket)'으로부터 만들어진 말이다. 중세 시대에는 교수형을 집행하거나 자살을 할 때 올가미를 목에 두른 뒤 뒤집어놓은 양동이(bucket)에 올라간 다음 양동이를 걷어참으로써 목을 맸는데, 여기에서 킥 더 버킷이라는 말이 유래했다고 전해진다.

2007년 미국에서 제작된 롭 라이너 감독, 잭 니콜슨·모건 프리먼 주연의 영화 「버킷리스트」가 상영된 후부터 '버킷리스트'라는 말이 널리 사용되기 시작했다. 영화는 죽음을 앞둔 영화 속 두 주인공이 한 병실을 쓰게 되면서 자신들에게 남은 시간 동안 하고 싶은 일에 대한 리스트를 만들고, 병실을 뛰쳐나가 이를 하나씩 실행하는 이야기를 담고 있다. "우리가 인생에서 가장 많이 후회하는 것은 살면서 한 일들이 아니라, 하지 않은 일들"이라는 영화 속 메시지처럼 버킷리스트는 후회하지 않는 삶을 살다 가려는 목적으로 작성하는 리스트라 할 수 있다.

버킷리스트를 작성해보면 자기 자신에 대해 몰랐던 사실에 대해 알 수 있다. 왜냐하면 죽음을 가정하고 작성하기 때문에, 평상시에 눈앞의 것을 바라보며 전전긍긍하느라고 놓쳤던 자신의 삶을 투사해볼 수 있기 때문이다. 우리는 살아가면서 '내가 만일 죽는다면 무엇을 하지 않은 것에 미련이 남을 것인지.', '무엇을 한 것에 대해 가장 만족감을 느낄 것인지.' 등에 관해 생각해볼 기회가 많지 않다. 언젠가 TV 프로그램에서 노홍철 씨가 자신의 장례식을 가정하고 실제로 관 속에 들어가 장례를 치르는 장면을 봤는데, 그런 경우라야 사람들은 자신의 인생을 총체적으로 돌아볼 기회를 얻게 되는 것이다. 실제로 장례경험을 제공하고 유서를 쓰는 경험을 서비스하는 업체도 생겨났다.

버킷리스트를 작성하면 굳이 장례경험 업체를 이용할 필요가 없다. 자신이 진정으로 하고 싶어 했던 일이 무엇인지 찾아내어 버킷리스트를 기록하고, 그 목록을 수정하면서 자신이 좋아하고 바라는 것을 기록하기 때문에 자신을 아는 데 도움을 준다. 또 어떻게 살아야 할 것인지에 대해 깊은 성찰을 해보는 기회가 되므로, 그 과정에서 삶의 방향성을 찾을 수 있다. 따라서 버킷리스트는 삶의 방향과 속도를 설정할 때 유용한 도구다. 이룰 수 없는 '막연한 꿈'이 아니라, 이룰 수 있는 '구체적인 꿈'에 도전하고 이루면서 삶에 대한 만족도가 크게 높아지기 때문에 버킷리스트를 쓰면서 행복해질 수 있다.

버킷리스트라고 해서 꼭 죽음을 앞둔 시점을 가정할 필요는 없다. 은퇴 이후의 삶, 부부의 노후생활, 자녀들이 혼인하고 주부의 역할에서 벗어났을 때 등 버킷리스트를 작성하는 삶의 단계는 원하는 대로 설정할 수 있다. 결심에 성공하는 사람들은 항상 눈앞의 일에만 동동거리며 살아가지 않는다. 언제든지 삶의 버킷리스트를 작성하며, 자신이 하고 싶어 하는 일이 무엇인지를 명확히 인지하고 있다.

드림리스트와 결심 노트, 마인드매핑

버킷리스트가 전적으로 삶에 관한 것이라면, 드림리스트는 중단기적인 희망사항을, 결심노트는 시기보다는 꼭 이루고자 하는 결심에 관한 것들을 적어보는 것이다.

드림리스트를 적는 법이 제일 간단하다. 50가지를 적으려면 종이 한 장에 50개짜리 칸을 마련하고 번호를 50까지 적으면 된다. 그리고 올해 희망사항들을 적어나간다. 예를 들면 학생일 경우 과학 성적 10점 올리기, 부모님 생일선물로 꽃 사드리기, 정말로 친한 친구 세 명 만들기, 1년 동안 책 30권 읽기, 지각 한 번도 안 하기 등 1년 동안 이루고 싶은 것들을 주제에 상관없이 50개를 적는다.

그리고 3개월이나 6개월 또는 1년 뒤에 그 드림리스트를 펼쳐놓고 이룬 것들은 동그라미를 치면 된다. 그리고 그 숫자만큼 새로운 희망

사항을 적어도 좋다. 신기한 것은 가족들이 모여앉아 각자의 종이를 들고 드림리스트를 적은 후 나중에 평가해보면 의외로 이루어진 것이 많다는 사실이다. 그럴 때의 기쁨은 생각보다 크다. 이렇게 드림리스트를 작성하고 평가해보면, 가족들과의 유대감과 화목은 덤으로 얻어진다.

결심노트를 적을 때는 지금까지 우리가 결심에 관해 해오던 대로 정리하면 된다. 결심한 것을 단순화한 다음, 그것을 최종 목표로 세운다. 만일 1년 후의 결심목표를 세웠다면, 그 목표를 세분화해 월 단위, 주 단위로 목표를 쪼갠 다음, 중간단계를 평가할 수 있도록 하면 된다. 물론 결심목표는 하나가 아니라 복수로 정할 수도 있고, 세부목록은 더 자세할 수도, 더 간략할 수도 있다. 중요한 것은 자신의 결심목표가 무엇이며, 그것을 이루어나가는 과정을 기록함으로써 중간에 멈추지 않고 목표를 이루는 데 하나의 수단 역할을 하도록 만든다는 것이다.

마인드매핑(mind mapping)은 말 그대로 마음 지도다. 무언가 결심하게 되면 핵심 키워드가 있고 부수적인 것들이 있을 것이다. 결심을 하면 마인드매핑을 해보자. 마인드매핑은 영국의 두뇌학자 토니 부잔(Tony Buzan)이 1970년대 초, 두뇌 활동이 주로 핵심 개념들을 상호 관련시키거나 통합하는 방식으로 이루어진다는 연구결과를 바탕으로 개발한 시각적 사고 기법이다. 마인드매핑을 할 때는 핵심 단어를 중심으로 거미줄처럼 사고가 확장되어가는 과정을 지도를 그리듯 그리면 된다.

예를 들어 다이어트 결심을 했다면, 핵심 키워드를 음식, 운동, 식단 등으로 정하고 운동의 경우에는 걷기 운동과 같은 식으로 가지가 뻗어나가듯 연관 고리에 적는 것이다. 이렇게 그려나가는 기법을 심상도법이라고 한다. 마인드매핑을 하면 결심한 것이 조금 더 구체적인 모습을 지니게 된다. 가장 소중한 것을 조금 더 크게, 잘하고 있으면 실선, 못하고 있으면 점선 식으로 표시해서 부족한 부분을 체크하고 그려보자.

금주를 결심목표로 정했을 경우 세부항목으로는 폭탄주 금지, 일주일에 한 번 이상 안 마시기 등 술에 관한 세부 항목을 넣는다. 일종의 다이어그램이므로, 서술형으로 하지 말고 이미지화해보면 된다. 물론 결심노트를 적는 것도 결심을 이루는 데 큰 도움이 되지만, 마인드매핑을 해보는 것도 결심을 잘 이루는 데 도움이 된다. 이런 작업의 결과물을 잘 보이는 곳에 붙여두라. 피드백을 받기 쉽고 결심을 다잡는 데 도움이 된다.

마인드맵은 마음 지도이기 때문에 다이어그램으로 그려 넣거나 도표 식으로 해도 상관없지만, 지도처럼 생각을 이미지로 만들어 기록해도 된다. 원래 사람들의 생각은 꼬리에 꼬리를 물게 마련이다. 두 사람이나 여러 사람이 대화할 때 누군가 이야기한 주제에 대해 주고받고 발전시켜나가는 것과 마찬가지다. 대화를 나눌 때는 제각기 다른 주제를 가지고 이야기하지는 않는다. 하나의 주제에서 시작한 이야기가 계속 꼬리를 물다 보면 처음과 전혀 다른 이야기가 생각나기도 하고, 자신이 생각한 것보다 훨씬 근사한 결론이 나오기도 한다.

여러 사람이 함께하는 것이기 때문에 한 개인이 고민하다 내린 결정과는 조금 다른, 새로운 시각을 갖게 된다. 여러 사람들이 의견을 나누므로, 자신의 생각에서 훨씬 확장되어 전혀 생각지 못한 결과를 얻기도 한다.

2단계. 도파민 결핍형
─ 돈키호테처럼 가라

■ D 타입─도파민 결핍형(의지박약형)

결심중독에서 벗어나려면 도파민을 자극해야 한다.

아드레날린과 코티졸이 불러일으킨 결심에 액셀러레이터, 즉 가속기 역할을 하는 호르몬이 바로 도파민이다. 도파민이라는 호르몬이 분비되면 맥박이 빨라지고 혈압이 높아지면서 쾌감을 느끼게 되는데, 도파민 결핍형은 그런 짜릿한 경험을 제대로 경험하지 못해 매번 결심만 하다가 말게 된다. 이런 악순환에서 벗어나려면 한 번이라도 결심을 성취하여 그 맛을 느껴보아야 한다. 도파민은 금단증상을 치료하는 데도 쓰이기 때문에 결심중독 금단증상도 극복할 수 있다.

도파민은 사람들의 모든 중독에 관여한다. 도박, 쇼핑, 약물 등에 작용하지만 달리기 선수들이 느끼는 러너스 하이나 등산가들의 클라이머스 하이, 무언가에 몰두할 때 느끼는 절정감인 몰입(flow)에도 영향을 미치는 호르몬이다. 음과 양을 모두 가지고 있는 결심중독의 두 그림자라 할 수 있다. 도파민을 자극하면 햄릿보다는 돈키호테처럼 가야 한다.

포스코 창업주 고 박태준 회장은 황무지에 제철소를 준공할 때 "목숨 걸고 하면 뭐든지 할 수 있다."라는 정신으로 임했다. 현대그룹 창업주 고 정주영 회장은 쌀가게 점원으로 일할 때, 조선소를 건립하여 배를 직접 만들겠다는 꿈을 꾸었고, 이를 위해 부단히 노력했다.

어떤 일에 임함에 있어서, 시련과 역경을 실패로 볼 것이 아니라, 중간중간 거쳐가는 걸림돌로 생각하여 다시 일어나 도전하는 불굴의 정신이 필요하다.

생각하는 햄릿보다 돈키호테처럼 움직여라

'햄릿'과 '돈키호테'는 각각 1601년, 1605년 세상에 등장한 소설 속 주인공으로, 무려 400년 이상 전 세계인들의 사랑을 받아왔다. 돈키호테는 자기주장이 강하고 고집이 세며 현실감각이 부족하고, 다른 사람의 눈치를 보지 않으며, 하고 싶은 일이 있으면 앞뒤 가리지 않고 하는 스타일이다. 그래서 이런 성격을 가진 사람들을 우리는 흔히 돈키호테형 성격이라고 한다.

사람들은 돈키호테형 성격에 대해 조금 어리석고 덜떨어진 것처럼 판단한다. 생각을 하고 행동하는 것이 아니라 일단 일부터 저지른다. 정의감이 넘치지만 주변 사람들의 이야기에는 귀를 기울이지 않는다. 그의 장점은 자신이 생각하거나 옳다고 믿는 일을 끝까지 밀고 나가는 것이다.

햄릿은 돈키호테형 성격과는 반대로 꼼꼼히 따져 사람들의 불만을 거의 사지 않지만, 실행하는 능력은 부족하다. 햄릿은 생각이 많고 고차원적이다. 햄릿형의 특징은 생각이 너무 많아 무엇 하나 결정 내리기를 힘들어 한다. 또한 신중하지만 우유부단한 것이 단점이다.

햄릿형이 항상 고민하고 심사숙고하는 인간형이라면, 돈키호테형은 생각보다 행동이 앞서는, 추진력 강한 인간형을 말한다. 기회다 싶으면 머뭇거리지 않고 잡는다. 뛰어난 재능을 가졌음에도 불구하고 밑바닥에서 고생하는 사람들을 보면 대부분 우유부단한 경우가 많다.

그렇다면 좋은 성격은 어떤 것일까? 내 생각에 좋은 성격은 돈키호테형 성격과 햄릿형 성격이 적절히 조화된 유형이다. 하지만 내 성격과는 다르게 실행하기 전에는 고민을 열심히 하고, 결정하면 확실하게 밀고 나가야 한다고 생각한다. 세상은 생각하는 햄릿보다 실천하는 돈키호테를 원한다.

생각하는 시간이 많아지니 더 좋은 선택을 할 때도 있다. 하지만 늘 좋은 결과만 얻는 것은 아니다. 만약 내가 잘못된 선택을 한 것 같다는 생각이 들 때는 더 후회가 밀려온다. 또 선택하는 고통이 싫어 선택의 기회를 버리기도 한다. 신중하지만 우유부단한 햄릿과 즉흥적이지만 행동하는 돈키호테 모두 저마다의 장단점이 있으므로 두 성격을 섞어야 한다. 두 성격은 어느 한쪽이 나쁘고 다른 쪽이 좋다고 쉽게 단정 지을 순 없다. 이 두 가지가 서로 조화와 균형을 이루면 얼마나 좋을까 싶지만, 보통은 어느 한쪽으로 치우치게 마련이다. 따라서 자신의 성향을 파악하여, 돈키호테형 인간이라면 햄릿의 진중한 사고를, 햄릿형 인간이라면 돈키호테의 실행력을 벤치마킹해서 자신의 것으로 만들어야 한다.

스마트폰 세대, 키호티즘을 배워라!

돈키호테의 성격에서 나온 키호티즘(Quixotism)은 이상을 실현하기 위해 현실에 얽매이지 않고 과감하게 앞으로 나아가는 무모한 성격과 생활태도를 말한다. 곧 실패할지라도 두려워하지 않고 끝까지 밀고 나가는 성격이므로, 사람들의 비난을 받을지라도 자신이 옳다고 여기는 것에 대해서는 끝까지 밀고 나간다. 어지간한 용기와 의지 없이는 유지할 수 없는 것이 바로 키호티즘이다.

결심중독자들 못지않게 실천과는 담을 쌓고 사는 부류들이 있다. 바로 "돌다리를 두드려 보고도 건너지 않는다."는 스마트폰 세대다. 바로 결정하고 바로 실천하는 것은 언감생심, 자기주도적인 삶과는 거리가 멀어 뭘 물어도 대답은 "글쎄요.", "아무거나 좋아요.", "나중에 할게요.", "엄마가 골라주세요."다. 그래서 올리버 예게스는 그의 저서 『결정장애 세대』에서 이들을 '메이비 세대(maybe generation)'라고 명명했다.

햄릿증후군, 즉 '결정장애 현상'은 신세대에만 국한된 것이 아니라 한국 사회 전반에 걸쳐 있다. 김난도 서울대 교수의 '소비 트렌드 분석센터'가 내놓은 2015년의 소비 트렌드 키워드 중 하나가 바로 '햄릿증후군'이다. 정보의 홍수 속에서 소비자들은 '이것이냐, 저것이냐'를 고민하다 길을 잃는다는 것이다. '아마도, 어쩌면…'을 연발하는 '메이비 세대', 대학을 마치고 직장에 들어가서도 모든 결정을 부모에게 의존하는 마마보이, 식당 메뉴에서 뭘 골라야 할지 몰라 우물쭈물하는 글쎄요족 등이 다 같은 범주다.

물론 심사숙고형 햄릿증후군이 반드시 나쁜 것만은 아니다. 마이크로소프트는 아주 오랫동안 회의를 한 끝에 중요한 결정을 내리는 것으로 유명하다. 창업자 빌 게이츠는 "앉아서 생각하라고 월급을 준다."는 말까지 했다. 워런 버핏 역시 전형적인 햄릿형 인간이다. 반면에 GE의 잭 웰치나 오프라 윈프리 등은 돈키호테형 인간에 가깝다. 결심하는 것도 중요하지만 실천하는 것도 중요하다.

결심했으면 시도하라. 새마을 운동도 마찬가지고 경부고속도로 사업도 마찬가지고 올림픽대로도 처음에는 굉장히 반대가 많았다. 그럼에도 불구하고 뚝심 있게 밀어붙인 사람들이 있었기 때문에, 오늘날 경부고속도로와 올림픽대로에는 차들이 쌩쌩 달리고 있는 것이다. 자신이 햄릿형 인간이거든 돈키호테를 벤치마킹하여 자신의 유전자에 접목하자. 시도하는 사람에게 세상은 문을 열어준다. 못해서 안 하는 것이 아니라 안 하니까 못하는 것이다.

햄릿증후군 테스트와 극복방법

전적으로 햄릿형이거나 전적으로 돈키호테형인 사람보다는 두 특성을 모두 가진 사람들이 훨씬 많을 것이다. 자신이 어느 유형인지 자신할 수 없는 사람들도 많다. 지금부터 자신이 어느 쪽인지 체크해보자.

- □ 선택을 미루다가 일상생활이나 사회생활에서 피해를 본 적이 있다.
- □ 선택하는 상황이 싫고, 그에 따른 결과가 두려울 때가 많다.
- □ 누군가 "뭘 먹을까?" 물으면 "아무거나."라는 답을 자주 한다.
- □ 혼자서 쇼핑하는 게 어렵고, 물건을 고르고 사진을 찍어 지인에게 확인을 구한다.
- □ 휴대폰이나 인터넷으로 다른 사람들에게 "어떻게 했으면 좋겠어?"라고 자주 묻는다.
- □ TV 채널을 돌릴 때나 수강 신청을 할 때 주변 사람들을 따라 한다.

여섯 가지 항목 중에서 두 개 미만에 해당한다면 약간 우유부단한 성격이고, 네 개 이상에 해당된다면 결정장애 상태라고 할 수 있다. 햄릿증후군은 현대 사회를 대표하는 키워드 중 하나다. 사회의 전 구성원이 햄릿증후군을 갖고 있다면 그야말로 사회가 그로기 상태가 될 것이다. 결정장애를 극복하는 방법에 대해 생각해보자.

우선 어떤 일을 할 때 그 일의 정확한 목표를 정해두자. 여행을 가기로 결정했다면 여행목표가 휴식인지 성지순례인지 쇼핑인지, 옷을 고를 때라면 출근복인지 파티복인지 작업복인지, 목적을 확실히 정해두고 자신이 원하는 것을 생각하면 선택이 보다 쉬워진다.

다음으로는 실패를 두려워하지 않는 습관을 기르자. 햄릿증후군, 결정장애 소유자들은 과거의 선택 실패경험이 있는 경우가 많다. 마지막으로 결과에 대한 긍정적인 사고를 갖자. 선택을 못하고 망설이는 이유는 더 나은 상황이나 결과를 얻으려는 것이므로, 직감을 믿고 과감한 선택을 하는 것도 좋은 방법이 될 수 있다.

3단계. 엔도르핀 의존형
– 지쳐 쓰러져라!

■ E 타입–엔도르핀 의존형(초조불안형)

엔도르핀은 뇌 속(endo)과 아편(morphin)이라는 말의 합성어다. 결심 중독에서 벗어나기 위해서는 미친 듯이 가야 한다. 지쳐 쓰러지더라도 가야 한다. 무엇이 두려운가? 실패가 두려운가?

한때 우리나라에 재미교포 의사 이상구 박사에 의해 엔도르핀 열풍이 분 적이 있다. 1996년 우리나라에 소개된 『뇌내 혁명』이라는 책에서 하루야마 시게오는 엔도르핀이 통증을 완화시키는 동시에 뇌파인 알파파와 함께 우리 뇌의 혁명을 일으킨다고 주장했다.

무엇인가를 이루고자 결심했지만 힘들고 어려울 때 짠하고 등장하는 호르몬이 바로 엔도르핀이다. 엔도르핀은 모르핀의 100배에 해당하는 진통 효과를 발휘한다. 스트레스를 받거나 통증을 느낄 때 분비돼 통증을 조절한다. 결심을 실천하다 보면 에너지가 떨어지고 좌절에 빠진다. 그때 포기하지 말고 견뎌내라고 할 때 등장하는 고마운 조력자가 바로 엔도르핀이다.

그러나 엔도르핀이 장기간 과도하게 분비되면 면역기능이 약해져 감염질환에 걸릴 위험이 높아진다. 심리적으로도 마찬가지다. 이때는 박자를 조절할 필요가 있다. 결심하지 않으면 안 된다는 압박감으로부터 자유로워져야 하고, 경쟁을 넘어 초경쟁 모드로 진입해야 한다. 너무 초조해하지 말고 불안으로부터 벗어나야 한다.

힘들고 어려워서 몸이 견디기 힘들면 뇌 속에서는 베타 엔도르핀이 분비되면서 사람들이 겪는 고통을 감해준다. 마라토너들이 극심한 고통을 이겨내면서 끝까지 완주할 수 있는 힘은 바로 엔도르핀, 특히 베타 엔도르핀이 분비되기 때문이다.

가라! 무소의 뿔처럼 혼자 가든지 여럿이 함께 가든지, 미친 듯이 가라!

무엇이 두려우랴! 젖 먹던 힘을 다해 최선을 다하라! 그리고 지쳐 쓰러져라. 처절한 실패의 쓴 잔을 마셔본 사람만이 성취라는 달콤한 열매를 맛볼 수 있다.

태작이 걸작을 낳는다

아이디어 만들기 기법으로 유명한 브레인스토밍 미션 중에는 "양이 질을 낳는다."는 말이 있다. 양이 많아야 그중에서 질적으로 좋은 아이디어가 나온다는 것이다. 거꾸로 질은 양을 낳지 못한다. 대가는 많이 그리고 많이 실패한 화가다. 국립중앙박물관에서 '루벤스와 세기의 거장들'전이 열렸을 때 가보았다.

루벤스라는 화가는 유화 스케치로 유명한데, 제자를 많이 두고 공장식 생산을 했다는 비난을 많이 받아왔다. 루벤스는 작은 유화 스케치를 그려 제자들에게 넘기고 제자들은 그것을 큰 작품으로 확대하여 판매를 했다. 물론 자신이 직접 그린 그림보다는 싸게 팔긴 했지만! 어찌 보면 루벤스는 다작의 화가였지만 장사꾼 기질도 풍성했다고나 할까! 그러다 보니 그에게는 범작이 많았고, 욕먹을 만한 졸작인 태작(駄作)도 많았다. 그러나 아이러니한 것은 그런 그가 걸작도 많이 그렸다는 것이다. 그는 많이 그리고, 많이 실패함으로써 대가의 반열에 오른 것이다.

우리는 흔히 시도했던 일이나 원했던 일, 대학입학시험이나 공무원시험, 입사시험 등에서 탈락하거나 고배를 마시면 자신의 인생은 실패했다고 생각한다. '나는 성공할 수 없나 봐.', '이제 어떻게 살지….', '나를 위해서 힘써준 부모님이랑 선생님 얼굴을 어떻게 보지.' 하면서 절망감과 우울감에 빠져 고통스러워하는 것이다.

하지만 사람이 잘살고 성공한 삶을 누리기 위해서는 실패가 오히려 약이 되는 경우가 많다. 같은 실패경험을 했음에도 불구하고 실패한 후에 무기력으로 가는 사람과 동기부여로 가는 사람, 두 부류가 있다. 그것을 반면교사(反面敎師) 삼아 실수를 줄여가면서 성공을 위해 더 스퍼트하는 동기부여로 삼는 사람들이 있다.

실패와 좌절을 겪어보지 않은 사람은 성공한 뒤 난관에 봉착하면 꺾어지기 쉽다. 길가의 들풀은 아무것도 하지 않아도 잘 자라지만 농작물을 잘 가꾸기 위해서는 거름이 필요한 것처럼, 실패는 오히려 성공하는 사람의 자격증 정도는 된다. 절망해보고 좌절했다가 다시 일어선 사람이 아니면, 성공의 참 의미를 알지 못하기 때문이다. 담금질을 많이 할수록 강하고 좋은 칼이 만들어진다. 좌절과 실패야말로 빛나는 성공을 위한 담금질이다.

남들이 부러워하는 카이스트나 서울대 학생, 고위 공직자, 기업인 등이 학교생활에 적응을 못하거나, 직무와 관련해 형사고발을 당해 조사를 받다가 자살하는 경우가 과거에 꽤 있었다. 만일 이들이 어려서부터 힘든 일을 겪으면서 난관을 이겨내는 내공을 쌓아왔더라면 그런 결정을 내리지는 않았을 것이다.

좌절도 아름답다. 다만 좌절과 실패에서 그치지 않고 다시 일어난다는 전제하에서 말이다. 좌절(挫折, frustration)이란 사람이 어떤 일에 의지나 기운이 꺾이는 것을 의미한다. 좌(挫)와 절(折)이 모두 '꺾다'는 의미를 가진 한자다. 꺾거나 꺾이는 것은 '부러뜨리다'와 '구부리다'의 두 가지 의미를 가지고 있다. 나뭇가지든 물건이든 부러져버리면 생명력을 잃거나 그 쓸모대로 사용할 수가 없지만, 구부러질 경우 원상복귀가 가능하다.

꺾이면 부러지거나 구부러지는 나뭇가지처럼, 좌절을 겪은 사람들도 두 가지 부류로 나뉜다. 좌절하면 넘어져 일어나지 못하는 사람과 툭툭 털고 일어나거나 강한 탄력성으로 전보다 더 높이 솟아오르는 사람이다. 좌절과 실패를 겪은 후 성공한 사람은 더 큰 성공을 거둔다. 다른 사람이 보기에는 아무 고생 없이 성공한 것처럼 보이는 사람에게도 분명 잠 못 이루며 고민하고 눈물을 삼키며 다시 일어나 노력해온 수많은 시간들이 분명히 있다. 밝게 빛날수록 그림자는 더 짙은 법이다.

좌절도 아름답다

역경에 처하거나 실패했을 때 사람들은 크게 두 부류로 나뉜다. 그것을 받아들이고 변화를 통해 극복하는 사람과 포기하는 사람이다.

『담화록』으로 유명한 철학자 에픽테토스는 많은 사람들이 존경하는 현자가 되어 마지막으로 그의 묘비에 이렇게 적었다.

에픽테토스 여기에 잠들다.
노예, 모든 장애를 가진 자.
소유물은 아무것도 없지만 신들의 총애를 받다.

2015년 1월에 개봉한 영화 「와일드」는 셰릴 스트레이드의 실화소설 『와일드』가 원작이다. 이 책을 읽은 여배우 리즈 위더스푼이 감명받아 영화를 만들기로 하고, 직접 주연을 맡아 완성한 영화다.

인생에서 늘 좌절하고 실패하던 셰릴은 94일 동안 혼자서 험한 길을 걸으며 힘든 순간과 좌절을 이겨낸다. 셰릴은 "고통이 모두 없어진 것은 아니다. 다만 받아들일 수 있게 되었다. 좌절은 여전히 존재하지만 전처럼 무너지지 않고 힘들어도 결국은 이겨낼 수 있다는 것을 알고 있기 때문에, 마음속 깊은 곳에서 '괜찮을 거야.'라는 울림이 느껴진다."고 했다. 그리고 셰릴은 트레일 방명록에 이런 글들을 남긴다.

"당신의 계획이 무엇인지 내게 말해줘요. 하나밖에 없는 당신의 소중한 인생으로 무엇을 할 계획인가요?"

셰릴의 말처럼, 좌절을 겪더라도 절대로 포기하지 않고 노력한다면 우리는 하나밖에 없는 우리의 소중한 인생을 성공으로 이끌 수 있다. 결심에 한 번 실패하고 두 번 실패했더라도 일어서서 신발 끈을 고쳐 매고 다시 시작한다면, 결심중독에 빠지는 대신 성공을 하나하나 쌓아올릴 수 있다.

남자들은 당구장에서 흔히 내기를 한다. 당구에 진 사람들 중 일부는 게임이 끝난 후에 다시 큐대를 집어 든다. 연습해서 다음에는 더 잘하려는 것이다. 쥐를 대상으로 실시한 미로 탈출 실험을 보더라도, 미로를 탈출하기 위해 달리기 시작한 쥐가 한 번 벽에 막혀 멈췄다가 처음부터 다시 달리기 시작하면 처음보다 더 빠른 속도를 낸다. 쥐도 실패 후에는 실패를 뒷받침 삼아 더 빨리 달리는 것이다. 하물며 사람은 말할 것도 없다. 실패 후에 다시 일어나 달리는 사람은 더 큰 성공을 거둔다. 그런 의미에서 좌절은 기회다. 좌절해보고 실패해보는 것이야말로 성공인생을 위한 밑거름이다. 자신을 돌아보고 앞을 향해 효율적으로 나아갈 수 있게 해주기 때문이다.

켄터키프라이드치킨(KFC)의 창업자 커넬 할랜드 샌더스는 1890년에 태어나 1952년 KFC를 창업하기까지 수많은 실패와 좌절을 겪어야만 했다. 26살까지 40가지가 넘는 직업을 전전해야 했고, 부지런하고 친절한 운영으로 성공했던 주유소는 대공황으로 망했고, 승승장구하던 레스토랑과 모텔은 화재로 소실되었다. 이후 카페를 처분한 그는 10년 동안 개발한 프라이드치킨 조리법을 '로열티'를 받는 형식으로 팔려고 했으나, 솔트레이크시티에서 레스토랑을 운영하던 피트 하먼(Pete Harman)과 1호점 계약을 맺기까지 무려 1009번이나 거절을 당했다. 1980년 90세의 나이로 그가 사망할 당시 KFC는 48개 국가 6000여 매장에서 연간 20억 달러의 매출을 올렸다.

만일 누군가 영업을 하면서 1009번을 거절당한다면, 같은 상품으로 1010번째 판매에 나설 수 있을까? 그렇다면 그는 분명 샐러리맨이나 사업가로 엄청난 성공을 거둘 수 있을 것이다. 천 번이 넘게 넘어져도 다시 일어선다면 그는 분명 성공한다. 아들러는 건강도 매우 안 좋고 공부를 못했는데 나중에 세계적으로 유명한 심리학자가 된다. 디킨스도 난독증 소유자였으나 나중에 글 잘 쓰는 소설가가 되었다. 정신분석학자 융도 꾀병쟁이였다. 그런데 결국 나중에 자신을 반성하고 돌아본 후 훌륭한 심리학자가 되었다. 에디슨이 백열전구와 오래가는 필라멘트를 발명하기까지 수천 번의 실험을 했다는 것은 유명한 이야기다. 수천 번의 실험을 했다는 것은 수천 번의 실패를 겪었다는 것이다. 그가 만족스럽지 않은 실험결과를 볼 때마다 포기하지 않고 실패한 실험을 바탕으로 새로운 실험에 도전했기 때문에 세상은 그만큼 밝아졌고, 우리는 누구나 에디슨을 기억하는 것이다.

자동차 회사 포드모터스 자동차의 창업자 헨리 포드 역시 회사 창업 후 다섯 번 파산했고, 『해리포터』 시리즈의 작가 조앤 K. 롤링은

28세에 아이 딸린 이혼녀로 정부보조금을 받으면서 생활해야 했고, 12개의 출판사로부터 출판을 거절당했다. 처음으로 『해리포터』를 출간한 출판사에서는 200만 원의 선인세와 겨우 500부의 책을 출판했을 뿐이다. 하지만 지금 『해리포터』 소설과 영화를 얼마나 많은 사람들이 보았으며 그녀가 어떤 성공을 거두었는지 전 세계인이 다 알 것이다. 많은 사람들이 "세상을 바꾸었다."고 말하는 스티브 잡스도 한때 자신이 창업한 애플에서 해고당한 적이 있다. 이후 다시 애플 회장으로 복귀한 스티브 잡스는 "당시에는 알지 못했지만 애플사에서 해고당한 것은 내 인생에서 벌어진 가장 좋은 일이었다는 걸 나중에 깨달았다. 모든 일에서 불확실성은 커졌지만 나는 해방되었고, 인생에서 가장 창조적인 시기를 맞이했다."라는 말을 남겼다.

좌절하고 성공하는가, 좌절하고 또 좌절하다가 결국 밑바닥 인생을 사는가는 좌절과 실패를 어떻게 해석하고 받아들이는가에 달려 있다. 털고 일어나 다시 시작하는 사람에게 좌절, 시련, 고난, 고통, 실패 등은 '나에게 교훈을 주고 스쳐지나가는 스승'에 지나지 않는다. 우리 곁을 지나가는 고통은 참을 수 있다. 좌절과 실패 역시 지나간다. 물론 좌절과 실패에 굴복하지 않을 때의 이야기다. 실패를 겪는다는 것은 성공이 잠깐 늦어지는 것이다. 조금 늦어지면 물론 고생이야 더 하겠지만, 생을 놓아버릴 만큼 치명적인 것은 아니다. 좌절과 실패는 성공으로 가는 길목에 놓인 장애물에 지나지 않는다.

장애물 달리기 선수들은 일부러 장애물을 넘는다. 피아노 연주자들은 만족스런 연주를 위해 한 곡을 수십, 수백, 수천 번 연습한다. 그래서 모차르트나 베토벤, 차이코프스키 등의 긴 연주곡들을 암기하여 연주한다. 사람들은 그들이 연주를 마친 모습을 보고 기립박수를 친다. 하지만 그렇게 되기까지 얼마나 많은 연습이 필요했고, 얼마나 많은 실패를 했는지는 생각하지 않는다. 어느 분야에서건 정상에 올라선 사람들 모두가 그렇다. 김연아 선수나 발레리나 강수진이 얼마나 많은 실패를 거듭한 끝에 자신을 완성했는지 상상해보라. 그만큼 노력하지 않은 사람은 "신은 내 편이 아니다.", "신이 내린 재주를 지닌 사람", "난 운이 없어." 따위의 말을 할 자격이 없다. 내가 운이 없는 사람이라는 결론에 도달하려면 김연아 선수만큼, 강수진 발레리나만큼 연습하고 실패하고 또 연습해본 후에 말하라.

다시 일어서는 힘, 회복탄력성

실패는 우리가 살아가는 데 대단히 중요하다. 미처 알지 못하던 약점을 가르쳐주기 때문이다. 자신의 약점을 모르는 사람은 언젠가는 그 약점 때문에 실패하게 된다. 실패를 통해 약점을 알아내고, 약점을 극복하고 업그레이드하는 과정이 되풀이되어야 점점 더 완벽을 향해 나아갈 수 있다. 단 한번에 성공하려 한다면, 기다리는 것은 실패다. 운동선수들도 한 경기 한 경기 뛰면서 점점 더 실력을 쌓아가는 것이다.

실패했더라도 그 실패를 딛고 일어나 다시 도전할 수 있는 힘, 역경이나 고난을 이겨내는 긍정적인 힘을 회복탄력성이라고 한다. 결심과 실패를 거듭하다가 결심중독자가 되지 말고, 반복되는 실패의 고리를 끊어내기 위해 '회복탄력성'을 키워야 한다.

회복탄력성이 부족한 사람은 일이 잘 안 풀리거나 불리할 때 남 탓을 하거나 실패 원인을 밖에서 찾는다. 한 번 실수하면 다시 실수할 것이 두려워 재도전을 꺼린다. 쉽게 해낼 수 있는 일만 골라서 하려고 할 뿐 어려운 일은 회피하려는 것이다. 게다가 성공을 위해 가장 필요한 능력 중 하나인 만족지연능력이 떨어진다. 마시멜로를 하나 더 얻기 위해 눈앞의 마시멜로를 참고 보는 것이 아니라, 당장 그것을 덥석 집어 입으로 가져가는 것이다.

이와 달리 회복탄력성이 높은 사람은 실패했을 때 금방 자신의 잘못을 인정하고, 그 잘못을 되풀이하지 않기 위해 노력한다. 실패의 원인을 밖에서 찾는 것이 아니라 자신에게서 찾으며, 실패했더라도 굴하지 않고 실패의 원인을 알아낸 다음 재도전한다. 어려운 과제, 높은 목표에 도전할 때 더 힘을 내며, 서로 간의 약속과 규제를 지킨다. 도전을 두려워하지 않는다. 규제나 약속에 대해 인정하고 지킨다. 미래에 더 큰 만족을 얻기 위해 눈앞의 작은 만족을 참아내는 만족지연능력을 갖추고 있다.

실패했을 때 너무 자책하고 좌절하지 말자. 좌절은 누구에게나 올 수 있지만, 어떤 사람은 꺾여서 부러지고 포기하는가 하면, 누군가는 다시 벌떡 일어나 실패를 도약의 계기로 삼는다. 당신은 어떤 사람을 선택할 것인가?

for what is a man

남자로 사는 게 뭐야

what has he got?

가진 것이 뭐가 있는가?

if not himself, then he has not

자신이 없다면 벌거벗은 것과 마찬가지인 것을

to say the things she truly feels

자신이 진정으로 느끼는 것들을 말하는 것은

and not the words of one who kneels

비겁한 사람들이 하는 말이 아니네…

the record shows I took the blows

내 기록이 말해주듯이 난 정면으로 맞섰다네

And did it my way

그리고 난 내 방식대로 해결했어

Yes, it was my way

그래 그게 나만의 방식이었다네

－프랭크 시나트라의 「My Way」 중에서

4단계. 멜라토닌 숭배형

– 걸으며 회복 틈새를 확보하라

■ M 타입–멜라토닌 숭배형(미룸병 환자형)

힘들다. 쉬었다 가자!

잠시 휴식을 취하며 멜라토닌의 유혹에 빠져보자. 그러나 휴식이지 포기하는 것은 아니다. 엔도르핀이 뇌 속 모르핀 역할을 하며 조력을 했음에도 불구하고 결심을 지속하지 못할 경우에 등장하는 결심의 훼방꾼이 바로 멜라토닌이다.

내일 하지 뭐! 일단 한 숨 자고 하지 뭐! 이렇게 사나 저렇게 사나 죽는 것은 매한가지! 합리화의 달인, 미룸의 달인을 만드는 결심의 훼방꾼 멜라토닌이 당신의 결심을 미루게 만든다. 게으름, 미루는 습관을 통해 결심 스트레스로부터 벗어나려고 일단 나중에 보자고 하면서 잠을 청하는 유형이다.

멜라토닌이라고 하면 흔히 피부 색소침착부터 떠올리게 마련이지만, 멜라토닌은 원래 뇌 속 생체시계를 조절해 잠이 오게 하는 역할을 한다. 깊은 밤에 멜라토닌이 분비되면 피로를 막고 스트레스를 줄여준다. 하지만 문제해결이 되는 것은 아니며, 단지 미룬 것일 뿐이다. 이 단계는 쉽게 말해 영장류의 뇌인 대뇌피질이 결심해서 하고자 하는데, 포유류의 뇌인 변연계가 방해하는 것쯤으로 보면 된다. 일종의 결심 훼방꾼이라고 할 수 있다. 그러나 훼방꾼이라고 해서 항상 나쁜 역할을 하는 것은 아니다. 너무 서두르는 것을 막고 적절하게 쉬어갈 수 있게 해줄 뿐 아니라, 오히려 건강을 지켜줄 수도 있기 때문이다.

회복 틈새는 자신만의 시간이자 공간이다

일이 잘 풀리지 않을 때가 있다. 장애물이 등장하여 갈등상황에 놓이게 되고, 절망스러운 상황이 자꾸 생긴다. 엎친 데 덮친다, 설상가상, 슬럼프 등의 말이 절로 떠오를 만큼 안 좋은 일들이 겹치면서 침체기로 들어서기도 한다. 운동선수의 경우 슬럼프에 빠지면 한 시즌 또는 1년 이상 자신의 능력을 발휘하지 못하기도 한다.

이럴 때는 상황을 반전시킬 수 있는 나만의 위로방법이 있어야 한다. 자신을 힐링할 수 있는 방법을 찾아 스스로의 사기를 재충전해야 한다.

어떤 사람들은 힘들 때마다 고향을 찾기도 하고, 옷을 새로 사거나 옷을 바꿔 입기도 한다. 향수를 느끼는 특정한 음식을 먹기도 하고, 제주도나 시골 등 특별한 장소를 찾기도 한다. 등산을 하거나 올레길을 걸으면서 자신을 찾아가는 사람도 있다. 그런가 하면 조상의 묘를 찾거나 점집을 찾는 사람도 있다. 이렇게 난관에 부딪쳤을 때 EQ가 높은 사람들은 자기만의 시간을 갖거나 장소를 찾는다. 그래야 다시 추스르고 일어나 추진하던 결심목표를 달성할 수 있기 때문에, 결심도 결국은 동기부여능력이 얼마나 큰가에 좌우된다고 할 수 있다.

EQ는 정서나 감정지능을 말하는 것으로, 감성지능의 여러 요소 중에 가장 중요한 것이 바로 자기 동기부여 능력이다. 자기 동기부여는 스스로에게 다시 하고 싶은 마음이 생기도록 하는 능력이다. 목표달성을 위해 자신의 감정을 잘 정리하면 주의집중과 동기부여, 자기 극복, 창의성이 증가하게 된다. 현재의 즐거움과 만족에 머물려고 하는 충동을 억제하고 목표를 향해 나아갈 동기를 부여하는 것은 모든 성취의 바탕이 된다.

브라이언 리틀은 영국 케임브리지 대학의 심리학과 교수다. 전문 분야는 성격학과 동기심리학으로 얼마 전 한국 언론과의 인터뷰에서 회복 틈새에 대해 이렇게 말했다.

"회복 틈새를 갖지 않으면 금방 극도로 피로해질 수 있습니다. 계속 자신의 성격에서 벗어난 행동을 하면 이는 자율신경계를 자극해 신체적으로 영향을 미칩니다. 회복 틈새를 갖고 쉬면서 흥분을 가라앉히는 것이 중요합니다."

회복 틈새는 일종의 휴식이다. 『EQ 감성지능』의 저자로 유명한 대니얼 골먼은 정서지능이 높은 사람들은 자신과 내면의 대화를 즐기며, 자신만의 시간과 공간을 가지고 있다고 주장했다.

자기절제의 부담과 일상의 스트레스에서 회복하는 최상의 방법 중 하나는 휴식이다. 과학을 통해 알게 된 또 하나의 중요한 연구결과는 스트레스가 의지력의 장애물이란 사실이다. 스트레스를 푸는 데 가장 효과적인 방법은 걷는 것이다. 필자는 자신의 시간과 공간을 활용한 회복 틈새를 위해, 결심 달성자가 되기 위한 독자들을 위해 걷기를 제안한다. 사실 요즘 걷기가 열풍이다. 필자의 고향인 괴산의 산막이 옛길을 비롯해 제주 올레길, 강원도 바우길, 지리산 둘레길 등 걷기 좋은 길에 사람들이 몰린다. 문명의 발달로 거의 모든 것을 앉아서 해결할 수 있게 된 지금, 사람들은 시대가 허락한 편리에 의문을 품고 다시 걷기 시작했다. 걷기에 어떤 매력이 있기에?

의지력을 단번에 끌어올릴 수 있는 방법이 있다. 호흡을 길고 느리게 가다듬어 1분에 4~6회 정도만 숨을 쉬어보자. 호흡을 느리게 하면 전전두엽 피질이 활성화되고 심박 변이도가 증가하므로 자연히 뇌와 신체가 스트레스를 받던 상태에서 자기절제체제로 변화하는 데 도움이 될 것이다.

의지력을 빨리 충전하고 싶을 때 가장 확실한 방법은 밖으로 나가는 것이다. '녹색 운동'을 5분 동안만 해본다면 스트레스가 줄고 기분이 좋아지며 집중력이 강화되고 자기절제력이 향상될 것이다. 녹색 운동이란 밖으로 뛰쳐나가 푸른 대자연 속에서 행하는 모든 신체활동을 가리킨다.

걷기가 뇌를 풀가동시킨다

생각은 발뒤꿈치에서 나온다.

걷기는 자연스럽게 우리를 반성의 시간으로 이끈다. 걷다 보면 누구나 시인이 되고, 철학자가 되고, 명상학자가 된다. 두 다리는 자연스럽게 의사가 되고, 심리학자의 길로 인도한다. 느리게 걷는 여유, 자연과 호흡하는 리듬, 걸으면서 만나는 나무와 풀과 바람과 별, 그리고 여유 있는 사람들과 함께하며 나의 결심을 뒤돌아보자. 걷기 예찬론

자 크리스토프 라무르는 인간이 시속 3~5km 속도로 걸을 때 사물을 가장 잘 판단할 수 있다고 한다. 숲길을 걸으며 철학을 했다는 소요(逍遙)학파가 괜히 나온 것이 아니다.

사람이 평생 살면서 걷는 거리는 얼마나 될까? 프랑스 생물학자 이브 파칼레는 인간이 여든 살까지 산다면 평균 지구를 11바퀴 도는 거리를 걷는다고 했다. 물론 게으르고 운동을 좋아하지 않는 사람들은 평생 지구 반 바퀴도 못 돌겠지만. 불과 몇 시간 만에 다른 대륙으로 이동할 수 있는 교통수단이 발달한 지금, 가장 원초적인 이동 행위인 걷기가 주목받는 이유는 무엇일까?

걷기는 가장 단순하고 효과적인 운동이다. 미국의 운동생리학자 폴락 연구팀이 달리기, 자전거 타기, 걷기, 아무것도 하지 않기 등 네 가지를 비교 분석한 결과 걷기가 체지방을 감소시키는 데 가장 효과적이었다고 한다. 하루 1회 30분씩 주 3회, 20주간에 걸쳐 실험한 결과, 걷기를 통해 체지방률이 13.4% 감소한 데 비해 달리기는 6.0% 감소하는 데 그쳤다. 의외의 결과다.

걷기는 몸에 무리가 가지 않는 최선의 운동으로 두뇌 발달과도 관계가 있다. 전문가들은 걷기 등의 간단한 운동이 스트레스를 해소하고 두뇌 기능을 향상시킨다고 말한다. 이만균 경희대 스포츠의학과 교수는 "아침에 일어나 걸으면 뇌로 가는 혈류량이 증가해 두뇌 기능이 활성화한다. 또 도파민, 세로토닌, 아드레날린과 같이 결심과 관련된 호르몬을 자극하고, 그런 호르몬 분비를 잘 되게 해 주의력, 기억력, 집중력이 좋아진다."고 밝혔다. 영국 알츠하이머협회의 클라이브

밸러드 회장은 "두뇌 게임을 하는 것보다 걷기 운동이 기억력 향상에 더 도움이 된다."고 했다.

걸음걸이가 운명을 바꾼다는 『장생보법』의 저자 이승헌 총장(글로벌 사이버 대학교)은 "걷다 보면 불필요한 생각은 저절로 떨어져 나간다. 누군가에게 답을 구하지 않아도 스스로 답을 알게 된다. 신선한 에너지가 몸 구석구석까지 막힘없이 흐르기 시작하면 의식은 명료해지고 사고는 단순해진다. 순간적인 판단력과 직관력이 발달하고 행동도 진취적으로 바뀐다."며 일이 막힐 때는 무조건 걸으라고 권한다.

다리를 움직이며 걸을 때 뇌에서는 다양한 활동이 일어나는데, 특히 아이디어를 떠올리는 방법으로 효과적이다. 걷는 동작이 뇌에 산소를 공급해 두뇌를 활동하기에 최적의 상태로 만들고 생각을 정리하는 데 도움을 준다.

조선의 실학자 연암 박지원은 중원 천지를 걸으며 『열하일기』를 썼고, 뉴턴은 산책을 하다가 만유인력의 법칙을 깨우쳤다. 철학자 칸트나 헤겔, 니체 등도 항상 산책을 즐겼다. 『걷기의 역사』를 쓴 레베카 솔닛은 "걸음을 멈추면 생각도 멈춘다. 나의 마음은 언제나 나의 다리와 함께 작동한다."고 했다. 장 자크 루소 역시 "나는 걸을 때만 명상에 잠긴다. 걸음을 멈추면 생각도 멈춘다."고 했다. 프랑스 사상가 몽테뉴는 "우리가 걸음을 내디딜 때 발에 있는 26개의 뼈와 100개가 넘는 인대, 근육, 그리고 힘줄과 신경이 유기적으로 운동한다. 따라서 사유는 뒤얽힌 혈관, 섬유, 정맥 힘줄을 타고 의식까지 전진한다. 앉아 있으면 사유는 잠들어버린다. 흔들어놓지 않으면 정신은 움직이지 않는다. 갑작스레 떠오른 생각이나 직관은 몸속의 신경, 근육, 장기와 밀접한 영향을 주고받는다."고 주장했다.

몸이 걸으면 마음도 걷는다

걷기의 가장 큰 효능은 명상이다. 스페인의 산티아고 순례길, 페루의 잉카 트레일, 뉴질랜드의 밀퍼드, 히말라야 트레일 등 세계에는 이름 난 '걷는 길'이 많다. 『나는 걷는다』의 저자 베르베르 올리비에는 기자 생활을 은퇴하고 예순두 살에 걷기 시작했다. 콤포스텔라 2300km를 3개월 동안 걸은 후, 실크로드 도보 여행에 나섰다. 이스탄불과 중국의 시안을 잇는 1만 2000km의 길을 걷기만으로 완주하는 데 4년이 걸렸다. 그는 길을 걷다 날이 저물면 자동차를 타고 숙소까지 갔다가, 다음 날 전날 걸었던 장소로 되돌아와 걷기 시작했다.

철학자 유영모 선생은 북한산 자락의 집에서 종로 기독교청년회관까지 걸어서 강의를 나갔고, 비영리 환경교육 기구 '플래닛워크'의 대표인 존 프랜시스는 지구 환경에 대한 책임감 때문에 항상 걸어다녔다. 1971년 샌프란시스코 만에서 일어난 기름 유출 사고 현장을 보고 동력을 사용하는 자동차를 타지 않기로 결심한 이래, 22년간 도보로만 여행했다.

사람은 보통 걸음으로 한 시간에 4km 정도를 걷는다. 시속 4km라고 우습게 볼 일이 아니다. 그 속도로 꼬박 416일을 걸으면 지구를 한 바퀴 돌 수 있다. 두 발로 걸을 때 우리의 정신도 함께 걷는다. 하여, 자기의 걸음을 걷는 것이야말로 온전히 자기 삶을 사는 것 아닐까. 당신은 지금, 어떤 방식의 걷기에 이끌리는가.

프랑스에는 오래 산책을 하듯 걷는 '랑도네(randonnee)'를 즐기는 사람이 많다. 독일에서는 사회 저명인사들이 걷기 운동에 앞장서서 동참하면서 걷기가 자리 잡았고, 벨기에의 걷기 운동 프로그램은 비행 청소년을 교화하는 데 활용되기도 한다.

그런가 하면 최첨단 기술은 걷기를 오락으로 승화시키는 데 한몫했다. 영국의 제러미 우드가 처음 시도한 'GPS 드로잉'은 GPS를 들고 걸으면서 자기가 이동한 경로로 그림을 그리는 것이다. 그는 2000년 경부터 영국 변두리를 걸은 동선으로 코끼리와 나비 등의 그림을 그려 홈페이지에 올렸다. 이 놀이는 〈뉴욕타임스〉에 소개되면서 전 세계로 퍼져나갔고, 지도 공유 사이트 에브리트레일닷컴(www.everytrail.com)에는 걷거나 뛰거나 자전거를 타며 그린 다양한 GPS 드로잉이 올라온다.

다시 한 번 도전하려면 문제를 재정의하라

'존슨&존슨'은 문제를 제대로 규정해서 큰 효과를 보았다. 어떤 범죄자가 이 회사에서 제조·판매하는 타이레놀 캡슐에 청산가리를 넣어 사회적인 문제를 일으켰다. 회사는 즉각 위기관리 팀을 구성하여 모든 타이레놀 캡슐을 회수했다. 그리고 결국에는 다른 타이레놀 약제마저 모두 회수했다. 타이레놀을 모두 회수하면 타이레놀이라는 상표가 아예 사라질까 걱정하는 사람들이 많았으나 그것은 기우였다. 그 이후 타이레놀은 단시간 내에 시장에서 제일 유명한 감기약 자리를 되찾았다.

반면에 미국 디트로이트 자동차 산업은 문제를 잘못 정의해서 낭패를 봤다. 1974년 디트로이트의 자동차 산업은 매출이 줄어드는 문제에 직면하여, 이익을 올리는 첩경은 좀 더 크고 고가의 차를 만드는 수밖에 없다는 결론을 내렸다. 그러나 석유파동이 터지자 사람들은 작은 차를 선호하게 되었는데, 그때 마침 일본 자동차 회사들은 소형차를 많이 제작해놓고 미국시장 진출을 기다리고 있었다. 그 결과가 어떻게 되었는지는 누구나 잘 알고 있다.

사람들은 문제가 있다는 것은 인식하지만 그 문제가 무엇인지 모르는 경우가 종종 있다. 또는 그 문제를 잘못 규정하기도 한다.

스턴버그는 영재와 둔재의 문제해결 방식을 연구한 적이 있었다. 복잡한 추론이 요구되는 문제 상황에서 영재는 해결 방식을 찾아내는 데 많은 시간을 들였지만 일단 실제 행동에 착수하자 별로 시간이 걸리지 않았다.

한편 둔재는 해결 방법을 찾는 데에는 시간이 별로 안 걸렸지만, 그 방법을 시행하는 데에는 비교적 많은 시간이 들었다. 이것은 문제를 옳게 정의하지 못했기 때문이다.

이런 차이점은 물리학 같은 분야의 전문가와 신참 사이에서도 살펴볼 수 있다. 전문가는 직면한 문제의 실체를 알아내기 위해 고심하는 반면, 신참은 문제가 뭔지를 파악하기도 전에 덮어놓고 해결하려고만

하는 경향을 보인다.

직장에서도 이런 현상을 볼 수 있다. 많은 사람들이 보다 나은 직장을 찾아 이 직장 저 직장을 전전한다. 그러나 그들의 문제는 회사 자체가 아니라 그 회사에서 어떤 일을 하느냐 하는 것이다. 또는 그 반대로 회사를 옮기지는 않지만 같은 회사 내에서 하는 일을 자주 바꾸는 사람도 있다. 문제를 해결하기 위해서는 회사를 바꾸어야 하는데 말이다. 이런 경우, 문제를 정확히 규정할 수 있다면 많은 수고를 덜 것이다. 스스로 하는 일에 별다른 성과가 없다면 엉뚱한 문제를 푸느라 시간을 낭비하고 있는 게 틀림없다.

성공지능인은 문제를 정확하게 정의한다. 그리고 부수적인 문제가 아니라 정말 본질적인 문제를 해결한다. 그렇기 때문에 그의 생활에서는 동일한 문제가 되풀이되지 않는다. 그는 어떤 문제가 먼저 해결되어야 옳은지, 그것부터 판단하는 사람이다.

목표로부터 역산해서 할 일을 다시 계산하라

한국의 심리학자 중에 연구와 대중서, 강연으로 유명한 아주대 이민규 교수는 『실행이 답이다』라는 책에서 역산 스케줄링을 주장한다. 결심을 하고 가다가 좌절하고 힘들 때, 멜라토닌이 결심 훼방꾼으로 등장할 무렵 나의 결심 노트와 스케줄을 바꿔볼 필요가 있다. 이 교수는 미래로부터 역산해서 현재의 행동을 선택하는 습관을 갖는다면 성공하는 것은 간단하다고 주장한다. 끝에서부터 역산해 최종 목표

달성을 위해 거쳐야 할 징검다리 목표들을 찾아서 지금 해야 할 일을 선택하는 것이다. 그렇게 사소한 일을 통해 연습하다 보면, 경력 관리와 같은 삶의 중요한 일에도 효과적으로 적용될 수 있다는 사실을 깨닫게 된다.

5단계. 옥시토신 망각형
– 개인 핵심 목표를 설정하라

■ O 타입–옥시토신 망각형(부화뇌동형)
잠시 휴식을 취했다면 이제 다시 일어나서 가자!

지금까지 아드레날린에 의해 심장을 뛰게 하는 설레임으로 결심했다면, 도파민의 중독성을 맛보았다면, 그리고 엔도르핀의 리빙 포인트를 맛보았다면, 그리고 잠시 멜라토닌의 유혹에 빠져봤다면 다시 시작해야 한다.

실패와 좌절을 딛고 새롭게 일어나 출발하게 해주는 힘이 바로 옥시토신이다.

"내가 언제 힘들었지?"

"내가 왜 이러고 있는 거야?"

"다시 한 번 도전해야지!"

이럴 때 등장하는 호르몬이 바로 옥시토신이다.

옥시토신은 사랑의 호르몬이라고 불리며, 최근 들어 신체와 정신

건강에 모두 이로운 영향을 끼친다는 연구결과가 많이 나오고 있다. 스트레스를 줄이고 사회성을 높이며, 출산 시에는 자궁경부의 수축을 도와 태아가 자궁 밖으로 잘 빠져나올 수 있게 한다. 산모가 아이를 낳을 때 산통을 겪으면 다시는 애를 낳지 않겠다고 결심한다. 너무 고통스럽기 때문이다. 옥시토신은 산통을 잊게 하고, 아기에 대한 사랑이 가득하게 만들어, 출산하지 않겠다는 결심마저 잊고 둘째, 셋째를 낳게 하는 호르몬이다. 옥시토신은 결심중독에 빠진 당신을 다시 결심하도록 이끌어주고 거듭나게 해주는 어린 양의 목자와 같은 존재다.

사람들은 다양한 목표를 세우고 동시에 진행한다. 사람들에게 목표를 설정하라고 하면, 사소한 소일거리부터 인생의 가장 중요한 목표까지 다양하게 세운다. 그러나 가장 중요한 것은 개인의 핵심 목표를 세우는 것이다. 심리학자 브라이언 리틀은 이렇게 말한다. "만약 당신이 작은 목표만 갖고 있다면, 모든 게 잘 정리돼 있고 관리도 쉽다. 하지만 그게 아무런 의미가 없을 수도 있다. 반대로 의미 있는 목표가 많을 경우에는 아마 혼란에 빠지고 말 것이다. 그래서 계획적인 삶을 살기 위해 목표와 의미의 균형을 유지하는 것이 중요하다."

사람들은 자신의 능력이 무한하다고 믿지만 그것은 허상에 불과하다. 개인의 핵심 목표를 찾아내서 집중하지 못하면 그 목표는 달성하기가 쉽지 않다. 개인 핵심 목표는 나머지 개인 목표를 붙잡는 역할을 한다. 작은 목표들은 핵심 목표와 관계돼 있는데, 만약 핵심 목표를 바꾸도록 강요당하거나 실패할 경우에는 나머지 목표들도 실패할 가능성이 크다. 그렇기 때문에 개인 핵심 목표를 잘 잡는 것이 중요하다. 개인 핵심 목표를 달성하기 위해 가장 중요한 것은 단순화하는 것이다.

프로는 단순하다, 결심을 실천하려면 단순하게 하라

어떤 문제를 해결하고 싶다면 그 문제에 집중해야 한다. 그런데 꼭 훼방꾼이 등장한다. 악마의 유혹이라고나 할까? 오늘 저녁까지 끝내야 할 일이 있는데, 꼭 끝내야 하는데, 원고를 마감해야 하는데, 오랜만에 중요한 지인이 저녁을 먹자 하네. 거절하기도 곤란하고 참 나!

어떤 경우에는 별 시답지 않은 일로 모든 걸 망치는 경우도 있다. 이민규의 저서 『실행이 답이다』에 나오는 재미있는 일화가 있다.

어느 날, 프랑스 계몽주의 사상가 드니 디드로에게 선물 하나가 도착했다. 아주 고급스러운 진홍색 실내복이었다. 문제는 그때부터였다. 서재에 서서히 변화가 일어나기 시작했다. 그동안 아무렇지도 않던 책상이 우아한 실내복과 대조되면서 왠지 낡고 초라하게 느껴졌다. 그래서 새것으로 바꾸었다. 시간이 좀 지나자 벽걸이가 촌스럽게 느껴져 새로 구입했다. 그러자 의자, 시계, 장롱, 책장 등 서재의 모든 것이 초라해 보이기 시작했다. 급기야 서재 전체를 바꾸게 되었고 바뀌지 않은 것은 자신밖에 없다는 것을 깨닫게 되었다.

이처럼 한 가지 물건을 사면 그걸 둘러싼 다른 물건들도 그것과 어울리는 것으로 계속 교체하게 되는 것을 '디드로 효과(Diderot effect)'라고 한다. 왜 이런 현상이 나타나는 것일까? 왜 악마의 유혹에 쉽게 넘어가는 것일까? 그것은 자신이 결심한 것이 복잡하고 정리가 덜 되어 있기 때문이다. 이를 방지하기 위해서는 해결해야 할 문제나 해야 할 일이 단순해야 한다. 일주일 동안 할 일이 20가지인 사람과 할 일이 두 가지인 사람 중 누가 자신의 목표를 더 잘 완수해낼까? 말할 것도 없이 두 가지만 하면 되는 사람일 것이다. 우리가 어떤 일을 완수하고 잘해내고 싶다면 목표를 단순화해야 한다. 결심대로 이루기 위해서는 결심도 단순화해야 한다.

아마추어는 덧셈을 좋아하지만 진정한 프로는 뺄셈을 우선으로 한다. 기업의 생존전략도 마찬가지다. 아무리 자금과 인력이 넉넉한 기업이라 할지라도 문어발처럼 이 사업 저 사업, 이 업종 저 업종을 다 아우르려 한다면 성공할 수 없을 것이다. 강점을 가진 분야를 찾아 확실한 효과가 기대되는 업종을 선택하여 집중해야만 성공할 수 있다. 이것저것 다 하면 된다는 생각은 옳지 않다. 이것저것 다 하면 낭비되는 자원만 더 늘어날 뿐이다.

우리 생활도 마찬가지다. 내가 해야 할 일과 하지 말아야 할 일을 분류한 다음, 버릴 것은 버리고 꼭 취할 것을 찾아 집중해야 그것을 이룰 수 있다. 과수원의 묘목들이나 길가의 가로수는 물론 집안의 정원수, 화분에 키우는 나무들까지, 잘 가꾸기 위해서는 가지치기가 필요하다. 나무의 가지치기는 나뭇가지 중에서 버릴 것을 버리고 취할 것을 남기는 작업이다.

그런데 아무 가지나 쳐내버리면 그 나무가 잘 자랄 수 있을까? 절대 아니다. 과수원 주인들은 잘라내야 할 가지와 남겨두어야 할 가지에 대한 확실한 기준을 가지고 있고, 그 기준에 의해서 불필요한 가지만을 잘라낸다.

우리들의 생활과 머릿속도 마찬가지다. 쓸모 있는 일과 행동, 생각과 결심이 있는가 하면, 생활만 번잡하게 만들 뿐 쳐내버려야 할 행동과 생각들이 있다. 버릴 것은 버리고 반드시 이루어야 할 것만 남겨두어야 목표를 이룰 수 있다.

단순화할수록 성공 확률은 높아진다. 해야 할 또는 달성해야 할 목표가 여러 가지라는 것은 자신의 능력을 여기저기 나누어 분배해야 한다는 말에 다름 아니다. 능력을 여기저기 분산해 작은 능력만으로 이룰 수 있는 것은 없다. 해야 할 일, 달성해야 할 목표의 우선순위를 정해, 가장 중요한 한 가지에만 자신의 능력을 집중해야 한다.

'Simple is best.'라는 말에 토를 달 사람은 별로 없을 것이다. 어떤 일에 몰입해서 그 일의 효율을 최대치로 끌어올려 달성하기 위해서는 우선순위를 정해야 한다. 선택한 것에 몰입해야 한다. 목표에 몰입하다 보면 곁가지가 떨어져 나가고 거기에서 깊이 있는 성찰이나 통찰도 오고 그에 따른 보상도 온다. 결심도 마찬가지다. 결심을 단순화하면 명료해지고 구체적인 방안들이 나오고, 설명력이 더 높아진다.

프로는 단순하다

필자가 강의 중에 '프로는 단순하다.'는 이야기를 할 때 청중들에게 말해주는 재미난 이야기 하나를 소개한다.

어떤 절의 행자승이 해우소(解憂所)에 가서 볼일을 보는데, 재래식이라 쭈그리고 앉아 볼일을 보려니 여간 힘들 뿐 아니라 바닥의 내용물이 튀어 올라서 여간 민망한 것이 아니었다. 그래서 절에 들어온 지 1년 된 스님을 보니 바닥에 지푸라기를 푹신하게 깔아놓고 볼 일을 보고 있었다. '오호~' 하고 감탄하는데 10년 된 스님을 관찰해보니 밧줄을 매달아놓고 밧줄을 타고 다니고, 20년 된 스님은 내공을 활용해 괄약근에 기를 모아 볼일을 보니 튀어 오르지 않는 것이었다. 30년 된 스님을 보니 한번 싸고 그것이 튀어 오르기 전에 다시 한 번 볼일을 봐서 찍어 누르기를 하는 것이었다. 그 절에서 40년 된 최고참 스님은 얼마나 대단할까 하고 몰래 지켜보았다. 그런데 뜻밖에도 얼른 볼일을 보고 피하는 것이었다. 큰 스님은 왜 다른 스님들처럼 하지 않느냐고 여쭈었더니, "나도 다 해봤어. 하지만 싸고 피하면 되는 것을 왜 그렇게 복잡하게 하느냐."고 했다는 이야기다.

프로일수록 단순하게 한다. 결심을 행동화해서 이루는 사람들 역시 결심항목이나 생활방식이 단순하다.

애플이 성공하는 이유는 기능과 디자인이 심플하기 때문이다. 주의력 산만한 아이들을 보면 결심은 많이 하는데 주의집중력이 부족하기 때문에 한 가지에 집중을 못한다. 그러니 결심이 이루어질 리 없다. 산만함의 기저에는 복잡함이 있다. 갈등도 많고 관심사도 많다. 그러다 보면 결과는 실패할 수밖에 없다. 그런 것이 습관화되어 있으면 성인이 되었을 때 심각한 문제로 발전할 수 있다.

결심중독자들 중에는 일종의 ADHD 장애(주의력 결핍 및 과잉행동 장애)를 가진 사람들도 많을 것이다. 어른들도 심리적으로는 같다. ADHD를 가진 성인은 능력 있는 근로자가 될 수는 있으나 이를 끝까지 마무리하는 능력은 약하다. 듣고 싶은 내용만 선택적으로 듣게 되어 소통에 문제가 있고, 타인의 결점을 내세워 핑계를 대며, 본인의 잘못을 인정하지 않는 고집스러운 모습을 보이는 경우가 있다.

조용한 ADHD 환자도 많다. 원인이야 여러 가지가 있겠지만 그중 하나가 복잡한 관심사다. 슬로웨이브, 느린 뇌파로 인한 기질적인 문제가 원인일 수 있는데, 이러한 문제를 해결하기 위해서는 뉴로피드백(신경)을 통해 손상된 뇌기능을 재생시키고, 뇌기능이 낮은 부분의 활동성을 높일 필요가 있다. 이런 것이 일종의 결심중독의 원인이 되기도 한다. 결심한 대로 이루려면 단순화하고 집중적으로 해야 한다. 이것저것 복잡하게 하면 실천은 점점 더 어려워진다.

성공하는 사업 아이템은 명함에 정리되어야 한다

결심이나 사업에 성공하려면 아이템이 명함만한 크기에 정리될 수 있을 만큼 단순해야 한다. 물론 명함만한 크기에 단순, 직접, 명확하게 무엇을 어떻게 할 것인지가 드러나 있어야 한다. 마케팅 방법과 자금 계획도 물론 포함되어 있어야 한다. 그렇지 않다면 사업이 정리가 안 되어 능률과 효율이 떨어지는 것처럼 결심도 무엇을 얻고자 하는지 정리가 안 된다.

어떤 결심을 버리고 어떤 결심을 꼭 이루어야 하는지를 알아내라. 사업도 마찬가지다. 어떤 사업에 집중해야 성공할 수 있을지를 알아내야 한다. 핵심을 잡으려면 잘 버릴 수 있어야 한다. 핵심에 집중할 줄 안다는 것은 쓸모없고 버려야 할 불필요한 부분을 잘 선별하여 버린다는 것과 같은 이야기다.

친구들과 밤늦게까지 술을 마시고 각종 모임에 등장하고, 여기저기 놀러 다니는 사람에게는 일에 집중할 힘이 남아 있지 않다. 중요한 일에 종사하면서 일을 잘해내는 사람을 살펴보면 생활이 무척 단순하다. 쓸데없는 일에 마음을 쓸 겨를이 없기 때문이다. 페이스북의 창시자 마크 주커버그의 강연에서 청중 가운데 한 명이 그에게 묻는다.

"마크, 왜 당신은 매일 똑같은 티셔츠를 입나요?"

이 말에 마크 주커버그의 대답이 나의 관심을 끌었다.

"나는 최대한 단순하게 살려고 노력합니다. 다른 모든 의사결정을 가능한 한 최소화하고 페이스북 커뮤니티를 위한 일에만 집중하고 싶기 때문입니다."

말하자면 이 옷을 입을까, 저 옷을 입을까, 이 옷에는 어떤 신발이 어울릴까 등 여러 고민을 해야 하는 상황을 피하고 싶었다는 답변인 셈이다. 어떤 옷을 입고 어떤 신발을 신을 것인가보다 훨씬 더 중요한 결정 사항들이 너무나 많기 때문이다. 옷을 입기 위한 선택마저 단순화한 그는 이렇게 말한다. "물론 사람마다 총량의 크기는 달라서, 훈련하면 넓어지기도 합니다. 온전히 기억할 수 있는 기억의 저장량과 현명하게 선택할 수 있는 의사결정의 총량도요. 하지만 제가 말씀드리고자 하는 것은 그 부분이 아닙니다. 넓혀진 총량 안에서도 우리가 필요한 곳에 써야 하는 것을 불필요한 곳에 많이 낭비하기 때문에, 그것을 줄이고자 노력을 해야 하는 것이죠."

그는 사업에서도 단순화와 집중을 최고의 가치로 여기고 있는 셈이다. 2012년 마크 주커버그는 인스타그램을 10억 달러, 우리 돈으로 1조 원이 넘는 가격에 인수했다. 그 금액이 무척 컸기 때문에, 이 일은 많은 사람들에게 이야깃거리가 되었다. 하지만 그 당시, 페이스북이 왜 기업가치가 1조 원이 되어보이지 않는 인스타그램을 샀는지 이해하지 못하는 사람들이 많았다. 그런데 그가 10억 달러에 사들인 인스타그램의 자산 가치는 현재 무려 350억 달러(38조 488억 원)에 육박하고 있다. 2년 만에 3500% 이상 가치가 상승한 것이다. 인스타그램이 페이스북의 경쟁자가 되어 페이스북의 방문자들을 분산시켰다면, 어쩌면 페이스북은 지금 같은 위치를 차지하지 못하고 훨씬 축소되었을 수도 있다. 만일 마크 주커버그가 어떤 옷을 입고 무엇을 먹을지 온갖 것을 고민하는 사람이었다면, 이런 현명한 판단을 내릴 수 있었을까? 그가 강연에서 말한 것처럼 일상을 최대한 단순화하지 않았더라면 아마 다른 결정을 내렸을지도 모르는 일이다.

결심 실현을 위한 목표 달성 기법

결심중독에서 벗어나려면 작심삼일의 굴레에서 벗어날 몇 가지 작전을 사용해야 한다. 여러 실험을 한 리처드 와이즈먼 교수는 목표

달성을 위한 방안 몇 가지를 제시했다.

- 한 번에 한 가지씩(one thing at a time) 하라: 사람들은 흔히 너무 많은 것을 이루려는 실수를 한다. 결심에 성공하려거든 가장 중요하다고 생각하는 한 가지 결심만 하라.
- 새로운 것을 시도하라(try something new): 실패한 결심을 되풀이해봐야 성공 확률이 낮다. 실패했던 체중감량 결심 대신 운동을 더 하겠다는 새 다짐을 해보라.
- S.M.A.R.T 목표설정: 구체적(specific), 측정 가능(measurable), 성취 가능(achievable), 현실적(realistic), 시간단위(timebased) 목표를 잡아라. 매주 이틀씩 한다고 하지 말고, 명확하게 수요일, 금요일 저녁 일과 직후에 한다고 명시하라.
- 성과를 도표화하라(plot your success): 일지를 쓰거나 냉장고, 게시판에 달성 수치를 그래프나 그림으로 만들어 시각화하라.
- 끈질기게 해야 한다(be persistent): 사람은 변화에 저항하게 마련이고, 자동항법 장치를 단 것처럼 원래의 상태로 돌아가려고 한다. 누구나 한 번쯤 좌절할 수 있다. 그래도 인내심을 가지고 밀고 나가라.
- 채찍 아닌 당근(Carrot, not stick)을 써라: 실패를 자책하지 말고, 긍정적인 면에 초점을 맞춰 스스로 동기를 유발하라. 금연 효과 목록, 운동으로 다져진 환상적인 몸매의 사진 등을 걸어둬라.

6단계. 페닐에틸아민 방전형
–심장 근육을 사용하라

■ P 타입–페닐에틸아민 방전형(집중력 부족형)

'뜨거운 가슴으로 사랑하라!'

'뜨거운 열정으로 움직여라!'

우리가 살면서 가장 소중하게 생각하는 것들은 머리가 아니라 가슴 뭉클한 심장에 있다. 나의 결심을 가슴이 느끼도록 하자! 가슴 뭉클한 일을 결심해보자! 머리로만 생각하지 말고 가슴으로 느끼는 결심을 해보자!

페닐에틸아민은 대뇌를 각성시켜 사고력, 기억력, 집중력이 향상되게 돕는다. 또 사랑하는 감정을 느낄 때 분비되어 즐거운 긴장감을 만들어내기도 한다. 사랑하는 이들의 눈에 콩깍지가 씌었다는 단계에 분비되는 호르몬이라고 생각하면 이해에 도움이 될 것이다. 결심 중독과 좌절에 빠진 나를 옥시토신이 새롭게 일깨워 결심의 에너지에 힘을 부여하고 집중력을 높여 결심을 실천하고 극도의 클라이맥스를 만드는 절정의 호르몬이다.

이 단계에 이르러 페닐에틸아민이 분비되면 몰입의 즐거움을 알게 되고, 고도의 집중력이 발휘되어 결심을 실현하기 위한 막판 스퍼트를 하게 만든다.

"세상에서 가장 먼 거리는?"이라는 질문에 어떤 사람은 "머리에서 가슴까지 아닐까요?"라고 답을 한다. 참 의미심장한 대답이다. 머리에서 가슴까지, 가슴에서 머리까지 30cm 남짓 되는 거리. 그렇지만 머리에서 가슴까지 가는 데 어떤 사람은 평생 걸리고, 어떤 사람은 아예 가보지도 못한다.

머리는 잘 돌아가는데 가슴은 꽁꽁 얼어붙어 있고, 머리로는 결심하는데 가슴은 따라오지 않는다. 머리는 용서를 하는데 마음은 용서가 되지 않고, 머리는 이해를 하는데 가슴의 한은 풀어지지 않는다.

결심중독에서 벗어나려면 가슴, 즉 심장 근육, 마음 근육을 사용해야 한다.

사람들의 뇌 속에는 신경세포, 즉 뉴런(neuron)이 있다. 이 뇌세포는 보통 사람들의 경우 230억 개 정도다. 이 신경세포들이 전기적 반응이나 신경전달물질이라고 불리는 호르몬의 연결로 정보전달이 일어나고 뇌가 작동한다. 그런데 뇌에만 뉴런이 있는 것이 아니라 심장에도 뉴런이 있다. 즉 심장에도 뇌세포와 같은 기능을 하는 뉴런이 있다는 것이다. 심장은 단순히 근육 덩어리가 아니라 뇌세포와 같은 기능을 하는 생각하는 능력, 기억하는 능력을 가지고 있다는 것이다.

심장은 뉴런 신경세포를 가진 마음의 집이다. 심장을 혈액을 펌프질하는 근육 덩어리로만 알고 있는 사람들이 많다. 그러나 심장의 60%는 기억과 의식을 저장하는 두뇌의 신경세포와 똑같은 '뉴런' 세포로 구성되어 있다는 사실이 밝혀졌다. 이렇게 심장에는 최소한 4만 개의 '뉴런 신경세포'가 있어 '심장뇌'라고 불리기도 한다.

애리조나 주립대학교의 심리학 교수 게리 슈워츠(Gery Schwartz)는 심장이식 수혜자들에게 기증한 사람의 성격이나 습관이 전이되는 현상을 연구한 결과, 심장에는 기억하는 세포가 있다고 주장했다. 장기를 이식함으로써 기억이 이전된 사례는 게리 교수가 수집한 것만 해도 70건이 넘는다고 한다. 그중 한 예로 심장 이식을 받은 일곱 살짜리 소녀가 매일 밤 누군가에게 쫓기다 살해당하는 악몽을 꿨는데, 실제로 소녀가 이식받은 심장은 살해당한 소년으로부터 기증받은 것이었다. 게다가 소녀가 꿈속에서 본 상황은 기증자의 살인사건과 신기할 정도로 일치했다. 소녀의 기억은 결국 범인을 검거하는 데 결정적인 역할을 했다고 한다.

심장파가 감정교환과 의사전달에 큰 영향을 미친다

『성경』에도 마음이 바로 심장이라고 기록되어 있다. "또 새 영을 너희 속에 두고 새 마음을 너희에게 주되 너희 육신에서 굳은 마음을 제하고 부드러운 마음을 줄 것이며"(겔 36:26)에 기록된 마음은 심장이라는 뜻을 가진 히브리어로 'leb(레브)', 영어로 'heart'라는 단어로 기록되어 있다. 두뇌가 객관적인 정보를 분석하는 기억의 창고라고 하면, 심장은 직관적인 정보를 분석하는 마음과 영혼의 집이라고 할 수 있을 것이다.

심장은 뇌세포와 별도로 느끼고 작동하는 마음을 가지고 있다. 수정이 되어 4~5주 후에 장기 중에서 제일 먼저 심장이 생성되어 뛰기 시작한다. 우리 몸의 모든 장기는 뇌세포에서 보내는 뇌파 신호에 따라 움직인다. 그러나 심장은 뇌가 만들어지기 전부터 스스로 뛰기 시작한다. 현대의학은 뇌세포의 신호와 상관없이 심장은 '심장박동 조율세포(pace maker cell)'에서 스스로 발생시키는 심장파에 의해 움직인다는 사실을 발견했다.

미국 캘리포니아 주의 하트매스연구소(IHM)의 롤린 맥크레이티 이사는 심장에는 뇌가 있다고 주장한다. "심장에는 신경세포들로 이뤄진 작은 뇌가 있어 두뇌의 명령 없이도 스스로 박동하며 기억과 감정을 인지할 수 있다."

심장파는 뇌파보다 50배 이상 더 강력하다고 한다. 심장 스스로 만들어내는 심장파는 온몸의 장기와 세포에 도달하여 상호 교호하며 심장파 안에 실려 있는 에너지와 신호의 패턴으로 온몸에 영향을 미친다.

『성경』에서 심장은 심장파를 통해 우리 몸의 모든 세포들의 건강을 지도한다고 기록되어 있다. "나를 훈계하신 여호와를 송축할지라 밤마다 내 심장이 나를 교훈하도다."(시 16:7) 심장은 타인과 교감할 수 있는 마음을 가지고 있다.

심장이 박동을 칠 때마다 사람마다 고유의 전자기장이 발생한다는 사실이 밝혀졌다. 심장에서 발생하는 자기장의 세기는 지구자기장의 1000만분의 1 이하로 매우 미약하다. 그러나 한국표준과학연구원의 이용호 박사팀은 심장에서 발생하는 자기장을 측정할 수 있는 측정장치를 2004년도에 개발했다. 특수 자기센서인 스퀴드를 이용하면 지구자기장의 100억분의 1 정도의 미약한 변화도 측정할 수 있다고 한다. 사람들은 이런 심장의 전자기장을 통해 타인과 상호교감을 나누는 특별한 센서를 가지고 있다. 사람의 감정 상태를 실은 정보는 심장 전자파를 통해 몸 밖으로 전달된다. 이때 두려움과 분노 같은 부정적 감정은 불규칙한 형태의 심장파로 실려 나간다. 그러나 사랑이나 감사의 감정 같은 긍정의 상태는 부드럽고 규칙적인 형태의 심장파로 나간다. 보통 사람의 교신은 언어나 표정, 몸동작으로 이뤄지는 것으로 알고 있으나 심장파를 연구한 결과 개인 간이나 사회관계에서 심장파가 감정교환과 의사전달에 크게 영향을 미치는 것으로 나타났다.

『성경』에도 심장의 파장이 같은 사람들끼리 서로 마음이 합하여 교감을 이룰 때 사랑을 나눌 수 있다고 기록되어 있다. "마음을 같이하여 같은 사랑을 가지고 뜻을 합하며 한 마음을 품어."(빌 2:2) 그리고 하나님께서 영을 우리의 심장(heart), 즉 마음에 주셨다고 기록하고 있다. "하나님이 그 아들의 영을 우리 마음 가운데 보내사."(갈 3:6) 머리로, 즉 이성과 지성으로 살아갈 뿐 아니라, 가슴으로, 즉 마음에서 우러나오는 뜨거운 마음으로 사랑하면서 하루하루 살라는 의미일 것이다.

페닐에틸아민 방전을 극복하기 위한 방안

■ 점진적 변화 기법: 습관적으로 결심을 반복해오던 사람이 결심중독에서 벗어나려면 매일 어떤 일을 하겠다는 결심보다는 '3일에 한 번씩' 하는 식으로 점진적인 변화를 추구하는 편이 낫다. 너무 큰 목표나 지나치게 작은 목표보다는 중간 정도 난이도의 목표를 정하는 것

이 바람직하다. 예를 들어 매일 30페이지씩 책을 읽겠다는 결심보다는 한 달에 두 권 정도 읽겠다는 계획을 세우는 편이 실천 가능성을 높인다. 날마다 읽을 분량을 정해놓으면 피곤해서 하루 잠들어버리거나 회식 등 사정이 생겨 일일 목표를 달성하지 못했을 때, '어차피 안 되네.' 하고 포기해버리기 쉽다. 새로운 생활습관을 뇌에서 받아들이는 데에는 약 40~60일이 필요하다. 따라서 1년보다는 한두 달 꾸준히 지속할 수 있는 목표를 찾아 일단 성공의 열매를 맛보고 자신감을 얻는 것이 좋은 방법이다.

■ **구체적 목표설정 기법**: 모호한 목표보다는 구체적인 실천 사항과 마감 시한 등을 명확하게 정해야 달성확률이 높아진다. 10kg 체중감량 목표를 세울 경우, '올해 안에 10kg 감량하겠다.'는 방식으로 목표를 정하지 말고, '나는 10월까지 10kg의 체중감량을 목표로, 월·수·금요일 헬스클럽에서 1시간씩 운동을 하고, 매달 1kg씩 감량하겠다.'라고 적으라는 이야기다.

■ **작은 성취감 회복 기법**: 작은 성취감 회복은 자꾸 결심해서 실패하면 좌절하므로 작은 성공을 경험하라는 것이다. "한 달에 10kg을 감량하겠어."라는 과한 목표보다는 "밤 열 시 이후로는 간식을 먹지 않고, 1주일에 500g씩 몸무게를 줄여나가겠어."라는 목표를 정해놓고, 그것을 하나하나 달성하면서 자신감을 회복하라는 것이다. 목표를 하루 또는 일주일 단위로 쪼갠 뒤 중간목표를 세우면, 성취감을 자주

느끼면서 장기적인 목표까지 달성할 수 있다.

■ **목표 단순화 기법:** 목표를 너무 많이 설정하거나, 복잡하게 설정하지 말고, 단순화하라는 것이다. 여러 마리의 토끼를 잡으려고 하면 결국 한 마리의 토끼도 잡지 못하고 다 놓쳐버릴 수 있다. 하고 싶은 것이 많더라도, 일단 하나의 목표를 정해 이룬 다음에 다음 목표를 정하는 편이 훨씬 더 성공 확률이 높다.

■ **사회적 공표 기법:** 사회적으로 알려라. 여러 사람에게 알려 도움을 얻으라는 것이다. 주변에는 결심을 방해하는 요인이 너무나 많다. 주변 환경은 그대로인데 자신만 바꾸는 것에는 엄청난 노력이 든다. 술을 자제하기로 마음먹었지만 "딱 한 잔만."이라고 권하는 술친구의 유혹은 거부하기 어려운 법이다. 이럴 때는 친구를 새해 결심 프로젝트에 동참시키는 것도 방법이다. 금주나 금연결심을 함께하면서 보상이 걸린 내기를 통해 경쟁심을 부추기는 것도 나쁘지 않다.

■ **토큰 경제 기법:** 작은 보상을 자기에게 주라는 것이다. 다이어트를 통해 1kg 감량 다이어트 목표치를 달성했다면 주변 사람에게 돈을 걸어놓아라. 예를 들어 친구에게 100만 원을 맡기고 "내가 1kg 뺄 때마다 10만 원씩 줘. 대신 내가 살을 못 빼면 그 돈 네가 가져."라고 선언하는 것이다. 그러면 그것이 결심대로 밀고나갈 수 있는 추진력이 된다.

■ 습관 바꾸기 기법: 새해부터 나쁜 습관을 고치려고 마음을 먹었다면 습관을 대체할 다른 버릇을 만드는 게 좋다. 예를 들어 손톱을 물어뜯는 버릇이 있다면, 책상 위에 큐브를 올려놓고 심심할 때마다 맞춰보든가, 조각 숫자가 많은 퍼즐을 책상 위에 펼쳐놓고 손톱을 물어뜯으려 할 때마다 퍼즐 맞추기를 하는 식이다.

결심을 방해하는 나쁜 습관을 버리는 방법

습관을 바꾸는 것은 쉽지 않은 일이다. 특히나 나쁜 습관은 우리에게 달콤한 유혹으로 접근하므로 버리기가 더 힘들다. 게다가 충동조절능력이 부족한 사람들, 심할 경우 충동조절장애를 겪는 사람들이 나쁜 습관을 버리기란 하늘의 별 따기보다 어려운 일일지도 모른다. 그렇다고 나쁜 습관을 유지한다면 삶의 끝은 불행일 뿐이다.

미국의 심리학자 조지 웨인버그(George Weinberg) 박사는 『자신을 새롭게 만드는 26가지 방법』이라는 책에서 나쁜 습관을 버리려면 다음과 같은 전략을 사용할 것을 주장했다.

첫째, 나쁜 습관을 천천히 버리려 하지 말아야 한다. 왜냐하면 말그대로 습관적으로 문제 행동을 다시 하고 싶은 충동을 곧 느끼게 되기 때문이다. 깨끗하게 단번에 그만두어야 한다.

필자 주변에 담배를 끊으려고 애쓰는 사람들이 많다. 전자 담배를 피우기도 하고, 금연초에 금연침을 맞기도 하지만 쉽게 끊기 어렵다. 필자도 그렇고, 주변에 금연에 성공한 사람들은 대개 어떤 계기로 한

번에 끊은 경우가 대부분이다. 필자도 늦게 결혼하여 아내가 첫 아들 임신한 날 바로 끊었다. 그 후 유혹은 많지만 9년째 담배를 피우지 않고 있다.

둘째, 나쁜 습관을 버리려 노력하는 중에 떠오른 생각에 대해서는 일단 판단을 유보하라!

애초에 나쁜 습관을 없애려 했다면 그럴 만한 이유가 있을 것이다. 그런데 막상 습관을 버리려다 보면 다른 것이 떠오른다. 새로운 생각들이 자기합리화와 핑계, 이유, 구실을 대면서 머리를 채우기 시작하면 애초의 습관 제거 이유들이 설 자리가 없어지고 결국 습관을 버릴 수 없게 된다.

셋째, 자신의 실수를 너무 심각하게 나무라지 말아야 한다.

자신을 나무라기보다는 실패 원인을 분석해서 시행착오를 줄이는 것이 좋다. 반면교사 삼아, 즉 스승은 스승인데 반대의 가르침을 주는 스승이 잘못된 가르침을 줌으로써 다른 사람의 잘못된 일과 실패를 거울삼아 나의 가르침으로 삼아야 한다. 작은 실수를 했다고 해서 바로 내일 똑같은 잘못을 저질러서도 안 된다. 실수한 자신을 받아들이고 자신에게 말해보자. '이제까지의 나는 그랬다. 하지만 더 이상은 아니다.'

7단계. 세로토닌 부작용형
– 리빙(rebeing)으로 거듭나라

■ S 타입–세로토닌 부작용형(무사태평형)

심리학의 1세력을 유럽 중심의 정신분석이라고 하고, 2세력을 미국 중심의 행동주의 심리학이라고 한다. 그리고 심리학의 3세력을 실존주의 철학의 영향을 받은 미국 중심의 인본주의 심리학이라고 하는데, 매슬로는 인본주의 심리학의 창시자다. 그는 독자들에게 인간의 욕구위계이론을 주장한 인물로 유명하다.

가장 밑에 생리적 욕구, 그 위에 안전의 욕구, 사랑과 소속감의 욕구, 자존심의 욕구, 맨 꼭대기에 자기실현의 욕구가 위치한다. 사람들은 아래의 욕구가 어느 정도 충족되어야 다음 단계의 욕구를 향해 나아가고, 그렇게 나아가는 사람이 정상이고 머물러 있는 사람은 이상한 사람이라는 주장을 펴기도 했다.

그러나 말년의 저서에서 그는 자신이 처음 만들었던 욕구 위계의 부속물로 작용하는 이차적인 욕구의 위계를 제시했다. 그것 역시 선천적인 것으로서, 알고자 하는 욕구와 이해하고자 하는 욕구(need to know and to understand)가 바로 그것이다. 어린이나 성인이나 건강한 사람이면 누구나 자신의 주변 세계를 분석하고 이해하기 위해서 어떤 기준을 마련하고 싶어 한다. 이러한 욕구를 만족시키지 못하면 좌절에 빠지고 호기심을 갖지 않으며 삶에 대한 애착도 없고 자기를 실현시킬 수도 없다.

인간은 기본적으로 삶을 유지하려는 동기와 삶을 창조하려는 동기를 가지고 있다. 동기는 행동을 유발시키고 일정한 방향으로 움직이도록 하는 힘을 말한다. 욕구(need)란 어떤 것이 결핍되어 있는 상태인데 비해 동기는 좀 더 넓은 개념으로 사람들을 일정한 방향으로 움직이도록 하는 힘을 말한다.

사람들은 삶을 유지하기 위해 호흡, 안전 추구, 갈증, 배설, 수면, 식욕, 활동 욕구를 충족하려고 한다. 이러한 욕구들을 1차적, 저차원적 결핍 동기라고 한다. 그러나 이러한 욕구들은 생명을 유지하는 데 없어서는 안 될 필수 욕구들이다. 그에 비해 삶을 창조하려는 동기는 자기를 실현하고, 자기를 완성하고자 하는 동기로 2차적, 고차원적, 성장 동기라고 한다. 매슬로는 바로 이러한 인간의 고차적인 동기를 초월 동기, 즉 메타 동기(meta motive)라고 하였다.

메타 동기에는 자기실현, 즉 자기 완성의 욕구 이외에 알고 이해하고자 하는 2차적 욕구도 포함된다. 매슬로는 만약 하위의 욕구와 동기에 얽매이는 삶을 산다면 결핍 동기화(demotivation)된 삶이고, 상위의 욕구와 동기를 추구하는 삶을 산다면 메타 동기화(metamotivation)된 삶이라고 주장했다.

사람들이 개인적 또는 사회적 방해 때문에 메타 동기를 충족시키지 못하거나 실패하게 되면 욕구 불만, 불안, 긴장을 경험하는데, 매슬로는 이러한 심리적 어려움을 메타 병리(meta pathology)라고 불렀다.

메타 동기를 향해 움직이는 사람들이 리빙(rebeing)하는 삶을 사는 사람들이다.

소유냐 존재냐

어린 시절 자신이 천사가 되어 의자로 쌓아놓은 탑에서 날다가 팔다리가 부러졌던 모레노(Moreno)라는 심리학자는 훗날 자신의 어린 시절 추억을 되살리며 사이코드라마를 창시했다. 그는 사이코드라마의 여러 기법 중에 재탄생 기법(rebirth technique)을 주장했는데, 이것은 새로운 삶을 사는 기법을 말한다.

심리학자이자 철학자인 에리히 프롬(Erich Fromm)은 『소유냐 존재냐』라는 저서에서 소유의 삶에서 존재의 삶으로 변해야 한다고 주장한 바 있는데, 이 또한 '리빙'이라는 주장의 연속이다.

불교에서는 석존께서 보리수 아래에서 대각(大覺)을 성취했을 때, 당신 혼자만 깨닫고 있는 것이 아니라 모든 사람의 마음에는 이미 불성(佛性)이 자리하고 있다는 사실을 통찰했다. 단지 중생은 스스로 미혹하여 이 사실을 깨우치지 못했을 뿐이다.

기독교에서는 빌리 그레이엄 목사가 거듭나는 삶이라는 주제의 설교를 하고 책으로 출간했다. 그는 하나님의 말씀에 따라 회개하고 귀의하여 그리스도 안에서 다시 태어나야 한다는 말이 설득력을 가지지 못하는 우리 시대를 위해 '신생'의 의미를 통찰하고 있다. 신생이 인간의 힘으로는 불가능하다는 것을 일깨워주면서, 오직 예수님을 믿어 하나님의 은총을 입어야만 일어날 수 있음을 깨닫게 해준다. 유교에서도 마찬가지로 리빙에 대해 이야기한다.

공자는 말년에 「위정편」에서 말했다.

나는 나이 열다섯에 학문에 뜻을 두었고(吾十有五而志于學),

서른에 뜻이 확고하게 섰으며(三十而立),

마흔에는 미혹되지 않았고(四十而不惑),

쉰에는 하늘의 명을 깨달아 알게 되었으며(五十而知天命),

예순에는 남의 말을 듣기만 하면 곧 그 이치를 깨달아 이해하게 되었고

(六十而耳順),

일흔이 되어서는 무엇이든 하고 싶은 대로 하여도 법도에 어긋나지 않았다

(七十而從心所欲 不踰矩).

〈중앙일보〉 회장인 홍석현 포스텍 명예박사는 학위 수여식에서 공자의 삶을 인용하며, 다음과 같은 학위 연설을 했다.

"공자도 나이 50세에야 천명을 깨달았다. 그리고 그 뜻을 실천한 건 그로부터 18년 뒤였다. 이처럼 천명은 깨닫기 쉽지 않지만 자기가 좋아하고 잘할 수 있는 삶을 찾아 일생을 매진하는 사람이 행복하고 성공을 이룰 확률도 높다." 그리고 "주체적인 삶을 살라. 자기 삶을 스스로 경영하라."는 조언을 했다. 그는 좌우명인 '수처작주 입처개진(隨處作主 立處皆眞, 중국 당나라 때 임제선사의 설법)'을 인용하면서 "어디서나, 어떤 경우에나 주인의식을 갖고 대처해나가면 어떤 어려움도 즐거움으로 바뀐다는 뜻"이라고 설명했다

한국의 저명한 심리학자 정현갑 교수의 일화다.

"명상 공부를 더 하기 위해 1997년 국제적 명상 도시로 알려진 미국의 애리

조나로 떠났습니다. 3개월간의 안거를 마칠 때쯤 여름방학을 맞아 아내와 딸이 대구에서 왔지요. 여행을 시작했습니다. 투산 지역에 사는 제자를 만나러 가던 중 끔찍한 교통사고가 났습니다. 이 사고로 아내와 딸은 숨졌고 나와 아들은 겨우 목숨을 건졌습니다. 다리가 부러져 꼬박 4개월간 병상에 누워 있었습니다. 원망도 하고 절망도 했지만 '나는 반드시 일어날 수 있다.'는 긍정적인 마음을 가지자 기적적으로 6개월 만에 일어설 수가 있었지요. 사고 후 『마음이 지닌 치유의 힘』이라는 책을 보며 힘을 얻었습니다. '고통은 고통이 아니다. 고통은 의미다.'라는 책 구절을 수십만 번 되뇌면서 마음을 추스르게 됐지요.

그 후 실성한 것처럼 마음공부를 했습니다. 나의 고통을 치료한 만큼 남의 고통도 치료할 수 있겠다는 생각에서이지요. 10년 가까이 마음공부를 한 끝에 2007년 그 결과물이 완성됐습니다. 바로 한국형 '마음 챙김 명상(Mindfulness Based Stress Reduction : MBSR)' 프로그램입니다. 온갖 생각들을 떠올려 그 생각들을 찰나에 부수어버리는, 스트레스에 관련된 질환을 치유하는 프로그램입니다."

결심중독에서 벗어나려면 세상을 보는 관점을 바꾸어야 한다.
• 나는 지금 무슨 결심을 하고 있는가?
• 성공을 위한 꿈을 꾸고 있는가?
• 남보다 조금 더 앞서가기 위한 몸부림을 치며 결심을 하다 지쳐 쓰러지고, 또 결심하고 좌절하지는 않는가?
• 무엇인가를 소유하기 위해 애쓰고 있는가?

• 존재의 가치를 추구하며 흐뭇해하고 있는가?

사람들은 누구나 성공을 향해 나아가려고 한다.

에이브러햄 매슬로는 욕구위계이론에서 성공, 심리학 용어로 자기 실현(self actualization)을 향해 나아가려는 사람은 정상(normal)이고, 하위 욕구에 멈춰 있거나 퇴행하는 사람은 이상한(abnormal) 사람이라고 구분하기도 한다.

세속의 성공이든 자신의 꿈을 이루는 자기실현이든, 그보다 더 높은 메타 욕구를 충족하기 위함이든 사람은 움직인다. 그 방향은 바로 리빙으로 거듭나는 삶이어야 한다. 그렇게 움직일 때 분비되는 호르몬이 바로 세로토닌이다.

세로토닌이라는 호르몬은 스트레스를 줄이고 흥분된 마음을 가라앉히는 효과가 있다. 결심의 거친 파도를 헤치고 모든 클라이맥스를 느끼며 종착역에 도착하면 이제 세로토닌이라는 흐뭇한 행복의 호르몬이 우리를 기다린다. 그동안 수고한 당신을 위로하며 기쁨과 희열, 행복감을 느끼게 하며, 결심을 성취한 당신을 격려해주는 호르몬이다.

그러나 이 단계에 오지 못하면 사람들은 불안감을 느끼거나 충동적으로 변할 수 있다. 세로토닌은 우울증을 치료하는 데 쓰이는 호르몬이기 때문에 이 단계에 이르지 못하면 사람들은 무기력감에 빠지고 그것이 반복될 경우에는 결심중독의 가장 큰 부작용 가운데 하나인 학습된 무기력, 즉 우울증에 빠질 수도 있다. 세로토닌은 결심을 실천하고, 결심중독을 치유하고, 결심을 실천하느라 수고한 당신을 격려해주는 부모님의 따스한 눈길일 수도, 감동의 선물일 수도, 선지자들의 흐뭇한 미소일 수도 있다.

한국의 유명한 시인이자 노벨 문학상 후보로 거론되는 고은 시인의 짧은 시는 리빙의 삶에 관한 관점을 함축하고 있다.

〈그 꽃〉

내려갈 때 보았네

올라갈 때 보지 못한

그 꽃

조금 덜 가질 때 행복하다

플라톤은 행복의 조건을 다섯 가지로 요약하여 말했다. 먹고살 만한 수준에서 조금 부족한 듯한 재산, 모든 사람에게서 칭찬받기에는 약간 처지는 용모, 자신이 자만하는 것에서 사람들이 절반밖에 알아주지 않는 명예, 겨루어서 한 사람에게는 이기고 두어 사람에게는 질 정도의 체력, 연설을 듣고서 청중의 절반 정도만 손뼉을 쳐주는 말솜씨가 그것이다.

모든 것이 차고 넘치기보다는 조금씩 모자란 것이 행복을 위한 조건이라는 것이다. 흔히 사람들은 재산은 많을수록, 외모는 예쁠수록, 명예는 높을수록, 체력과 말솜씨는 좋을수록 행복할 것이라고 생각한다. 그런데 왜 플라톤은 조금씩 모자라야 행복하다고 했을까? 쉽게 납득이 가지 않는 사람도 있을 것이다. 내 생각은 이렇다. 모든 것이 넘쳐흐르면 채워가는 기쁨이 없다. 하지만 조금씩 모자라면 가지고 있는 것의 소중함을 알 수 있을 뿐 아니라 채워가는 기쁨도 누릴 수 있다. 마음을 비울수록, 욕심을 줄일수록 행복은 점점 더 커진다.

피트니스 센터에서 운동할 때 신년이라고 해서 너무 망상적인 결심을 하지 말라. 명예 역시 마찬가지다. 내가 받아야 할 명예가 100이라면 반 정도만 받으면 행복하다. 책을 쓰고 작품을 내려고 하는 사람들은 너무 결심에 취하지 말라. 언변은 내가 말했을 때 반 정도가 박수를 쳐줄 정도면 행복하다. 우리가 결심하여 세상을 너무 혁명적으로 변화시키거나 바꾸려는 기대를 하지 말고 모든 것을 걸지 말라는 것이다.

행복이란 무엇일까? 칸트(Kant)는 행복의 3요소를 일과 사랑과 희망이라 했고, 프롬(Fromm)은 일과 사랑과 놀이라고 했다. 서울대 가정의학과 조비령 교수는 한국인이 70세가 넘어서도 행복하려면 세 가지조건을 갖춰야 한다고 주장한다. 그것은 바로 연골, 사람, 일이다.

그러나 장현갑 교수가 말하는 행복의 조건은 조금 다르다.

"행복도 훈련이다. 다음 여섯 가지를 계속하면 행복해질 수 있다.

첫째가 감정을 억누르지 말고 표현하는 것이다. 감정을 자유롭게 하고, 왜곡하지 말아야 한다.

둘째는 행복은 주관적이다. 객관적으로 행복을 매기려는 환상에서 벗어나야 한다. 진정으로 좋아하는 것이 무엇인가를 생각하고 행동하라. 남과 비교할 필요가 없다.

셋째는 의미 있고 재미있는 일에 매진하라.

넷째는 단순한 일을 좋아하라.

다섯째는 심신을 수련하라는 것이다.

여섯째는 감사하라. 만족해야 한다는 것이다."

『어린왕자』를 쓴 생텍쥐페리는 행복에 관해 이렇게 말한다.

"인간은 결심한 만큼 행복해진다."

마시 시모프는 말한다. 행복은 추구하는 것이 아니라 실천하는 것이라고!

행복을 느끼면 긍정적인 경험의 기초가 되는 두뇌의 화학물질인 '행복 분비액'이 생겨난다.

두뇌의 진통제인 엔도르핀이 분비되고, 자연스럽게 화를 가라앉히고 우울증을 경감시키는 세로토닌도 분비된다. 게다가 정서적 유대감을 느낄 수 있게 해주는 옥시토신과 각성 및 기쁨을 증진시키는 도파민 같은 천연 행복 호르몬을 만들어낸다. 그 호르몬은 당신 몸 안의 세포와 기관으로 뻗어나갈 준비가 되어 있다.

우리나라 사람들은 객관적인 지수보다 행복을 덜 느끼는 듯하다.

행복지수에 대한 조사는 천차만별이어서 그다지 신빙성이 없지만, 2012년 4월 2일자 〈LA 타임스〉에 실린 국가별 행복지수는 믿을 만하다. 그것은 경제학자 제프리 삭스 등이 연구에 참여하고 갤럽이 2005~2011년에 걸쳐 조사한 것으로 158페이지에 달하는 연구 보고

서와 함께 실렸다.

이에 따르면, 복지가 잘 갖춰지고 법도 잘 지켜지는 북유럽이 1위에서 10위를 거의 싹쓸이한다. 하루 1달러 이하의 절대빈곤에 허덕이고, 법은 있으나마나 하는 사하라 이남의 아프리카 국가들이 꼴찌 156위 토고를 비롯하여 불행의 늪에서 헤어나지 못하고 있다. 낙천적인 중남미 국가들은 행복에 대한 기대치가 낮아서 그런지 소득이 별로 높지 않고 법도 그다지 잘 지켜지지 않지만, 행복지수는 대체로 높은 편이다. 행복이라면 모름지기 무릉도원의 행복으로 생각하는, 행복을 아주 심각하게 받아들이는 아시아는 대체로 소득과 법치에 비해 행복지수가 낮은 편에 속한다.

세종은 당시로서는 장수하여 당뇨병과 합병증으로 54세에 붕어했지만, 오늘날은 달동네 사람도 54세에 죽으면 너무 억울해 죽으면서도 눈을 감지 못한다. 무엇보다 오늘날 한국인은 법의 보호를 받는다. 조선시대는 서열 2위 영의정도 여차하면 귀양 갈 수 있고 삼족이 멸할 수도 있고 조상대대의 재산도 하루아침에 다 빼앗길 수 있었다. 일반인의 재산은 물론 조직폭력배의 재산도 불법재산이라는 명명백백한 증거가 없으면 무죄추정의 원칙에 따라 누구도 손을 대지 못한다. 대통령도 감히 정적의 재산을 빼앗지 못한다.

자유는 얼마나 넘치는가. 말할 자유, 글 쓸 자유, 국내든 해외든 돌아다닐 자유, 놀 자유, 공부할 자유, 직업을 고를 자유, 연애할 자유, 결혼할 자유, 결혼하지 않을 자유, 사치할 자유, 박물관에 갈 자유, 음악회에 갈 자유, 스포츠를 즐길 자유, 노래만 하면서 먹고살 자유, 그림만 그리며 살아갈 자유, 산속에 숨어버릴 자유 등등 조선시대엔 감히 상상도 못하던 낙원의 자유가 넘친다.

온통 자랑하고 감사할 일이 넘치지만, 우리나라 사람들은 행복할 줄도, 만족할 줄도 모른다. 해방 후 1961년 이전까지 한국을 지켜본 사람이라면 현재 한국이 사하라 이남처럼 비참하게 살아도 전혀 이상하게 생각하지 않을 것이다. 그런데도 우리나라 사람들은 삼성이 소니와 노키아를 물리치고 애플을 턱밑까지 쫓아가도 자랑할 줄을 모른다. 조금 더 만족의 수준을 낮춰보자. 플라톤의 행복론을 조금만 차용한다면, 우리나라 사람들의 행복지수는 조금 더 올라가지 않을까?

소유하려는 결심보다 존재하려는 결심을 하라

행복해지기 위해서는 소유하려는 결심보다 존재하려는 결심을 해야 한다. 소유하려는 결심은 예를 들어 돈을 더 갖겠다, 힘을 더 갖겠다, 사랑하는 사람을 얻겠다는 유형의 결심이다. 존재하려는 결심이란 뭔가를 갖겠다는 것보다는 조금 더 큰 개념으로 접근하여 꽃을 꺾어 내가 가져오는 것이 아니라 그 꽃을 잘 가꿔주는 사람이 되어야겠다는 결심이다. 소유의 결심보다는 존재하려는 결심이 훨씬 더 고차원적인 결심이며, 그런 결심을 해야 아름답다. 그런데 우리는 대부분 저차원적인 결심을 하는 경우가 많다.

10억 원을 벌겠어, 내가 꼭 박사학위를 받겠어, 대부분이 이렇게 소유하고자 하는 결심을 하는데, 행복해지려면 이런 차원을 넘어서는 결심을 해야 한다. 결심에 실패하는 사람들은 보통 소유하려는 결심을 한다. 존재하려는 결심은 "나는 10억 원을 벌겠다."보다는 "10억 원을 벌어서 노숙자들이 추운 겨울에 잘 수 있는 집을 짓겠다."는 유형의 결심이다. 나는 담배를 끊고 그 돈을 모아 어려운 사람들을 위해 쓰겠다는 결심, 나는 조금 덜 먹고 남은 것을 이웃과 나누겠다는 결심, 나는 덜 먹겠다가 아니라 덜 먹고 나누겠다, 그러니까 소유의 삶을 존재의 삶으로, 소유의 결심에서 존재의 결심으로 우리가 성숙해져야 한다.

소유하려고 올라갈 때는 보지 못한 그 꽃이 내려오면서 존재의 관점에서 보니까 보이는 것이다. 소유의 욕심을 버리고 존재의 관점에서 보면 행복이 보인다. 평범한 사람들이 존재가 아니라 소유의 결심을 하면 확률적으로 더 많이 실패하게 된다. 조금 덜 갖고 희망을 버리지 마라. 좌절도 아름답다. 실패하면 어떤가? 그냥 툭툭 털고 일어서서 다시 앞으로 가면 될 일이다.

"나는 집을 사겠어."보다는 "내가 산 집에서 가족들과 행복에 겨운 노래를 부르고 싶다."라는 결심을 하는 편이 훨씬 더 성공 가능성을 높이고 행복해질 수 있는 결심이다.

목표를 재조정하라

무언가 결심하지 않으면 불안하고 불안하면 사람의 뇌는 탈진하고,

결국 의욕 상실에 빠진다. 그 결과 무리한 시도를 하게 되고 터무니없는 목표를 설정하게 된다.

　방송에서 순진한 외모로 조목조목 사람의 심리와 갈등에 대해 설파하는 신경정신과 의사 윤대현 박사는 「불안할 때는 목표를 재조정하라」는 칼럼을 썼는데 결심과 관련된 내용이라서 격하게 공감이 갔다.

"불안한 마음엔 행복감이 깃들 수 없기에 조절이 필요한데 익숙한 방법이 감정을 직접 조정하는 것이다. '긍정적으로 생각하자. 내가 고민하는 걱정이 실제 일어날 일은 없잖아.' 식으로 내 마음을 논리적으로 설득하는 것이다. 이는 일시적인 도움은 되나 불안을 이렇게 직접 건드리면 싸움을 거는 줄 알고 위협을 발동해 청개구리처럼 불안 신호를 더 높인다. 그러니 에너지를 써서 더 찍어 눌러야 하고 결국은 뇌가 탈진에 빠져 의욕 상실에 이를 수 있다.

　불안 조절에 있어 '삶의 목표를 재설정하는 것'이 보다 효과적일 수 있다. 보통 높은 목표가 좋은 결과를 낸다고 하는데, 이것은 불안이 평균 이하일 때 적용 가능한 이야기다. 불안은 목표에 대한 성취나 유지가 어려울 때 일어나는 감정 반응이다. 과도한 불안 상태에서 목표를 더 올려버리면 불안감이 더 치솟게 되고 뇌 기능과 의욕이 함께 떨어져 성취와는 오히려 멀어진다.

　2세들이 먹을 것까지 다 벌어놓은, 생존 문제와는 거리가 먼 성공한 사업가들이 불안으로 찾아오는 경우가 적지 않다. 많은 걱정에 불면증은 당연하고 대화중에 손을 떠는 경우도 있다. 진지하게 물어본다, 인생의 목표가 무엇이냐고. 그럼 일단 멈칫한다. 목표를 진지하게 생각할 겨를도 없이 달려온 것이다. 그러다 답한다. "열심히 사는 겁니다." '열심히'란 인생 목표는 성실해 보이지만 마음 관리 측면에서 낙제점이다. 도달할 수 없는 추상적인 목표이기 때문이다.

행복, 건강 같은 목표도 측정이 불가능한 추상적인 목표라 좋지 않다. 전교 일등, 최고경영자 같은 서열이 들어간 목표는 그다음 서열로 끝없이 올라가려는 욕구와 맞물려 있어 잠시 만족감을 주나 금세 불안감을 키워버린다. 도달할 수 있으면서도 상징성이 있는 목표가 좋다. 한 출판인은 "전 언제고 저만의 서재를 갖고 싶어요."라고 했는데, 이런 목표가 좋은 예다. 필자도 최고의 정신과 의사가 되자고 목표를 삼으니 불안 피로가 심하게 와 '한 명이라도 위로하는 사람이 되자.'로 바꾼 지 좀 되었다. 그랬더니 이전엔 강의 시간에 사람들이 많이 졸면 '아니, 내가 얼마나 훌륭한 강사인데 이 모양이야.' 하는 생각에 분노와 불안이 치솟아 결국 강의도 망치고 힘도 빠졌는데, 요즘은 거의 자고 한 명만 들어도 내 인생 목표는 채운 것이니 긍정적인 마음으로 강의를 계속할 수 있고, 그러다 보면 자던 사람도 일어나 경청하니 본의 아니게 최고의 강사 소릴 듣기도 한다.

성공엔 긍정성이 필수인데, 요즘 같은 불안 사회에선 예쁘고 구체적인 삶의 목표를 정해야 그 긍정성을 확보할 수 있다. 목표를 낮추어야 오히려 성공이 찾아올 수 있는 것이다."

그렇다. 필자도 비슷한 경험을 했기에 공감하는 글이다.

일본의 호스피스 전문의 오츠 슈이치가 쓴 『죽을 때 후회하는 스물

다섯 가지』에는 의미 있는 글이 있다.

죽음을 앞둔 호스피스 병동 환자들이 가장 많이 후회하는 것은 무엇일까? 명문대에 들어갈 걸, 대기업에 다닐 걸, 강남의 주상복합 아파트를 살 걸 같은 고민을 하는 사람은 없었다. 사랑하는 사람에게 고맙다는 말을 많이 했더라면, 진짜 하고 싶은 일을 했더라면, 조금만 더 겸손했더라면, 죽도록 일만 하지 않았더라면, 맛있는 음식을 많이 맛보았더라면 등등 평범하고 쉬운 것들이 대부분이었다.

죽음 앞에서는 삶이 좀 더 명확하게 보인다는 말이 있듯이, 삶의 끝을 앞둔 이들에게는 진짜 소중하고 중요한 것이 더 또렷하게 보이는 모양이다. 그럼에도 불구하고 눈앞의 이익, 부와 명예, 사람들의 이목을 신경 쓰느라 정작 소중한 것들을 놓치고 사는 경우가 너무나 많다. 열심히 공부해서 직업을 가지고, 땀 흘려 돈을 벌어 집을 사는 일 모두가 결국에는 사랑하는 가족과 친구들을 더 많이 사랑하고, 무엇이 되었든 간에 좋아하는 일을 더 자주, 오래 즐기기 위한 수단인데 말이다.

결국 우리는 무엇을 결심해야 하는가?

랠프 왈도 에머슨이 말했다.

"앞으로 나가는 사람에게는 행복이 따르고 멈추는 사람에게는 행복도 멈춘다."

결심!

오늘도 나는 결심한다.

그러나 그 결심이 머리로부터 나온 것인지

가슴을 움직일 만한 것인지를 고민한다.

그 결심이 내 심장으로부터 나온 것이라면

나는 움직인다.

내 가슴 저 깊은 심장으로부터 격하게 공감하는 것을 향하여!

서울 당산동에 비가 내린다. 어린이날인 어제는 날씨가 좋았는데 이은 연휴에는 날이 궂다.

연휴에는 아이들과 놀아주겠다고 결심했을 부모들의 모습이 눈에 선하다. 필자도 어린이날만 잠깐 놀아주고는 연휴 기간에 사무실에 나와 맺는말을 쓰고 있다. '어린이날에 아이들과 놀아주겠다.'는 말을 바꿔야 한다. 이것도 결심중독을 방해하는 난해한 결심의 표현이다. 아드레날린 호르몬을 자극하기는 하지만 지속성이 약하다. '어린이날에 아이들과 놀겠다.'로 바꿔야 한다. 아이들과 놀아주겠다는 것은 내가 괜한 선심을 쓰고 희생하는 것 같고 베푸는 듯한 뉘앙스가 깔려 있다.

놀아주겠다고 결심을 하다 보면 일단 나부터 재미없다. 놀아줘야 하는 의지를 가지고, 심하게는 억지로 시간을 내서 놀아주는 것이 재미있을 리 없다. 그냥 아이들과 함께 노는 것이다. 그래야 도파민과 세로토닌이 분비되어 재미있고, 지속성도 생긴다. 함께 노는 것을 엄청나게 베풀어주는 양 '놀아주겠다'라고 하니 같이 노는 아이들도 별로 흥이 나지 않을 것이다.

고금동서를 막론하고 현자들이 말하는 결심달성자들의 공통점은 세 가지다.

빠져라!
즐겨라!
그리고 실천하라!

공자는 지적인 세계만을 추구하는 단순한 학자가 아니다. 그래서 그는 아는 노릇은 좋아하는 노릇만 못하고, 좋아하는 노릇은 즐기는 노릇만 못하다고 말했다(知之者 不如好之者 好之者 不如樂之者). 그래서인지 공자는 음악을 즐겼다고 한다. 또 토마스 에디슨은 이렇게 말했다. "천재는 노력하는 자를 이길 수 없고 노력하는 자는 즐기는 자를 이길 수 없다."

스노우폭스북스의 김승호 대표는 자신의 책 『생각의 비밀』에서 이렇게 말했다. "천재는 노력하는 자를 이길 수 없고 노력하는 자는 즐기는 자를 이길 수 없다. 그러나 즐기는 자도 스마트한 사람을 이길 수는 없다."

무조건 성실하게만 실천하지 말고, 스마트하게 실천하라는 의미일 터이다. 오늘부터 선언하자.

"나는 RAS가 아니다."(결심중독, resolution addict syndrome)
"나는 ORAS가 아니다."(강박적 결심중독, obsessive resolution addict syndrome)
"이제부터 나는 RC이다."(결심 통제자, resolution controller)

십여 년 만에 책을 쓰다 보니 시간이 제법 걸렸다. 결심하고 실패하기를 반복할 때 도파민 자극자로서 스노우폭스북스 서진 부사장이 충실한 결심 조력자(facilitator) 역할을 해주고, 아드레날린 호르몬 역할인 결심 스타트업(start up)에 이호경 선생님이 큰 힘이 되어주어 감사하다. 특히나 스노우폭스북스 출판사 설립 후 첫 책으로『결심중독』을 출간할 기회를 얻어 영광이다.

또한 우리나라 심리학 발전에 공을 세우신 이민규 교수의『실행이 답이다』, 이남석 님의『선택하는 힘』, 미아 퇴르블룸의『자기 긍정 파워』, 캐롤라인 아놀드의『시작의 힘』, 김시현 님의『멘탈 트레이닝』, 오세웅 님의『인생을 바꾼 5분의 결심』, 에밀 쿠에의『자기암시』, 칙센트미하이 교수의『몰입』, 윤대현 신경정신과 교수와 정현갑 영남대 명예교수의 주옥같은 글도 이 책을 완성하는 데 큰 힘이 되었기에 감사드린다.

개인적으로 이 책이 나오는 데 도움을 주신 많은 분들이 있지만, 촌놈이 서울에서 자리 잡는 데 도움을 주신 필자의 영원한 매니저 유인경 기자님과 늘 옆에서 자극을 주시며 격려해주신 유지선 회장님, 항상 나의 비빌 언덕이 되어 후원해주시는 박삼필 회장님, 김영완 회장님에게도 감사드린다. 그리고 얼마 전 타계하신 역동적인 심리학자이자 필자의 지도교수였던 중앙대 최상진 교수님의 가르침에 늘 감사하며 이 책을 영전에 바친다.

방송하랴, 강의하랴, 포럼하랴 바쁘게 사는 와중에 초고를 넘기고, 수정본을 넘기고, 다시 마지막 교정을 하다 보니 작업 시간은 늘 한밤중일 수밖에 없었다. 셋째가 생기면서 서재를 두 아들에게 내주었는데 한밤중에 들어와 책 쓴다고 부스럭거려도 짜증 내지 않고 잘 자던 규민이와 규연이에게도 고맙다. 책에 자기들 이름이 나오길 소망한다고 했는데 마침내 그 꿈을 이뤄주게 되어서 다행이다.

2016년 4월 20일 새벽 2시 35분에 셋째 딸 축복이가 건강하고 예쁘게 태어나 한없이 기쁘다. 축복이라는 태명의 아이가 태어난 날 아침에 최종 원고를 출판사로 보냈으니 이 책은 더더욱 의미가 남다르다. 그러나 무엇보다 늘 곁에서 참고 기다리며 이 책이 나오길 말없이 기다려준 아내에게 감사할 따름이다. 이 책은 결혼 후 첫 번째로 출간되는 책이기도 하다.

나이 먹은 노총각 결혼식에서 더도 말고 덜도 말고 셋만 낳으라고 주례해주셨던 이 시대 최고의 멘토 이시형 박사님께 드디어 셋째를 순산했다는 임무 보고도 드릴 겸 책의 추천사를 부탁드리려 홍천의 힐리언스 선마을을 다녀왔다. 50세에 『배짱으로 삽시다』를 계기로 삼십여 년 동안 왕성한 활동을 하시고, 군대에 드럼 클럽을 보급하기 위해 또 다른 결심을 하시는 모습에 무한한 감동을 느꼈다. 이 박사님의 활동을 적극적으로 돕기 위해 우리 사회의 '자살률 down, 행복지수 up' 프로젝트 시작에 대한 결심을 끝으로 이 책을 마무리한다.

2016년 5월 6일

갈문 최창호

결심중독

초판 1쇄 발행 2016년 6월 10일
초판 4쇄 발행 2019년 3월 15일

지은이	최창호
펴낸이	김승호
기획	서진

마케팅 총괄	김정현
마케팅	이민우
영업	이동진
SNS	이태희

디자인	이창욱

주소	경기도 파주시 문발로 165 3F
대표번호	031-927-9965
팩스	070-7589-0721
전자우편	edit@sfbooks.co.kr

펴낸곳	스노우폭스북스
출판신고	2015년 8월 7일 제406-2015-000159

ISBN 979-11-958075-0-5 03320
값 15,000원